이제라도 삶을 고쳐 쓸 수 있다면

이제라도 삶을 고쳐 쓸 수 있다면

이관호 지음

내 삶에 돌이키고 싶은 순간마다 필요했던 철학 솔루션

whale books

이 책을 읽기 전에

- 이 책은 30개의 문제 상황에 개별 철학자를 연결했다. 책을 순서대로 읽어도 좋지만, 목차를 보고 눈에 띄는 부분부터 먼저 읽어가도 무리는 없다.

- 당장 코앞에 닥친 비슷한 상황이 있다면, 그 문제부터 풀어낼 힘을 얻어도 좋다. 이 책을 가장 잘 활용하는 방법이다.

- 고대, 중세, 근대, 현대 철학자들이 고루 반영되어 있어, 책 전체를 읽으면 서양철학사의 기본 줄기를 이해하는 데 도움이 된다. 동양철학은 유학(공자), 신유학(왕수인), 노장사상(장자), 법가사상(한비자), 힌두교(바가바드 기타)를 활용했다.

당신의 바다는 단지 얼어붙었을 뿐이다

만년필과 도끼

연말이면 서점에 딸린 문구점에서 다음 해 사용할 펜 하나를 장만하던 시기가 있었다. 평소의 쇼핑리스트와 어울리지 않는 명품 펜으로 같은 날 구매한 책에 밑줄을 긋고 메모하면서 향후 일 년간 지속될 촉감을 느껴보곤 했다.

볼펜이나 만년필 때문에 독해력이 늘거나 생각이 바뀌는 건 아니다. 그렇다고 폄하할 건 아닌 게, 그것을 쥐고 뭔가를 '씀'으로 인해 생각이 만들어지기 때문이다. 생각하고 나서 쓰는 것 같지만 실은 쓰면서 생각하게 된다. 그리고 그 생각은 나를 새롭게 구성한다.

연장 이야기 하나 더. 카프카는 "책은 우리 안의 얼어있는 바다를 깨뜨리는 도끼가 되어야 한다"라고 했다. 책으로 전달되는 철학도 물론 그래야 한다. 그런데 도끼를 발견하기도 쉽지 않지만 보았다 해도 연장은 저절로 날아오지 않으며 또 대신 쥐여줄 사람도 없다. 그것을 잡고 얼음을 깰 인부는 세상에 오직 한 사람, 자신뿐이다.

후회.

굳이 이 책을 집고 펼치게 된 인연은 이 감정 때문일 것이다. 그런데 스피노자의 목소리를 빌리자면 후회스럽더라도 그 과거는 당신의 탓이 아니고 주관적인 느낌일 뿐이다. 주변 지인들을 냉정히 돌아보자. 특별히 잘못된 누군가가 보이는가? 남들이 당신을 볼 때도 마찬가지다. 삶이 뭔가 잘못되었다고 생각하는 사람은 실상 당신 자신밖에 없다.

오히려 지금껏 포기하지 않고 살아왔음에, 미숙함으로 넘어졌어도 다시 일어났음에, 수모와 서러움을 견뎌냈음에, 그 과정에서 흘려야 마땅했을 눈물을 참았음에 이 말을 건네주고 싶다. 당신의 삶은 잘못되지 않았다.

삶을 고친다는 건, 과거를 지우는 게 아니라 새로운 당신을 발견하는 일이다. 그러기 위해서는 먼저 니체처럼 철없는 자신을 긍정하고 윤동주처럼 부끄러운 자신과 화해해야 한다. ("나는 나에게 작은 손을 내밀어/눈물과 위안으로 잡는 최초의 악수"- 윤동주, 〈쉽게 쓰여진 시〉) 펜이나 도끼를

쥐어야 할 존재를 부정해서는 안 된다.

이제라도 삶을 고쳐 쓰고 싶은가.

스스로와 화해했다면 이제 연장을 잡을 차례다. 이 책에는 동서양 철학자들이 제시한 30개의 도구가 있다. 그런데 철학자는 기본적으로 그저 벤치에 앉아서 사색을 하는 이들이고 특수한 실용성을 추구하지 않는다. 따라서 나의 역할은 2500년간 그들이 수행한 사색의 결과들 가운데 삶의 문제해결을 위해 쓸 만한 것들을 발견하는 일이었다. 그런 보석을 통해 도구를 찾는 독자들의 수고를 덜어주는 게 이 책의 목표다. 삶을 변화시키는 작지만 위대한 일은 개개인 스스로의 책임이다.

매달 자기계발서를 한 권씩 읽어도 삶은 변하지 않는다고 말하는 이들이 있다. 명품으로 치장해도 삶이 그와 같아지는 게 아니듯 남의 생각으로 잠시 힘을 얻을 수는 있지만, 근본은 바뀌지 않는다. 중요한 건 그 생각을 도구로 삼아 자신의 삶을 새롭게 쓰는 것이다.

다소 귀찮더라도 이 책에 있는 솔루션 중 마음에 닿는 게 있다면 생활 속에 적용해 보고 느낀 점을 스스로의 공간에 적어보자. 철학은 당신 앞에 놓인 하나의 펜에 불과하다. (하지만 잘 만들어진 펜이다.) 그 것은 당신을 위해 존재한다. 써보고 마음에 안 들면 바꾸면 그만이고 또 마음에 드는 펜이 여러 개라 해서 나쁜 일도 아니다.

새로운 삶을 쓰는 데 가장 방해가 되는 것은 무엇일까. 스스로에 대한 믿음(자신감이라 해도 좋고 자존감이라 해도 좋다)을 잃는 일이다. 그래서 자신에 대한 긍정과 자신과의 화해가 중요하다. 카프카의 바람대로 책이, 철학이 도끼가 되어 그걸 쥐고 내면의 얼어붙은 바다를 깨면 무엇이 나올까? 거듭 말하지만 당신의 바다는 잘못되지 않았고 다만 얼어붙었을 뿐이다. 그것을 깼을 때 나오는 '무엇' 역시 당신 '자신'이다.

자존감은 내면의 깨달음에서 나오지 이기적인 자세와 아무 관련이 없다. 이것을 알 때 우리는 진정 휘둘리지 않는 주체적인 삶을 살아갈 수 있다. 남의 것을 도구로 삼았지만 남의 것이 아닌 자기 내면의 바다를 만났을 때, 바로 그 순간 당신은 삶을 고쳐 쓰게 될 것이다.

지금, 내 문제를 해결하는 인문학

———

한동안 '고독古讀클럽'이란 이름으로 토요일 오후 인문고전을 읽는 모임을 꾸린 적이 있다. 두 달에 한 권씩 읽으며 전문 연구자를 초빙해서 수업을 듣고 토론하는 형식이었다. 한 기자가 취재차 와서 요즘 같은 세상에 매주도 아니고 두 달에 한 권이라니 오히려 참신하다며 칭찬인지 아닌지 애매한 이야기를 했었다. 쉽게 읽히는 책도 아니고 명색이 고전이니까 나는 그 정도의 기간은 필요하다고 여겼다.

그런 생각에 변화의 계기가 된 사건이 있었다. 플라톤의 《국가》를 담당했던 교수가 뭔가 흥미로운 퍼포먼스가 있을 거라고 예고했는데, 마지막 강의를 마치고 갑자기 책을 찢는 것이 아닌가! 자신과 같은 전공자가 있는데 왜 당신들이 고생하면서 읽느냐는 것이었다. 그러면서 4차 산업혁명 등 급변하는 시대론(?)을 펼치며 치열하게 고민해야 할 것은 지식이 아니라 그것을 삶에 적용하는 문제라고 일갈했다.

당시 나는 누구보다 철학은 삶을 변화시키는 에너지가 되어야 한다는 신념을 갖고 있었다. 기획하고 수행했던 공익사업도 '삶의 혁신을 위한 인문학트레이닝', '어떤 부모가 되어야 할 것인가'와 같은 것들이었고, 고독클럽의 취지도 고전을 통해 스스로를 혁신하자는 것이었다. 그런 나에게 한 가지 질문이 던져진 것이다.

"인문고전을 '굳이 힘들여 가며' 읽을 필요가 있는가?"

내가 내린 답은 사람에 따라 다르다는 것이다. 인문학의 대중화라고 할 때 대중은 두 가지 부류가 있다. 하나는 깊이 있는 지식을 습득하고 싶어 하는, 즉 지적 희열을 느끼고 싶어 하는 일반인이다. 이들은 본인들의 관심이 그러하므로 힘들지만 고전을 읽어간다. 또 하나의 대중은 철학을 통해 삶의 고민에 대한 해결책을 찾고 싶은 사람들이다. 아마도 후자에 해당하는 대중이 훨씬 더 많을 것이다.

이들을 실망시키지 않으려면 철학은 문제해결을 위한 도구로 활용되어야 한다. 더불어 최대한 대중의 일상어로 이야기해야 한다. 쉽게 전달하는 면에서는 철학 대중서와 강연들이 충분히 그 역할을 해온 것으로 보인다. 그러나 삶의 문제에 대한 해결책을 제시하는 측면은 부족했다. 철학적 사유와 그것을 현실의 문제와 연결하는 것은, 정말로 다른 영역이다.

이 책은 그 새로운 영역을 개척하기 위해 쓰였다. 힐링, 인간관계, 자기계발, 처세, 리더십. 우리는 그동안 이런 주제에 대해 자기계발서 혹은 경제경영서에서 답을 구하려고 애썼다. 이제 인문서가 보다 적극적으로 그에 대한 솔루션을 제공할 때다. 그럴 때에 비로소 진정한 의미에서 인문학 혹은 철학의 대중화에 다가설 수 있을 것이다.

30명의 철학자와 내 안의 변증법

———

로봇robot 이란 단어를 처음 사용한 체코의 소설가 카렐 차페크의《평범한 인생》에 이런 대목이 있다.

단순하고 질서 정연한 목가적인 삶을 사는 평범한 나, 남들보다 뛰어나고 싶고 더 많은 것을 갖고 싶어 하는 억척이로서의 나, 소극적이며 안전을 추구하는 우울증 환자로서의 나, 낭만주의자로서의 나, 어둡고 은밀하게만 경험되는 나, 시인으로서의 나, 영웅적인 나, 거지 같은 나. 이

여덟 명의 나는 하나의 나를 이루는 집합체이며, 그때그때 각각의 나 중 하나가 나타나 '내가 자아'라는 깃발을 들고 내가 된다.

이 소설은 아무 일 없는 듯 살아가는 평범한 인물이라도 그 내면은 결코 조용하지 않다는 것을 이야기한다. 나도 그랬던 것 같다. 십년 전 일기를 꺼내어 보면 지금으로서는 의아한 고민을 하고 있었다. 그때의 나와 지금의 나는 같지만 한편으로는 다르다. 소설에는 '익숙한 나와 새로운 나'에 대해 시각적으로 묘사한 대목이 있다.

낚싯대를 들고 송어를 잡으러 가서 강물의 흐름과 그 속을 들여다보기도 했다. 그것은 변함없이 똑같은 물결과 변함없이 새로운 물결의 끝없는 이어짐이었다.

일찍이 고대 그리스에서 이에 대한 논쟁이 있었다. 파르메니데스는 변하지 않는 세상을 본 반면, 헤라클레이토스는 "우리는 같은 냇물에 두 번 발을 담글 수 없다"고 했다. 이후 변하지 않음과 변함은 철학자들의 오랜 고민거리였다.

세상도 그렇듯 변하지 않는 내 안에는 때때로 바뀌는 수많은 내가 있다. 만약 이 말에 동의하지 않는다면 우리는 성향에 맞는 한두 명의 철학자에 천착하면 될 것이다. 하지만 공감한다면 이 책에 소개된 30명 철학자들의 목소리를 통해 여러 나를 만날 수 있을 테다.

이들은 일관된 사상을 갖고 있는 사람들이 아니다.

노직과 롤스는 첨예한 정의 논쟁을 불러일으켰다. 플라톤이 가야할 목표를 발견했다면 니체나 베르그송은 생성의 철학자로 길을 정해놓지 않았다. 심지어 포퍼는 플라톤을 열린사회의 적으로 지목했다. 아리스토텔레스가 연역으로 이성을 활용했다면 베이컨과 긴츠부르그는 귀납을 택했다. 칸트는 본질에 대해 이야기했지만 사르트르와 키르케고르는 개별 실존을 먼저 보려 했다. 밀의 공리주의는 아우렐리우스나 칸트의 도덕률에 비해 결과의 효용을 추구했다. 데카르트가 모더니티를 열었다면 푸코와 들뢰즈는 그것을 해체하려 했다. 융과 헤세는 영혼의 밑바닥을, 왕수인은 마음의 힘을 이야기했지만 오컴은 그런 것은 실제 존재하는 것이 아니라고 했다. 제임스는 어떤 것이 실재하는지의 여부보다 그것의 실용성을 중시했다. 소크라테스는 영원한 진리를 이야기했지만 카는 진리가 선택적이라고 말했다. 장자는 현실에 집착하지 말 것을 권했지만《바가바드 기타》의 저자는 나가서 싸우라고 했다. 한비자의 군주론은 마키아벨리의 것과 비슷한 듯 보이지만 궁극적으로 무위자연의 리더십을 추구했다. 끝으로 하라리는 지금 학교에서 배우는 것의 대부분은 30년 후에 쓸모없게 될 것이라고 경고했다.

요컨대 이들은 위대하다는 공통점을 제외하면 조금씩, 혹은 상당히, 혹은 완전히 다른 사람들이다. 다르기 때문에 이들 중 누군가는 내 안에 있는 무수한 나 중 하나가 "내가 자아"라고 외칠 때 그를 위로할 수 있을 것이며, 또 그에게 길을 보여줄 수 있을 것이다.

한편 서로 다른 '나'들은 때로 충돌하고 싸울 것이다. 하지만 불편해하거나 두려워하진 말자. 자기계발이란 이런 내면에서 펼쳐지는 끊임없는 정正–반反–합合의 과정일 테니.

우리들 평범한 인생의 문제해결을 위해 철학이라는 연장을 쥐자.

차례

1부 어디로 어떻게 나아가야 할까?
자기계발과 처세, 리더십을 위한 철학 솔루션

2부 나는 잘 살고 있는 걸까?
치유와 관계, '나'를 위한 철학 솔루션

어디로 어떻게 나아가야 할까?

자기계발과 처세, 리더십을 위한 철학 솔루션

01

작심삼일을 반복할 때

- 아리스토텔레스 -

습관이 당신의 모든 것을 만든다

용감한 행동을 해야 용감한 사람이 된다

기업의 인재개발 분야에서 한동안 인문학 열풍이 분 적이 있다. 회
사 대표가 특별히 어떤 철학자에게 꽂혀 전 사원을 대상으로 특강을
마련하는 경우도 있었고 인사과에서 좀 더 체계적인 연간 스케줄을
잡는 경우도 있었다. 관련 기획에 참여해서 몇 가지 형태를 제안한
적이 있는데 기업에서는 키워드를 활용한 커리큘럼을 선호하는 경
향이 있었다. 이를테면 '소통', '상생' 같은 주제를 선정한 후 그런 소
양을 키우는 인문학 강좌를 구성하는 방식이었다. 직원들에게 "소통

하자!" "상생하자!"라고 말만 반복하면 메아리 없는 외침이 될 수 있기에 인문학을 활용하면 좀 색다른 효과가 있을지도 모른다고 기대했던 것이다.

과연 인문학은 그런 기대에 부응했을까? 인문학은 현상의 배후에 숨어 있는 것을 이야기하기 때문에 교육에 참여한 이들이 좀 더 깊이 있는 시야를 갖게끔 하는 데는 도움 줄 수 있다. 하지만 기업에서 기대하는 생산성의 향상, 조직문화의 개선을 달성하는 것은 여전히 어렵다. 컴퓨터 활용을 교육하는 것과 소통, 상생, 혁신을 교육하는 것은 같지 않기 때문이다.

늘 그렇듯이 인문학 교육, 인성 교육과 같은 것들은 가시적인 효과가 불명확하고, 관심이 없는 이들에게는 몹시 지루하고 쓸데없는 교육이라는 만족도 조사가 나올지도 모른다. 그런 이유인지 요즘은 기업 내에서 인문학 열풍이 다소 잠잠해졌다.

이러한 인문학 교육의 문제점을 해결하는 '인문학적 솔루션'을 제공한 사람이 아리스토텔레스다. 그는 품성을 함양하는 것과 이를테면 컴퓨터 활용법을 배우는 것을 같은 종류라고 설명했다.

《니코마코스 윤리학》에서 그는 '미덕ethos'과 '습관ethike'의 어원이 같다는 것으로부터 논의를 시작한다. 미덕을 키우기 위해서 반복된 실천을 중요하게 생각한 것이다. 그에 따르면 어떤 자기계발의 키워드도 훈련 없이 저절로 함양되지 않는다. 왜냐하면 인간의 본성은 정해진 것이 아니어서 선하지도 악하지도 않으며 어떤 방향성도 갖지 않는다고 보았기 때문이다. 후천적으로 어떻게 방향을 잡아서 습관을 들이는지가 중요하다고 여겼다.

그럼 인간의 본성과 달리 정해진 것과 방향성을 갖는 것에는 어떤 게 있는가? 자연의 원리, 법칙이 그렇다. 시각 능력은 우리가 반복해서 무엇을 보기 때문에 생긴 것이 아니라 자연적으로 본래 주어진 것이다. 따라서 우리는 태어난 뒤에 선천적으로 주어진 시각의 능력을 경험을 통해서 확인하게 된다. 위에서 아래로 떨어지는 물 또한 우리가 아무리 노력한다고 해도 위로 솟구치게 습관을 들일 수는 없다.

이에 비해 미덕은 우리가 본래 갖고 있는 것이 아니다. 미덕을 습득하기 위해서는 후천적으로 실천함으로써 자기 안으로 가져와야 한다. 그래서 아리스토텔레스는 이런 유명한 말을 남겼다.

우리는 건축을 해봐야 건축가가 되고, 악기를 연주해 봐야 연주자가 된다. 마찬가지로 올바른 행동을 해야 올바른 사람이 되고, 절제 있는 행동을 해야 절제 있는 사람이 되며, 용감한 행동을 해야 용감한 사람이 된다.

즉 어떤 미덕을 계발하는 것은 악기를 배우는 것과 같다. 피아노 치는 사람이 되기 위해 필요한 것은 갖가지 말보다 먼저 피아노 건반을

누르는 것이다. 마찬가지로 우리가 소통하는 사람, 혹은 상생하는 사람이 되기 위해서는 실제로 소통을 하고 상생을 실천해야 한다.

마음가짐은 나중이다
———

일단 어떤 미덕을 실천해서 자기 안으로 가져왔다면 반복해야 한다. 정해진 물의 흐름은 다른 방향으로 습관을 들일 수 없지만, 미덕은 탁월함의 방향으로 습관을 들일 수 있다. 이것은 악기 연주자가 탁월함을 향해 가는 길과 다르지 않다.

피아노나 기타, 바이올린 같은 악기를 잘 연주하기 위해서는 오랜 시간 '아무 생각 없이' 연습해야 한다. 그런 시간이 지난 다음 나도 모르게 손에 익은 연주가 나오기 마련이다. 마찬가지로 인간관계에서 소통과 상생의 실천을 습관화하면 그런 자세가 몸에 배어 나중에는 자신도 모르는 사이에 그것을 행동하는 탁월한 미덕의 소유자가 되는 것이다. 이것이 아리스토텔레스가 말하는 자기계발이다.

아리스토텔레스의 인성론을 듣다 보면, 우리가 통상 갖는 논리적 과정에 일종의 의심이 들 수가 있다. 본래 '마음가짐'에서 어떤 행동이 나오는 것 아닌가? 소통을 하겠다는, 혁신을 하겠다는 마음가짐이 있고 나서 실천하는 것이 아닌가? 그러나 아리스토텔레스는 오히려 우리의 마음가짐이 행동에 달려 있다고 생각한다.

어떤 행동에서 그 마음이 생겨난다. 어떤 마음가짐이 되느냐 하는 것은 행동의 성격에 좌우된다. 따라서 어렸을 때부터 계속 이렇게 습관을 들였는지, 혹은 저렇게 습관을 들였는지는 결코 사소한 차이를 만드는 것이 아니다. 그것은 대단히 큰 차이, 아니 사실 모든 차이를 만드는 것이다.

이러한 아리스토텔레스의 교육관을 '소통'이라는 키워드에 적용해서 정리해 보면 이렇다.

오늘부터 남과의 소통을 위한 구체적인 행동을 한다.

⇩

소통의 마음가짐이 생긴다.

⇩

매일 반복된 실천을 통해 습관을 들인다.

⇩

소통의 미덕이 탁월해진다.

그럼 어떻게 실천할 것인가

―――

습관을 들이는 게 중요하다는 데 고개를 끄덕이지 않을 사람은 없을 것이다. 사실 아리스토텔레스의 이름을 빌렸을 뿐 당연한 이야기를 했다고도 할 수 있다. 그런데 꽉 막힌 사람이 어느 날 갑자기 소통을 실천하는 게 말처럼 쉬운가. 구체적인 행동 지침이 필요하다. 그래서 당연한 이야기를 한 가지 더 꺼내려고 한다. 바로 '중용'을 실천하라는 것이다.

무슨 일이든 회피하고 두려워하며 어떤 자리도 지켜내지 못하는 사람은 비겁한 사람이 된다. 반면 무슨 일이든 결코 두려워하지 않으면서 모든 일에 뛰어드는 사람은 무모한 사람이 된다. 모든 즐거움에 탐닉하면서 어떤 것도 삼가지 않는 사람은 무절제한 사람이 된다. 반면 즐거움이라면 전부 회피하는 사람은 목석같은 사람이 된다. 그러므로 절제와 용기는 지나침과 모자람에 의해 파괴되고 중용에 의해 보존된다.

절제와 용기에서처럼 소통이란 덕목도 지나침과 모자람에 의해 파괴되고 중용에 의해 보존될 것이다. 그런데 이 '중中'이라는 개념은 하나의 오해부터 피해야 한다. 산술적인 중간인지 아닌지에 대해서다. 여기와 저기의 거리가 100미터라고 할 때, 50미터 지점에 말뚝을 박는 것을 중용이라고 할 수 있을까? 아리스토텔레스는 윤리학의 중용을 이렇게 설명했다.

감정이나 행위에 있어서 악덕의 한쪽은 마땅히 있어야 할 것에 모자라고, 다른 한쪽은 지나치다. 한편 덕은 중간(적절함)을 발견하고 선택한다. 이런 까닭에 덕은 그것의 실체와 본질을 따르자면 중용이지만 최선의 것과 잘해냄의 관점을 따르자면 극단이다.

그러니까 최선의 것이 먼저 있고 나서 그것에 부족한 것과 넘치는 것이 있는 것이지, 대립된 두 개가 먼저 있고 나서 그 중간을 최선이라고 하는 것이 아니다. 이 차이는 상당히 중요하다. 전자는 탁월함이고 후자는 기회주의가 될 수 있기 때문이다. 아리스토텔레스의 말처럼 중용은 탁월함의 관점에서 '극단'이다. 그래서 산술적인 중간이라는 오해를 피하기 위해서 그의 중용을 '적절함', '마땅함'으로 번역하곤 하는데 한자의 중中에도 그런 의미가 있다. 이것을 실천하는 것은 생각보다 어렵다.

마땅히 주어야 할 사람에게, 마땅한 만큼, 마땅한 때에, 마땅한 목적을 위해, 그리고 마땅한 방식으로 그렇게 하는 것은 결코 누구나 할 수 있는 일도 아니며, 쉬운 일도 아니다. 바로 그런 까닭에 이런 일을 잘하는 것은 드물고, 칭찬받을 만한 일이며, 고귀한 일이다.

중용은 상황에 따라, 사람에 따라 다르다. 그리고 그 마땅한 행동이 모두에게 동일하게 적용되지 않는다는 것도 주의해야 한다. 아리스토텔레스는 운동선수를 예로 들었다.

훈련 담당자가 어떤 선수에게 음식을 줄 때 10므나*는 많고 2므나는 적다고 해서 6므나를 처방하지는 않을 것이다. 이 양 또한 그것을 섭취할 사람에게 어쩌면 많거나 적을 수 있으니까. 밀론에게는 적겠지만 운동을 막 시작한 초보자에게는 많을 것이기 때문이다.

* 므나minah: 무게의 단위

10이 넘치고 2가 부족하다고 해서 6이 적절함으로 확정되는 것이 아니라, 사람에 따라 3~9 사이에 어떤 양이 적절한지가 다르다는 말이다. 이처럼 중용이란 절대적인 것이 아니라 사람과 상황에 따라 그 적용이 달라진다. 그리고 바로 그 이유로 실천이 어려운 것이다. 모든 상황마다 실천해야 할 마땅한 것이 무엇인지 적혀 있는 매뉴얼이 있다면 살아가는 데 무슨 고민이 있겠는가?

잠깐 동아시아 전통을 언급하면 사서 중《중용》이 있는데, 그 때문에 아리스토텔레스의 'memos'를 '중용'이라고 번역하게 되었다. 비슷한 시기에 저술된 동서양의 두 고전이 이상적인 인간의 덕목으로 이 개념을 제시한 것은 주목하지 않을 수 없다. 사실 동서를 막론하고 인간의 윤리, 도덕, 정의란 것은 어떤 상황에서 어떻게 행동하는 것이 '가장 적절하고 마땅한 것'인지에 대한 이야기라고 할 수 있다.

정의까지 이야기하니 너무 묵직한 느낌을 받을 텐데 중용의 스펙트럼은 우리의 모든 삶에 걸쳐 있다. 하루에 잠을 몇 시간 잘지, 애인과 전화를 어느 정도 할지, 게임은 어느 정도 할지, 무엇을 얼마나 먹을지, 경조사비는 얼마나 낼지, 부당한 대우를 받았다고 느낄 때 어떻게 행동할지…. 우리는 매일매일 순간순간 '무엇을, 얼마나, 어떻게'의 적절함을 요구받고 있다.

똑같은 상황에서 똑같은 언행을 했는데도 누구는 위트 있는 사람이 되고, 또 누구는 성인지 감수성이 떨어진 사람, 썰렁한 사람이 된다. 중용의 실천은 거창한 데서가 아니라 여기서부터 출발해야 한다.

혁신을 원하는가? 아리스토텔레스를 우리의 교육 컨설턴트로 삼자. 그의 조언은 이론을 이야기하기 전에 일단 먼저 실천하라는 것이다. 구체적으로 무엇을 실천할 것인지는 개개인이 속해 있는 회사, 환경, 직급, 상황 등에 따라 다를 것이다. 올해 사내교육의 목표가 '상생'이라면 아리스토텔레스는 그것에 대한 숱한 이야기보다 매일 실천할 수 있는 구체적인 항목들을 팀별, 개인별로 정해줄 것이다. 그리고 그 항목의 구체적인 적용은 각자의 상황에 따라 다를 수 있으므로 중용의 실천을 강조할 것이다. 그렇게 실천을 먼저 시작하게 한 후, 상생을 키워드로 삼은 인문학 강좌를 나중에 배치할 것이다.

끝으로 탁월한 조직을 꿈꾸는 모든 리더들에게 아리스토텔레스의 목소리를 빌려 '당연한' 메시지를 전한다.

습관을 통해 좋은 구성원으로 만들어야 한다. 습관을 들이지 않으면 실패한다. 이것이 좋은 공동체와 나쁜 공동체의 차이점이다.

02

권력을 갖겠다고 결심했을 때

- 니콜로 마키아벨리 -

절대로 미움의 대상이 되지 말라

시오노 나나미가 친구라고 부른 까닭

《군주론》을 읽어보지 않은 사람들도 대부분 마키아벨리즘은 들어 보았을 것이고 권모술수의 좋지 않은 이미지를 가지고 있을 것이다. 한 대목을 인용해 보겠다.

민중이란 다정하게 대해주거나 아니면 철저히 파멸시켜 버려야 한다. 무릇 인간이란 작은 모욕에는 반격하기 마련이다. 하지만 크게 짓밟히 면 반격할 엄두를 내지 못한다. 그러므로 만일 누군가에게 해를 끼치겠다면 반발이나 복수가 걱정되지 않을 정도로 제대로 해야 한다.

독재자의 입에서나 나올 법한 이야기다. 우리는 고전의 반열에 오른 대작들의 목소리 중 전무후무한 내용을 만났다. 하지만 《군주론》 전체를 읽게 된다면 저자에 대한 평가는 처음과 달라질 것이다.

나는 《군주론》을 읽기 전에 먼저 시오노 나나미의 《나의 친구 마키아벨리》를 읽었다. 그녀가 어떤 이유로 이 사람에 대해 친근감을 느꼈는지가 궁금했다. 그녀의 팬이 많은 건 스케일 큰 남성들의 전쟁과 권력 투쟁을 섬세한 필체로 그려내는 극단의 조합 때문이다. 그 권력 투쟁은 얼마나 많은 음모와 배반으로 점철되어 있는가. 그것들을 뚫고 군주가 되기 위해 마키아벨리가 제시한 전략은 그녀에게 통쾌함을 선사했을 것이다.

마키아벨리는 대단한 애국심의 소유자였고 모두가 인정할 만한 뛰어난 문장가였다. 한편으로는 40대에 퇴출된 실패한 정치가였고 마지막까지 권력의 언저리라도 가고자 자존심을 버렸던, 인간적인 연민을 느끼게 하는 인물이었다. 그래서 시오노는 그를 친구로 삼은 게 아닐까.

《군주론》을 읽으면서 느꼈던 것은 마키아벨리즘(권모술수)이 아니라 역사 고증을 통해 얻은 교훈을 토대로 전략을 짜는 저자의 치밀함이었다. 그의 전략을 이해하기 위해서는 그가 인간의 본성을 기본적으로 나약하고 악하게 보았다는 것부터 알아야 한다.

민중이 군주를 떠받들고 의지하는 것처럼 보인다고 곧이곧대로 믿어서는 안 된다. 평화로울 때에는 누구나 한달음에 달려오고 누구나 이런저런 맹세를 하며 누구나 그를 위해 목숨을 바칠 준비가 되어 있다고 말한다. 왜냐하면 목숨을 바칠 일이 없기 때문이다. 그러나 형세가 나빠져 군주가 민중을 필요로 하게 되면 아무도 얼굴을 비치지 않는다.

정곡을 찌르는 대목이다. 그럴 일이 없기 때문에 사람들은 "그렇게 할 거야!"라며 뻔뻔스러울 수 있다. 성선설을 주장하는 사람도 사람들이 악하다는 걸 부정하지 않는다. 악한 사람도 선한 본성이 있다고 말할 뿐이다.

마키아벨리의 여섯 가지 전략

———

마키아벨리에 따르면 악한 행동도 정당화된다. 상대도 나도 모두 본성이 악하기 때문이다. 바로 여기서 마키아벨리즘이 시작된다. 《군주론》에서 제시하는, 악인들 사이에서의 권력 투쟁에서 이기기 위한 여섯 가지 조언을 추려보았다.

첫째, 상황에 따라서는 약속을 지키지 않아도 된다.

현명한 군주는 약속을 지킴으로써 화를 자초하게 되는 경우, 혹은 애초에 약속을 했던 이유가 더 이상 유효하지 않은 경우에는 그 약속을 지키지 않는다. 아니, 지켜서는 안 된다. 만일 모든 사람들이 선량하다면 이것은 나쁜 조언이 될 것이다. 하지만 애석하게도 인간은 사악한 존재다. 그들은 군주에게 한 약속들을 지키지 않을 것이므로 군주 또한 그들과 맺은 약속을 지킬 필요가 없다.

둘째, 인기인이 되기보다 두려움의 대상이 되라.

둘 중 하나를 선택해야 한다면 사랑받는 것보다는 두려움의 대상이 되는 편을 선택하는 것이 안전하다. 인간이란 본시 감사할 줄 모르고 신뢰할 수 없으며, 거짓말하고 날조하며, 돈을 탐하고 위험이 닥치면 도망쳐 버리기 때문이다.

셋째, 실제 인성보다 겉으로 도덕적으로 보이는 것이 중요하다.

모든 성품을 갖추고 언제나 그에 따라 행동하는 것은 위험을 자초하는 일이다. 오히려 도덕적인 것처럼 보이는 게 좋다. 자비롭고 약속을 잘 지키며, 인도적이고 정직하며, 독실한 것처럼 보이기만 하면 되는 것이다. 더불어 위협을 받는 순간 태도를 바꿔 정반대의 사람이 될 준비가 언제든 되어 있어야 한다.

넷째, 공격은 전격적으로 행하고 호의는 하나씩 천천히 베풀라.

폭력은 가능한 한 빠르게 행해야 그 쓸쓸함을 맛볼 시간이 적어지고 그에 따르는 적의도 옅어진다. 반면 호의는 한 번에 하나씩 천천히 베풀어 충분히 음미할 시간을 주어야 한다. 역경이 닥쳐 조치가 필요할 때는 이미 늦었다. 그때 은혜를 베풀어봐야 마지못해 내어주는 것으로 보여 누구도 고마워하지 않기 때문이다.

다섯째, 잔혹함은 필요한 만큼만 행하고 멈추라.

잘 사용된 잔혹 행위란, 단기간에 결정적으로 지위를 공고히 하는 데 필요한 만큼만 행하고 멈춘 뒤 그 이상으로 이어나가지 않고 권력을 사용해 민중에게 최대한의 혜택을 돌려주는 경우를 말한다. 잘못 사용된 잔혹 행위란, 처음에는 필요했던 만큼 과감하지 못했으나 뒤로 갈수록 완화되기보다는 점점 더 잔인해지는 경우를 말한다. 그러면 어떤 기회도 얻지 못한다.

여섯째, 절대로 미움의 대상이 되지 말라.

군주는 두려움의 대상이 되어야 한다. 그러나 사랑을 받지 못하더라도 미움의 대상이 되는 것은 절대로 피해야 한다. 두려움의 대상이 되는 일과 미움의 대상이 되는 것은 별개의 것이다. 무엇보다 군주는 다른 사람의 재산을 압수해서는 안 된다.

미움을 받지 않으면서 만만하지 않은 리더

고전을 깊이 있게 읽는다는 건 이러저러한 내용들 가운데 무언가를 포착해서 좀 더 생각해 보는 것일 테다. 나는 위 조언들 중 마지막 전략에 주목해 보았다.

'사랑받지는 못해도 최소한 미움받지 않는 리더'. 리더를 해본 사람은 알겠지만 이것은 고난도의 처세에 해당한다. 하지만《군주론》이 제시한 방법은 의외로 간단하다. '재산을 압수하지 말라는 것'이다. 불이익을 감내하면서 리더를 미워하지 않을 아량을 갖춘 이들은, 역사 속에서 아주 없는 것은 아니지만 요즘 같은 세상에서는 없다 치고 전략을 짜는 게 현명하다.

이것을 조직에 적용해 보면 이렇다. 일단 모든 구성원들에게 좋은 이야기를 듣는 리더가 가장 이상적이다. 하지만 계속 이상을 추구하다가는 리더가 먼저 짐을 싸야 할지도 모른다. 불가피하게 구성원들 중 어떤 사람에게 금전적, 시간적 불이익이 가게 되고 그러면 자연스럽게 미움이 싹튼다. 횟수가 많아지면 걷잡을 수 없이 커진다. 현명한 리더라면 일방적인 상황을 만들지 않거나, 그 사람 정도야 기분 나빠서 회사 나가겠다고 해도 상관없다, 혹은 차라리 좀 나가주면 좋겠다는 정도의 판단을 내린 이후에 실행해야 한다. 하지만 회사에 꼭 필요한 인재라면 반드시 다른 것으로 보상을 해주어야 한다.

이번에는 두 번째 전략까지 조합해 보자.

'두려움의 대상이 되면서 미움의 대상이 되지 않기'. 더 어려워졌다. 쉬운 말로 욕도 먹지 말고 만만하게 보이지도 말라는 것이다. 여기에서는 타이밍도 중요하다. 다섯 번째 전략을 보면 처음 부드럽게 보이다가 나중에 무서워지면 안 된다는 말이 있다. 마키아벨리의 견해에 따르면 초장의 묵직한 이미지가 중요하고 그 이후에 부드러움을 조금씩 보여주는 전략이 필요하다.

이는 우리가 경험한 누군가의 이미지 변화를 잘 해석한 것이라고 할 수 있다. 이를테면 "날라리가 모범생보다 더 착하다"라는 말이 있다. 평균적으로 모범생이 더 착하지만 별로 기대하지 않았던 아이가 착한 행동을 하면 그 효과가 크게 보인다. 평소에 줄을 안 서던 아이가 어느 날 질서를 지키면 "와!" 하지만, 안 지켜도 그러려니 한다. 하지만 모범생은 당연히 질서를 잘 지켜야 한다. 한 번만 어겨도 "와, 쟤 봐. 줄 안 서" 하고 놀란다.

'야신'으로 이름이 난 프로야구 김성근 감독은 평생 훈련 중에 선수들과 식사를 같이 하지 않았다고 한다. 기자가 그 이유를 물었는데, 친해지면 엄하게 훈련을 시킬 수가 없어서라고 답했다. 그렇게 혹독한 감독이 때로 등을 두들겨주며 격려하면 선수들은 감동의 눈물을 흘리게 된다. 감독이 의도했는지 모르겠지만 똑같이 등을 두들겨주더라도 효과가 높은 구도를 택한 것이다.

비르투, 역량

마키아벨리의 처세술은 주먹구구식이 아니라 추구하는 덕목이 있다. 보통 비르투virtue는 미덕으로 번역된다. 그런데 통상 우리는 덕德에서 도덕을 떠올리기 때문에 이런 번역은《군주론》에서 언급되는 비르투와는 차이가 있다. 그래서 일찍이 최숙형 교수가 '실력'으로 옮긴 후 줄곧 힘, 역량 등으로 번역해 왔다. 이렇게 마키아벨리가 지도자의 덕목으로 말하는 비르투는 다른 철학자들이 말하는 덕에 비해 훨씬 더 현실적이고 전략적이다.

> 인간은 두려움을 불러일으키는 자보다 사랑을 베푸는 자를 해칠 때 덜 주저한다.

우리의 경험을 떠올려보자. 착한 마음으로 누구에게 잘했다고 그만큼 인정받는 게 아니라는 걸 알게 된 적이 있을 것이다.

친구와 함께 아는, 늘 우리를 만나면 이것저것 사주면서 격려해 주던 선배가 있었다. 어느 무렵 선배는 다소 어려운 현실에 직면하게 되었다. 나는 그간 받아먹은 것을 생각하면서 틈날 때마다 선배를 챙겼고 그게 도리라고 생각했다. 하지만 친구는 자기 일에 바빴고 선배는 가끔 그 친구에게 서운함을 표출했다. 그리고 고난의 관문을 거쳐 선배가 다시 자리를 잡게 됐다. 그런데 여유가 생긴 선배가 먼저 찾은 대상은 내가 아니라 그 친구였다.

이런 이야기는 비교적 흔하다. 약간이라도 인생을 살았다 싶은 분이라면 사랑을 베풀었으나 뒤통수 혹은 배신의 칼날로 돌아온 경험이 한 번 정도는 있을 것이다. 본래 인간에게 잘하는 것은 좋은 일이지만 인간관계는 그것만으로는 부족한 무엇이 있다. 사랑에서도 더 착한 사람이 간, 쓸개 빼주고도 차이는 것처럼.

마키아벨리의 비르투는 인간관계에서 부족한 그것을 일깨워 준다. '두려움을 불러일으키는 것'은 무서운 표정이나 거친 욕설을 하는 것이 아니라 인간관계에서 어떤 '긴장감'을 유지하는 기술을 의미한다.

마키아벨리즘을 실행하기 전에 알아야 할 것

———

권모술수의 부정적 이미지 때문에 간과하게 되는데,《군주론》은 역사의 고증을 통해 터득한 권력의 쟁취 및 유지의 전략을 기록한 책으로 그 목표는 국가의 번영이다. 모든 리더가 한 번은 읽어볼 필요가 있다. 문제는 핵심을 못 보고《군주론》을 피상적으로 접하고 받아들이는 것이다. 혹시 당신이 이 책을 읽고 권력을 위해 사악해질 필요를 느낀 정도에 그친다면 곤란하다. 아니, 매우 위험하다. 어차피 이 책을 읽지 않아도 권력을 추구하는 이들은 그러한 경향이 있다.

내가 이 책을 읽고 얻은 것은 권모술수의 방법이 아니라 역사를 통해 인간의 본성을 파악하고 현재의 전략을 제시하고 미래를 설계하는 마키아벨리의 인문적 자세다. 기왕에 그의 조언을 따르고자 결정했다면 더 철저하게 그를 이해할 필요가 있다.《군주론》을 완독하는 데 휴일 하루를 할애하면 충분하다.

또 한 가지, 마키아벨리의 전략은 모든 사람에게 통용되는 것은 아니다. 이 책은 군주가 될 만한 자질, 혹은 자질이 안 되더라도 그럴 만한 상황을 갖춘 사람에게 필요한 전략을 나열했다. 생각해 보라. 때에 따라 약속을 지키지 않고, 가식적으로 착한 척하며, 잔혹하기까지 한 사람이 미움을 받지 않을 수 있을까. 어설프게 흉내 내다가 당신은 조직에서 무참하게 매도당하고 버려지는 사람이 될지도 모른다.

03

만만해 보이고 싶지 않을 때

- 한비자 -

생각을 감춰야 두려워한다

임금은 어질지 않고 신하는 충성하지 않는다

앞서 마키아벨리의 여섯 가지 조언을 들었는데 그는 기본적으로 사람의 교활하고 악한 본성을 읽고 있다. 동양에서도 이런 인간의 본성에 대한 논의는 많았다. 맹자의 성선설, 순자의 성악설이 대표적인데 마키아벨리에서 보았듯 둘 가운데 어떤 관점을 취하느냐에 따라그 후의 전략은 달라진다.

전국시대 법가 사상을 대표하는 한비자는 순자를 이어 인간 본성의 악함에 주목했다. 리더십을 테마로 놓고 보면 공자와 맹자처럼 인간에 대한 믿음을 바탕으로 인仁의 실천을 말하는 대범한 유가 있고 한비자처럼 인간 본성에 대한 회의에 입각하여 술수術數를 제시하는 유가 있다. 그런데 놀라운 인간들이 활개 치는 세상이다 보니 공자와 맹자 식으로 처세를 하다가는 대체로 인간에게 회의를 느끼게 된다. 그래서 마키아벨리나 한비자의 군주론이 최근 더 주목받는지도 모른다.

서로 사랑하라? 한비자는 부모 자식 간에도 계산을 하는 판에 밖에서 자신의 이익을 버리고 남을 사랑하는 게 말이 되느냐고 했다. 군주와 신하의 이익이 양립하지 않기 때문에 충신이 존재할 수 없다고도 말했다. 확실히 공자, 맹자의 말보다는 귀에 착 붙는다. 하지만 인간성을 신뢰하지 않기 때문에 법과 제도를 강조한 한비자가, 무위자연을 노래한 노자의 사상을 근저에 깔고 있다는 사실은 의외로 들릴 것이다.

성악설과 무위자연의 조합

———

노자의 리더십이 주목을 끈 적이 있다. 당시 삼성경제연구소에서 개최한 SERI-CEO 조찬 인문학 특강에서 노자 강좌가 인기를 끌자 삼성그룹의 임원회의에서 몇 차례 노자 스터디를 했던 것이 화제였다. 노자 리더십의 핵심은 "무위무불위無爲無不爲"인데, '(윗사람이) 하는 일이 없는데도 이루어지지 않는 것이 없다'라는 뜻이다. 그런데 한비자도 이 말을 했다.

각각 그에 마땅한 데 처하면 위아래 모두 힘들이지 않아도 된다. 닭에게 새벽을 알리는 일을 맡기고 고양이에게 쥐를 잡는 일을 맡기듯 자신의 능력에 맞는 일을 발휘하도록 하면 윗사람은 할 일이 없어진다.
夫物者有所宜 材者有所施 各處其宜 故上下無爲. 使雞司夜 令狸執鼠 皆用其能 上乃無事.

신경 쓸 일이 산더미 같은 CEO에게 이 제왕의 리더십은 잠시나마 파라다이스처럼 보였을 것이다. 그런데 노자와 장자의 세계는 스케일이 크고 넓어서 리더의 정신을 자연 혹은 우주까지 확장하는 장점이 있지만, 인간의 본성이 악하다고 말한 것도 아니고 권모술수에 대해 이야기한 바도 없다. 그에 비해 한비자는 순자의 성악설에 노자의 무위무불위를 조합해서 다음과 같이 말했다.

이익이 되고 손해가 되는 길을 잘 보여주는 것이 중요하다. 그러면 임금은 굳이 신하들에게 열심히 말하지 않고 또 간신을 색출하지 않아도 나라는 저절로 다스려진다.
設利害之道以示天下而已矣. 夫是以人主雖不口教百官 不目索奸邪 而國已治矣.

인간은 본질적으로 악해서 그저 자기 이익을 추구하기 때문에 그들 스스로 이익을 얻을 수 있는 구도를 설정해 놓으면 알아서 열심히 일한다는 것이다.

법法, 세勢, 술術

이렇게 신하가 알아서 열심히 일하는 구도를 두고 임금의 '세勢'가 펼쳐졌다고 한다. 이기적인 인간에게 이익이 되는 길을 제시하면 위에서 신경 쓰지 않아도 알아서 일이 돌아가는 것, 이것이 '무위의 세'가 만들어지는 기본 로직이다.

이제 전국시대를 통일한 진나라의 무서운 시황제가 활용했다는 강력한 법가 사상가 한비자의 조언을 제대로 이해할 수 있는 준비를 마쳤다. 순자와 노자를 먼저 이야기한 까닭이 있다. 그러지 않으면 우리는 법가 사상에 대해 단순히 시황제와 분서갱유를 떠올리고 극도로 인위적인 권력을 위한 수단으로서의 법과 제도를 인식하게 된다. 그러면 한비자가 강조한 법의 진면목을 놓칠 수 있기 때문이다.

한비자가 법과 원칙을 강조한 것은 인간의 이기심을 효과적으로 활용하고 제어하기 위해서다. 그 내용의 핵심은 상과 벌이다. 이것을 통해 신하가 최선을 다하는 구도(즉 세)를 만들어내는 것을 '술術'이라고 한다. 한비자는 사랑, 어짊, 신의와 같은 건 이야기하지 않았고 늘

법과 술을 이야기했다. 신하는 법을 따르면 되고 임금은 술을 부리면 된다.

리더를 위해 한비자가 제시하는 여섯 가지 전략
————

이제 한비자가 임금에게 조언한 내용을 오늘 우리의 직장으로 가져와서 CEO나 부서장, 혹은 팀장이 활용할 수 있는지 검토해 보겠다.

첫째, 팀원이 먼저 달성 목표에 대해 이야기하게 하라.

업무는 윗사람이 일방적으로 부여해서는 안 된다. 나중에 책임을 묻기가 어렵기 때문이다. 면담을 통해 아랫사람이 먼저 자신이 할 수 있는 일을 이야기하게 한 후에 그것을 업무로 부여하는 것이 좋다. 그리고 반드시 후에 결과를 가지고 상(성과급, 승진 등)이나 페널티를 부과해야 한다.

신하가 말을 하면 군주는 그 말에 따라 일을 부여하고 그 결과에 책임을 묻는다. 결과가 그 일에, 일이 그 말에 합당하면 상을 주고 그렇지 않으면 벌한다. 그 부합에 따라 상 혹은 벌이 나온다.
群臣陳其言 君以其言授其事 事以責其功. 功當其事 事當其言則賞.
功不當其事 事不當其言則誅. 符契之所合 賞罰之所生也.

둘째, 벌은 충분히 무거워야 한다.

많은 조직의 리더들이 필요성에 공감하면서도 원성을 살까 봐 못하는 방법이다. 상을 주는 건 괜찮지만 페널티 부과는 매우 부담스럽다. 하지만 사람이 개밋둑에 넘어진다는 한비자의 다음 말에 공감한다면, 너무 가벼운 페널티는 안 하느니만 못하다.

사람은 산에서 넘어지는 것이 아니라 개밋둑에 걸려 넘어진다. 산은 크기 때문에 조심하지만 개밋둑은 작으니까 조심하지 않아서 그렇다. 마찬가지로 형벌을 가볍게 하면 백성이 그것을 업신여기게 된다.
不蹟於山 而蹟於垤. 山者大 故人順之 垤微小 故人易之也. 今輕刑罰 民必易之.

셋째, 어떤 일이 있어도 상벌의 권한을 양도하지 말라.

한비자의 조언 중 핵심이다. 부하 직원을 통제할 수 있는 방법은 상과 벌 두 가지밖에 없다. 그 권한을 남에게 위탁하는 것은 자신의 권력 전체를 내주는 것을 의미한다. 다음 호랑이와 개의 비유를 보면 한비자의 조언이 좀 더 와 닿을 수 있겠다.

명군이 신하를 이끌고 제압하는 수단은 두 가지가 있을 뿐이다. 하나는 형(벌을 내리는 것)이고 다른 하나는 덕(상을 주는 것)이다. 호랑이가 개를 복종시킬 수 있는 것은 이빨과 발톱 때문이다. 그것을 개가 사용하게끔

하면 호랑이가 오히려 개에게 복종하게 된다. 임금은 형벌로 신하를 제압하는 자이다. 그 권한을 내놓고 신하가 사용하게 하면 임금은 도리어 신하에게 제압당하게 된다.

明主之所導制其臣者 二柄而已矣. 二柄者 刑德也. 夫虎之所以能服狗者 爪牙也. 使虎釋其爪牙而使狗用之 則虎反服於狗矣. 人主者 以刑德制臣者也. 今君人者 釋其刑德而使臣用之 則君反制於臣矣.

한비자는 임금과 신하의 이익이 양립하지 않는다고 본다. 이것은 생소한 시각이 아니라 역사학자들이 대체로 받아들이는 통설적 관점이다. 예를 들어 신라의 귀족 모임 화백회의의 권한이 강화되면 왕권이 약해지고, 반대로 왕권이 전제화되면 귀족의 권한이 위축된다. 조선은 왕도정치라 해서 임금이 가야 할 길을 신하가 이끄는 신권이 중요한 시대였지만, 태종과 세조처럼 왕권이 강한 시기에는 신하들을 무시했었다. 다음 한비자의 언급은 왜 오늘날 이곳저곳의 조직에서 2인자가 설치는지, 그 이유를 알려준다. 위아래가 할 일이 바뀌는 순간 권력은 무너지는 것이다.

권세를 양도하면 안 된다. 윗사람이 권세 하나를 잃으면 신하는 그것을 백 배 사용한다.

權勢不可以借人. 上失其一 臣以爲百.

넷째, 생각을 감추라.

리더는 자신의 생각을 드러내지 않아야 아래에서 두려워하고 맡은 바 일을 다한다.

임금은 자신의 바람을 내보이지 않는다. 그것을 보이면 신하는 자신을 꾸미기 마련이다. 또한 임금은 속마음을 내보이지 않는다. 그것을 보이면 신하는 자신이 그에 맞는 특별한 능력이 있다고 보이려 할 것이다. 좋아하고 싫어하는 감정을 감춰야 신하는 본모습을 드러낸다. 따라서 임금은 신하가 자신을 파악할 수 없을 만큼 거리를 두어야 한다. 그런 상태에서 명군이 위에서 무위하면 무릇 신하는 밑에서 공경하고 두려워한다.

君無見其所欲. 君見其所欲 臣自將雕琢. 君無見其意. 君見其意 臣將自表異. 去好去惡 臣乃見素. 去舊去智 臣乃自備. 故曰 寂乎其無位而處 漻乎莫得其所. 明君無爲於上 群臣竦懼乎下.

다섯째, 공은 군주의 탓, 과는 신하의 탓이 되게끔 하라.

이 조언을 듣고 지금까지 반신반의했던 한비자에게 정나미가 떨어졌을지도 모른다. 우리가 가장 싫어하는 리더의 상을 제시하고 있다. 아랫사람의 잘못은 자신의 탓이라며 감싸고 자신의 유능함도 조직원의 공으로 돌리는 것이 우리가 믿고 있는 참된 리더 아니던가. 문득 마키아벨리가 '군주는 도덕적일 필요가 없고 그렇게 보이기만

하면 된다'고 말한 대목이 떠오른다. 이 전략의 효용성에 대한 판단
은 여러분에게 맡기겠다. 다만 한 가지, 이 전략은 위 네 번째 조언,
생각을 감출 때 구사할 수 있다.

> 명군은 지혜로운 신하가 생각을 모두 짜내게 한 후 그것으로 판단한다.
> 따라서 임금의 지혜는 무궁해진다. 또 현명한 신하가 자신의 재능을 말
> 하게 한 후 임금은 그에 맞는 일을 맡긴다. 따라서 임금의 재능은 무궁
> 해진다. 공이 있으면 임금의 현명함 때문이고 과가 있으면 신하에게 책
> 임을 묻는다. 결국 임금은 현명하지 않아도 현자의 스승이 될 수 있고
> 지혜롭지 않아도 지자의 모범이 될 수 있다. 노력은 신하가 하고 성공
> 은 임금의 몫이다. 이것을 두고 현명한 임금의 법도라고 한다.
> 明君之道 使智者盡其慮 而君因以斷事, 故君不窮於智. 賢者敕其材
> 君因而任之 故君不窮於能. 有功則君有其賢 過則臣任其罪 故君不窮
> 於名. 是故不賢而爲賢者師 不智而爲智者正. 臣有其勞 君有其成功.
> 此之謂賢主之經也.

여섯째, 같은 업무를 은밀히 두 명에게 맡기는 것은 서로를 원수로
만드는 일이다.

이 조언은 전략이기보다는 리더가 조심해야 할 금도다. 종종 이 유
형의 리더를 보게 되는데 스스로야 이이제이以夷制夷 방식으로 아랫사
람을 제압한다고 생각하겠지만 최악인 것은 사람들 사이가 틀어질 뿐

아니라 리더 스스로도 일을 그르치기 때문이다.

> 신하에게 어떤 일을 맡긴 후 또 다른 이에게 그것을 대비하게 하는 것
> 은 임금의 잘못이다. 반드시 둘은 원수가 된다. 그리고 임금은 그 다른
> 이에게 휘둘리게 된다.
> 人主之過 在己任在臣矣. 又必反與其所不任者備之. 此其說必與其所
> 任者爲讎 而主反制於其所不任者.

리더의 전략은 잔꾀가 아니다

―――

리더들에게 전하는 한비자의 조언들을 살펴보았다. 여기서 꼭 알아
두었으면 하는 것은, 우리가 권모술수라고 할 때 떠올리는 잔꾀, 잔
머리는 한비자의 術과 차원이 다르다는 점이다. 한비자가 노장의
무위자연을 계승했다는 것은 바다와 같이, 우주와 같이 넓은 스케일
의 사유를 추구했다는 의미다. 한비자는 그것에 더해서 법과 제도의
안정성을 추구하고 인간의 이기심이라는 본성을 바탕으로 군주의
전략을 이야기한 것이다.

> 성인의 도는 모략과 잔재주를 버린다. 모략과 잔재주를 버리지 않으면
> 불변의 도가 될 수 없다. 모략과 잔재주를 백성이 사용하면 재앙이 많

아지고 군주가 사용하면 나라가 위태로워진다.

聖人之道 去智與巧. 智巧不去 難以爲常. 民人用之 其身多殃 主上用
之 其國危亡.

조직이 크든 작든 훌륭한 리더십은 조직의 미래를 결정할 만큼 중
요하다. 그리고 혼자가 아니라 둘만 있어도 팀은 팀이고 그 안의 팀
장은 리더십을 발휘해야만 한다. 둘까지는 큰 무리가 없지만 셋이
되면 팀장이 신경 쓸 일이 여러 배는 늘어난다. 더 큰 조직이야 말해
무엇하랴. 한비자의 메시지가 오늘 리더십으로 고민하는 독자들에
게 작게나마 도움이 되었으면 하는 바람이다.

덧붙여서, 한비자는 요순의 말이라도 시대가 바뀌면 변해야 한다
면서 유가들이 그것에 집착한다며 비웃은 적이 있다. 그러니 2200
년도 더 지난 지금 우리가 그의 조언을 그대로 받아들이는 것은 한
비자가 바라는 바가 아니다. 적당히 응용해야 할 것이다.

04

미래가 두려울 때

- 소크라테스, 유발 하라리 -

너 자신을 알라

역사학자가 최고의 미래학자가 된 까닭

"안나 카레니나가 스마트폰을 꺼내 들고 남편 카레닌 곁에 머물러야 할지, 돌진해 오는 브론스키 백작과 달아나야 할지 페이스북 알고리즘에 묻는 장면을 상상해 보자."

톨스토이의 소설 《안나 카레니나》의 주인공을 2050년 AI 시대로 불러들인 이 기발한 인물은 누구일까?

이 글에서는 유발 하라리라는 생존 인물과 서양철학의 시초라 할 수 있는 소크라테스라는, 시기적으로 양극단의 두 인물을 함께 택했다. 1976년에 태어난 하라리가 이 책에 나열한 거장들의 대열에 낄수 있을까? 세계적인 베스트셀러들을 냈고 독서인들이 열광한다는 것만으로 그런 자격이 바로 주어진다고 할 수는 없을 것이다. 그러나 내가 그의 책에서 느낀 바는 독자 여러분들이 짐작하는 대로다.

사실 문제에 대한 그의 솔루션은 특별할 것이 없어서 이 때문에 그를 비판하는 이들도 있다. 한 명의 천재에게 너무 많은 것을 기대한 사람들의 탓이다. 그는 전쟁사를 전공한 역사학자로 역사학은 어떤 해결책을 목표로 하지 않는다. 따라서 이 책에서 소개된 철학자들과 같은 난해한 사상 체계를 수립해야 할 이유가 없으며, 롤스와 같이 체계적인 정의의 원칙을 도출해야 하는 사명을 짊어질 이유도 없다. 그의 위대함은 구체적인 솔루션에 있는 것이 아니라 그의 인문학이 현재와 미래의 문제를 해결하기 위한 탁월한 인사이트를 제공하고 있다는 데 있다. 내가 보기에 그는 우리 시대 최고의 미래학자다.

단순히 미래를 예견하는 것과, 인류의 역사에서 근거를 찾아서 이야기하는 것은 다르다. 전자는 막연한 소설, 혹은 예언과 같은 신비적인 것이고 후자는 사회과학적 가설이 된다. 또한 역사를 근거로 삼더라도 산업혁명 이후의 변화를 기반으로 4차, 5차 산업의 미래를 예측하는 수준과, 인류의 탄생부터 시작해 미래를 꿰뚫는 수준은 다르다. 역사학자 하라리가 최고의 미래학자가 될 수 있는 것은 바로 우리네 사피엔스의 역사를 '통시적'으로, 게다가 '입체적'으로 누빈

후, 그것을 미래와 연결하기 때문이다.

21세기를 위한 제언

———

예전 직장에서 있었던 일이다. 연구소에서 운영하는 웹진이 있었는데 북 리뷰 코너를 신설하면서 담당자는 내게 첫 번째 기고를 요청했다. 나는 당시 하라리의 《21세기를 위한 21가지 제언》의 출간을 기다리고 있었는데, 기고일에 맞추기 위해서 좀 일찍 책을 받아볼 수 있는지 출판사에 문의했다(출판사가 직장 옆 동네에 있어 부탁했다). 결과적으로 영문판과 한글 번역판이 동시에 출간되는 날, 서점에 들어가기도 전의 따끈따끈한 이 책을 국내 독자 중 최초로 받게 되었다.

리뷰가 웹진에 올라온 후 검색해 보니, 같은 날 빌 게이츠가 〈뉴욕 타임스〉에 서평 〈What Are the Biggest Problems Facing Us in the 21st Century?〉를 기고한 것을 발견했다. 비록 남들은 알지 못하지만 내가 이 책에 대한 최초의 서평자 중 한 명이었던 것이다. 내 서평은 별 관심이 없을 테니 빌 게이츠가 어떻게 하라리를 읽었는지 잠시 소개하겠다. 그 역시 하라리의 인사이트를 높게 평했지만 디지털 문명이 낳을 미래에 대해서는 하라리보다 낙관적인 관점을 표출했다.
책에서 하라리는 다가올 디지털 문명으로 인간의 자유와 평등은 심각한 타격을 받을 것이라 예언했다. AI에 모든 것을 물어보는 인류는 의사결정의 자유를 내려놓을 것이며 더 나아가 디지털 독재로 인한 데이터 접근의 차별이 평등의 가치까지 파괴할 것이라고 말했다. 이에 대해 빌 게이츠는 식량이나 에너지 생산과 같은 인류 생존과 직결되는 데이터는 디지털로 인해 훨씬 더 광범위하게 공유될 것이라고 반박했다.

또한 하라리는 개인 데이터가 수집되는 시대로 접어드는 것에 대해 우려를 표했다. 하지만 게이츠는 데이터의 종류를 구별해서 이해할 필요가 있다면서 데이터 수집의 부정적인 측면만 강조할 건 아니라고 썼다. 이를테면 어떤 사람의 쇼핑 이력과 진료 기록을 수집하는 주체와 수집의 목적은 각기 다르다는 점을 지적한 것이다. 그리고 페이스북과 SNS가 정치적 양극화를 조장한다는 하라리의 시각에 대해, 가족과 세계 각지의 친구들을 연결하는 SNS의 장점을 간과하고 있다고 비판했다.

이런 관점의 차이는 문명을 비평하는 인문학자와 문명을 활용하는 사업가의 차이라고 할 수 있다. 하지만 게이츠는 자신이 명상을 수련하고 있다면서 하라리가 21세기를 헤쳐나가기 위해 강조하는 'mindfulness(마음 챙김)'의 필요성에 대해서 공감한다. 결국 온갖 소재를 가지고 미래에 대해 낙관적이다 비관적이다 논쟁을 하지만, 두 천재가 공통으로 도달한 결론 중 하나는 다소 공허하겠지만 'mindfulness'이다.

시대를 극복하는 힘은 늘 인간의 정신에 있었다는 하라리의 말은 옳다. 그 '정신의 주체성'을 업그레이드할 수 있다면 그리고 디지털을 활용해서 주체적 정신들 사이의 '연결'을 이루어낼 수 있다면, 미래의 엄청난 도전에 대처할 수도 있지 않을까.

하라리의 지능 활용

이 책에서 하라리가 자신의 정신을 어떻게 활용하고 있는지 다음과 같이 정리할 수 있다.

첫째, 통시적 조망.

한 가지 예를 들어보겠다. 앞으로 AI 시대가 도래한다는 이야기는 누구나 할 수 있다. 그러나 "불과 지난 수 세기 동안 권위는 신에서 인간으로 이동했고, 조만간 인간에서 알고리즘으로 이동한다"라는 그의 진단은 '신→인간→알고리즘'이라는 권위의 이동을 통시적으로 조망하게 한다. 이렇게 시야를 넓혀주는 것은 솔루션을 찾는 데 도움이 된다. 나아가 근대 이후 인간이 추구했던 자유와 평등의 가치가 알고리즘의 권위로 어떻게 위협받았는지 설명하고, 그로 인해 민주주의가 심각하게 훼손될 것임을 예견하고 있다.

둘째, 융합적 사고.

동성애자들이 지금에 비해 억압으로부터 자유로워질 것이라는 것은 누구나 예견할 수 있고 동성애를 옹호하는 여러 주장들이 있다. 하지만 하라리의 옹호는 역시 입체적이다. 과학의 성과를 활용하여 인류의 역사를 해석하고 동성애의 미래를 예견함으로써 역사학과 생물학을 접목했다. 또한 '스토리'의 관점에서 종교, 이데올로기, 고정관념의 역사를 조명하고 그것을 인간이 굳게 믿게 되는 이유를 설명하면서 동성애에 대한 고정관념 또한 어떤 스토리에서 형성된 것인지 들려주고 있다. 이렇게 그는 역사학 + 생물학 + 문학으로 융합의 영역을 넓혔다.

셋째, 문학적 상상력.

인간의 지능이 AI와 경쟁하게 된다는 예견은 누구나 할 수 있다. 그러나 "미래의 해킹 대상은 컴퓨터나 은행 계좌가 아니다. 그들은 우리 자신과 우리의 유기적 운영 체계를 해킹하는 경쟁에 뛰어든 것이다"라며 미래가 인간을 해킹하는 시대라고 규정하는 것은 상상력을 갖춘 사람만이 할 수 있다.

넷째, 유비추리.

세상이 빠르게 변하며 아이들의 교육 과정도 바뀌어야 한다는 말은 누구나 할 수 있다. 하지만 1020년 중국 송나라 사람들이 1050년을 내다보는 것과, 2020년의 인류가 2050년을 내다보는 것의 차이를 대비하는 것은 유비추리의 능력이 있는 사람만이 가능하다. 하라리는 지금 아이들이 배우는 것의 대부분은 30년 후에 별 쓸모가 없을 거라고 예견하면서 이렇게 말했다.

지금 학교에서 배우는 것의 80~90퍼센트는 아이들이 40대가 됐을 때 필요 없는 지식이 될 가능성이 크다.

하라리의 성공은 지식이 아니라 지식을 다루는 역량에 있다. 그는 우리가 열심히 이야기하는 '창의 융복합 인재'의 전형으로 미래 세대가 닮아야 할 모델이다. 과거에는 전문가가 살아남는다고 이야기했지만 앞으로는 융합적 사유, 다시 말해 경계를 넘나드는 통섭의 유연한 사고를 가진 사람이 살아남을 것이다. "문과생이기 때문에 과학이 재미없다"든지, "과학자가 꿈이어서 문학에 자신이 없다"는 등의 이야기가 얼마나 촌스러운 발상인지 깨달아야 한다. 다음은 전문적 지식보다 융합적 사유 능력을 강조한 하라리의 제언이다.

지식보다 더 필요한 것은 정보를 이해하는 능력이고, 중요한 것과 중요하지 않은 것의 차이를 식별하는 능력이며, 무엇보다 수많은 정보 조각을 조합해서 세상에 관한 큰 그림을 그릴 수 있는 능력이다.

스티브 잡스가 소크라테스를 말한 까닭

————

이제 소크라테스 이야기를 해보자. 많이들 들어봤겠지만 스티브 잡스는 "애플을 애플답게 한 것은 인문학과 기술의 결합"이라며 "나에게 소크라테스와 식사할 기회를 준다면 애플이 가진 모든 기술을 그 식사와 바꾸겠다"고 말한 적 있다. 물론 소크라테스는 없으니 실제로 식사를 할 수도 없고 따라서 회사에 손실을 끼칠 일은 없을 것이며, 보기에 따라 잡스는 인문학적 이미지를 마케팅의 소재로 삼은 탁월한 장사꾼이라는 생각이 들 수도 있다. 그런데 왜 하필 소크라테스일까? 여기서 소크라테스와 하라리의 연결 지점이 나온다. 지금 스티브 잡스는 없지만 하라리를 통해서 그 대답을 들어보겠다.

앞서 잠깐 언급했듯이 하라리는 앞으로가 인간의 정신을 해킹하는 시대라고 예견했다. 기술 문명의 진보에 따라 16세기 루이 14세의 독재와 20세기 히틀러의 독재 스타일이 달라졌듯이, 디지털 독재 또한 완전히 다른 형태일 거라고 예견한다. 누군가가 인간의 마음을 해킹해서 조작하게 되면 자칫하다 민주정치는 감정의 인형극으로 돌변할지 모른다고 경고한다.

경제 및 사회 활동 면에서도 다르지 않다. 거대 회사들은 인터넷상에서 우리의 검색 기록까지 자료로 삼으며 우리에 대해 우리보다 많이 알아가고 있다. 그리고 오늘 우산을 들고 나갈지 말지의 사소한 것부터 결혼 상대를 정하는 중요한 일까지 AI에 물어보는 시대로 접어들고 있다. AI와 디지털 권력에 종속되는 것을 누가 바라겠는가? 하라리는 우리가 스스로 미래에 대한 통제권을 갖고 싶다면 알고리즘보다, 아마존보다 더 빨리 달려야 한다고 말한다. 최소한 그들보다 나 자신을 더, 그리고 빨리 알아야 한다는 것이다.

2500년 전 소크라테스의 외침은 21세기의 문제 상황에 대한 솔루션의 전 단계를 제시하고 있다. 잡스가 소크라테스를 만나고자 하는 것은 바로 "너 자신을 알라"라는 외침이 21세기에 더없이 다급한 주제가 되었기 때문이 아닐까.

디지털 시대에도 인문학이 필요한 까닭이 바로 이 지점에 있다고 할 수 있다. 하라리는 인공지능이 공상과학영화에서 나오듯 인간과 같은 유의 '의식'을 가질 것이라고는 생각하지 않으며 나도 이에 동의한다. 인공지능의 역량을 과소평가할 것도 아니지만 그 한계를 정확히 인지하는 것도 중요하다. 하라리는 뇌과학의 발달에도 불구하고 아직 인간이 스스로의 정신에 관해 아는 것이 거의 없기 때문에 프로그램으로 의식을 가진 컴퓨터를 만들 수 없다고 말한다. 그리고 이런 상황에서 인터넷 연결 속도와 빅데이터 알고리즘의 효율성을 높이는 데만 혈안이 될 게 아니라 인간 정신을 탐구하는 데 투자해야 한다고 강조한다. 천재적인 이 미래학자는 여전히 인문학자인 것이다.

모든 이들이 알고 있을 소크라테스의 명언 "너 자신을 알라"는 우리가 실상 아무 것도 아는 것이 없다는 것을 알라는 '무지無知의 지知'를 말한 것이다. 이것은 공자가 "아는 것을 안다고 하고, 모르는 것을 모른다고 하는 것, 그것이 앎이다知之爲知之 不知爲不知 是知也"라고 말한 것과 상통한다.

지금 우리는 너무 많은 정보 속에서 헤매고 있고, 온통 아는 척하는 사람들로 둘러싸여 있다. 거기에 AI까지 가세했다. 데카르트가 고민 끝에 생각하는 나의 존재를 인식하고 그로부터 철학을 출발했다면, 지금 우리는 소크라테스로 돌아가서 다시 우리가 나아갈 방향을 가늠해야 할 시점이다.

05

회의 시간을 줄이고 싶을 때

- 윌리엄 오컴 -

실제 있는 대상만 이야기하라

비효율의 기억이 누적되면

흔히 회의를 자주, 오랫동안 하는 조직치고 생산성 좋은 곳이 없다고 이야기한다. 일을 해야 생산성이 나오는데 얘기하다 보면 반나절이 그냥 날아간다. 이상하게도 답을 얻기 위해 회의를 하는 조직에서는 늘 답이 나오지 않는다. 무능한 사람들 위주로 떠들고 있거나 안건을 떠난 이야기가 길어지거나 반대 의견에 사적 감정으로 반응해서 다툰다.

또한 회의 내용이 좋았다 해도 긴 시간을 할애하면 구성원들 간에 뒷말이 많다. 간단한 이유다. 사람은 누구나 지루한 분위기를 싫어하기 때문이다. "왜 핵심만 다루지 않고 회의를 길게 끌어?" 이런 불만이 쌓인다.

사람의 기억은 무의식중에 작용한다. 예전에 프로이트를 다루는 세미나에서 정신과 의사 한 분이 발표 중 뉴스를 하나 보여준 적이 있다. 아직 돌도 지나지 않은 아기가 엄마와 함께 비행기에 탑승했고 갑자기 아기 엄마가 쓰러져서 응급치료를 받게 되었다. 아기에게는 태어나서 처음 겪는 엄청난 사건이었겠지만 노련한 승무원의 품에 안겨 무사히 미국에 도착했다는 내용이었다. 의사의 말에 따르면, 아기가 비행기 안에서 오랜 시간 느꼈을 불안의 기억은 무의식 속에서 죽을 때까지 사라지지 않는다.

비효율의 기억 역시 우리의 무의식 속에서 사라지지 않고 누적된다. 그러면 부지불식간에 내가 속한 조직에 대한 불신과 회의감이 커지게 된다. 회의는 단순한 결과물의 산출을 떠나서 조직의 효율성을 보여주는 상징적인 기제다. 구성원이 조직을 평가하는 중요한 잣대 중 회의도 포함된다는 것을 잊어서는 안 된다.

어떻게 하면 회의 시간을 줄일 수 있을까. 어떻게 하면 회의 참여자들의 집중력을 분산시키지 않고 생산성 있는 논의로 끌고 갈 수 있을까. 다시 말해 어떻게 하면 '경제적인 논의'를 할 수 있을까. 이러한 고민이 있다면 철학자 윌리엄 오컴의 두 가지 조언을 들어볼 만하다.

빨강 사과는 있지만 빨강은 없다

———

첫째, 실제 있는 대상만 언급하라.

너무 당연한 말 같지만 간과하기 쉬운 원칙이다. 회의를 통해 어떤 문제를 해결하고자 할 때, 실제 있는 구체적인 것에 대해서 이야기해야 한다. 추상적이고 보편적인 것을 테마로 삼아서는 곤란하다. 그렇다면 여기서 보편적이란 건 어떤 의미인가?

예를 들어 "한국인은 성격이 급하다"라고 한다. 다른 나라 사람과 비교했을 때 나타나는 우리들의 특징을 이야기한 것이겠지만, 여기서 한국인은 어디에 있는가? 한국이라는 국가에 사는 개별 국민 김 아무개, 이 아무개는 있지만, 오컴이 볼 때 한국인은 보편적인 개념이다. 고로 실제 있는 존재가 아니다. 실제 있지도 않은 대상을 두고 이야기하는 것은 무의미하고 생산적인 논의에 도움이 되지 않는다. 이 경우 그냥 한국인 가운데 성격이 급한 아무개를 지정해서 이야기하는 것이 낫다.

하나 더 살펴보자. 빨강, 노랑, 파랑. 이런 색은 정말 있는 것일까? 주변을 돌아보면 당연히 이런 색깔들이 보이는데 무슨 말을 하느냐고 되물을 수 있다. 그렇다면 빨강 책, 빨강 사과, 빨강 자동차를 떠올리자. 손으로 만져지는 책, 사과, 자동차는 분명히 있다. 하지만 '빨강'은 그것들의 공통적인 속성을 추출해서 부르는 보편적이고 추상적인 단어일 뿐이다. 따라서 오컴의 관점에서 빨강 무엇은 있지만

빨강은 없다. 있는 것(빨강 무엇)을 가지고 이야기해야지, 없는 걸(빨강)
가지고 이야기해서는 안 된다는 게 그의 주장이다.

논의의 주제는 구체적이어야 한다

———

오컴이 살았던 시기에 '보편자 논쟁'이란 게 있었다. 어떤 보편적인
것(보편자)이 실제로 있다는 입장을 실재론이라고 한다. 반면 오컴은
그런 것은 사람들이 추상력을 발휘해서 이름만 붙인 것이지, 실제로
존재하는 것이 아니라고 했다. 이것을 유명론이라고 하는데, 이름만
붙였다는 뜻이다.

위의 예시에서 한국인, 빨강과 같은 보편자가 '있다'고 하면 실재
론자다. 반대로 그런 건 실제로는 없고, 이를테면 한국인 이관호와
빨강 사과가 있다고 하면 유명론자가 된다. 유명론은 경험 가능한
것만 있다고 보았기 때문에 훗날 근대의 경험론에 영향을 끼쳤다고
평가받는다. 이 책에서 베이컨을 다룬 글을 읽어보면 오컴의 생각과
통한다는 것을 알 수 있을 것이다.

추상적인 이야기는 술자리에서 운치와 낭만을 줄 수 있지만 직장
에서는 피하는 게 상책이다. 직장의 간부가 연초에 한두 번 하는 건
괜찮지만 횟수가 늘면 뜬구름 잡는 사람으로 낙인찍힌다. 손에 잡히
는 이야기, 눈으로 확인할 수 있는 이야기, 다시 말해 경험할 수 있는

이야기를 해야 한다. 그래야 실제 달성 가능한 목표를 제시할 수 있기 때문이다.

이를테면 '부자가 되는 법'이라는 주제에서 '부자'는 한국인이나 빨강처럼 보편자다. 그것보다는 '무일푼의 대졸 신입 사원이 최단기간에 수도권 아파트를 구입할 수 있는 방법'으로 부자의 상황을 구체화하고, 그런 과정으로 부자가 된 누군가의 사례를 보여주는 편이 낫다.

같은 값이면 빠른 게 우월하다
———

둘째, 같은 현상을 설명하는 두 개의 주장이 있다면 과정이 간단한 쪽을 선택하라.

수학 문제의 답안을 주관식으로 작성한다고 하자. 어떤 과정으로 풀어도 논리적인 하자 없이 정답에 도달한다면 만점을 받을 것이다. 하지만 오컴의 관점에서는 그 가운데 가장 짧은 설명으로 정답에 도달한 답안이 더 우수하다. 증명 문제라면 가장 간단한 식으로 증명에 성공한 답안이 더 우수하다. 가장 머리를 덜 쓰고 목표에 도달했기 때문인데 한마디로 '경제적'이어서다.

회의도 길든 짧든 기본 줄기가 있다. 우리는 어떠어떠한 과정을 거쳐서 결론에 도달하려고 애쓴다. 만약 30분 회의를 해서 도달한 결론과 1박 2일 회의해서 도달한 결론이 같다면 30분 회의가 경제적이니까 더 좋다.

$$A - B - C - D$$

$$A - E - F - G - H - D$$

위 두 식은 모두 A에서 시작해서 D라는 똑같은 결론에 도달했다. 그렇다면 첫 번째 식으로 정리되는 회의가 우월한 것이다. "모로 가도 서울만 가면 된다"는 우리 속담도 어쨌든 서울로 갔으니 다행이라는 것이지, 모로 간 걸 잘했다고 하는 것은 아니다. 많이들 동의하겠지만 회의를 길게 하는 것도 일종의 습관이다. 그리고 나쁜 습관은 잘 고쳐지지 않는다.

이제 위 두 조언을 오컴의 목소리로 다시 들어보자.

• 많은 것을 불필요하게 가정해서는 안 된다.
• 더 적은 수의 논리로 설명이 가능한 경우 많은 수의 논리를 세우지 말라.

불필요한 가정을 세우지 말라는 것은, 한국인, 빨강, 부자 같은 보편자를 제거하라는 말과 같다. 있지도 않은 대상은 배제하고 실제 있는 대상으로만 이야기해서 회의 시간을 최대한 줄이라는 원칙이다.

생각도, 말도 경제적으로 하라

불필요한 것을 잘라내고 논의하라는 이 제안을 두고 후대 사람들은 '오컴의 면도날Ockham's Razor'이라고 불렀다. 좀 이론적인 표현으로 '사유의 경제성 원리'라고 한다. 경제적인 쇼핑만 있는 게 아니라 경제적인 생각도 있다는 것인데, 오컴의 면도날을 도구로 삼겠다면 회의뿐 아니라 생각의 시간도 고려해야 한다.

물론 사색은 회의와 다르다. 나만 괜찮다면 답 안 나오는 생각을 길게 끌고 가도 문제랄 게 없다. 그런 과정에서 힐링이 되기도 하고 번뜩이는 무언가를 포착할 수도 있다. 그러나 만약 답을 필요로 하는 고민이라면 그 과정의 시간이 너무 길어지는 건 곤란하다. 어차피 결론을 내려야 한다면 너무 돌다가 지치기 전에는 돌아와야 한다.

단순하게 사유하는 습성이 바로 근대 시대의 특징이라는 것은 들어보지 못했을 수 있다. 근대인들이 고대인들에 비해 간결하게 생각할 줄 알았다는 의미를 확인하기 위해 지동설과 천동설을 비교해보자.

지동설을 처음 주장한 코페르니쿠스가 살던 시절에는 우주선이 없었다. 눈과 머리로 가설을 세울 수밖에 없었고 검증도 어려웠다. 그런 상황에서 기존의 패러다임을 위협할 만한 지동설의 매력은 무엇이었을까?

천동설, 즉 지구중심설을 보면 천체 현상을 정합적으로 설명하기 위해 여러 원을 그려야 한다는 걸 알 수 있다. 지금 보기에는 뜬금없지만 중간에 태양의 공전 궤도까지 그려야 한다. 그러나 지동설, 즉 태양중심설을 보면 달이 지구를 공전하는 것 이외에는 별다른 원을 추가로 그릴 필요가 없다. 천동설보다 간결하게 설명되는 것이다. 그리고 천동설은 화성의 역행을 설명할 수 없지만 지동설로는 자연스레 설명된다. 설명력이 더 뛰어나다는 말이다.

물론 간결하게 설명되고 사유의 경제성이 확보되었다는 것만으로 진실이 증명되는 것은 아니다. 하지만 인류의 우주관을 바꾼 위대한 가설이 사실로 밝혀진 이후, 근대인들은 점차 경제적인 이론이 진실

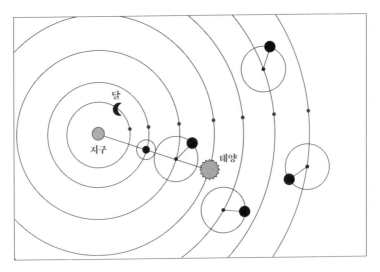

천동설

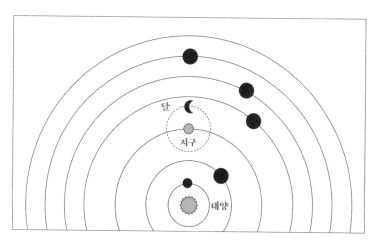

지동설

일 확률이 높다는 생각을 갖게 되었다. 이것이 근대인들이 오컴의 면도날을 활용해 발견한 자연의 속성, 혹은 신의 섭리다. 근대 과학 혁명의 정점에 있는 뉴턴도 이런 말을 남겼다.

진실은 단순함에서 발견된다. 복잡함과 혼돈 속에서가 아니다.

따라서 근대의 합리성을 계승한 현대인들 역시 의사결정을 할 때 이런 단순함, 간결함을 판단의 기준으로 삼는 것은 성공의 확률을 높이는 괜찮은 전략이라 할 수 있다.

정리해 보자. 모두가 인정하겠지만 회의는 정말 중요한 의사결정 과 혁신의 과정이다. 모든 회사, 조직에서 직원을 대상으로 '오컴의 면도날 1일 특강'을 들을 필요가 있다. 코페르니쿠스, 뉴턴과 같이 인류의 역사를 뒤바꾼 혁명까지는 아니라 해도 조직의 역사를 뒤바꾸는 혁신을 이루는 출발점이 될 수도 있지 않을까. 그리고 당신의 사유에도 경제성이라는 오컴의 면도날을 들이댄다면 삶의 혁신을 앞당기는 계기가 될 수 있을 것이다.

06

뭐가 문제인지 모르는 게 문제일 때

‑ 카를로 긴츠부르그 ‑

사소한 것에서 실마리를 찾아라

A학점의 길목에서

복학생이었던 그해 가을을 앓았다. 살면서 가장 감상에 젖었던, 곧잘 벤치에 홀로 앉아 있었던, 그래서 떨어지는 나뭇잎의 소리를 들을 수 있었던 시기였다. 수업을 아주 빼먹은 것은 아니었지만 시험에는 신경 쓰지 않았다.

아는 사람은 알겠지만 C학점의 감각이란 게 있다. 대략 수업에 참석하고 과제를 가까스로 낸 후 시험장에서 문제를 보고 떠오르는 한 줌을 소재로 작가가 되는 경험을 하면, 확인할 것도 없이 C학점이란 것을 본능적으로 알게 된다. 그 당시 낙엽이 떨어질 즈음 이미 전 과목 C를 예견하고 있었다. 그리고 기말고사가 찾아왔다.

프랑스 유학파 젊은 교수님이 지도한 고고학 개론(당시 가장 흥미롭게 들었던 수업이다) 시험이 오후에 있는 날이었다. 군대 간 정치외교학과 친구가 하필 그날 휴가차 오는 바람에 점심을 함께하러 나갔고 어쩌다 술도 한잔 걸치게 되었다. 시험 시간이 다가왔고 나는 답안지만 금방 내고 올 테니 잠시 기다리라고 했다. 그런데 웬걸, 몇 잔 더 걸친 친구가 자신도 사학과 시험문제를 한번 풀어보고 싶다는, 말도 안 되는 이야기를 했다. 어차피 버린 학기였던 터라 나는 군복을 입은 친구와 함께 시험장에 들어가게 되었다.

교수님은 처음 보는 친구를 보고 누구냐 물었다. 친구는 평소 사학과를 흠모했다는 둥 어쩌고 했는데, 다행히 교수님은 역정 대신 그에게도 답안지를 한 장 내주셨다. 예상대로 별로 쓸 말이 없었던 나는 또다시 작가가 되었고 친구는 옆에서 무엇인가 빼곡하게 썼다. 시험 끝나고 한잔 더 걸치면서 뭘 그리 열심히 썼느냐고 했더니 절반은 처음 본 교수님 칭찬, 나머지는 내 칭찬을 썼다고 했다. C라도 받을 과목에서 F가 나오는 건 아닌가 걱정스러웠다.

나중에 성적을 받아보니 그 수업에서 학기 최고 학점인 B가 나왔다. 교수님은 우리의 모습을 나름 청춘의 낭만으로 받아들였거나 옛날 자신의 모습을 떠올렸을지도 모른다. 그러나 예상치 않게 어떤 과목에서 D를 받아서 결국 학기 평균 C를 기록하게 되었다. 그 학기의 운명은 그랬나 보다.

다음 학기 나는 이전 학기와 달라야 한다는 강박관념이 있었지만, 사람은 습관의 동물인지라 좋게 말해 여유 있고 느긋한 자세로 첫 수업을 맞이했다. 그날이 프랑스에서 무려 포스트모더니즘 역사학을 전공하고 돌아왔다는 교수님과의 만남이었다. 첫 번째 과제는 프랑스혁명을 민중의 시각에서 서술한 영문 아티클을 읽고 리포트를 제출하는 것이었다. 나는 상퀼로트Sans-culotte(퀼로트를 입지 않은 사람들이라는 뜻으로 혁명에 참여한 빈곤층들)의 활약상을 소재 삼아 고작 A4 3페이지를 써냈는데 예상치 않게 수강생 백 명 가까운 그 수업에서 최고점을 받았다. 그것이 기폭제가 되었을까. 자신감을 얻은 나는 그 학기 올 A와 함께 가족 동반으로 초대되어 총장상을 수상하는 반전을 이루게 된다.

나는 그 수업에서 20세기 포스트모더니즘 사학의 대표작으로 불리는 《치즈와 구더기》를 접했다. 보통 역사책의 무거운 제목과 비교하면 제목이 신선하여 흥미를 끌었지만 당시는 번역본이 나오지 않았던 때라, '16세기 이탈리아 치즈가 대체 어땠다는 거야?'라는 호기심만 충만했었다. 대학 졸업 후 도서관에서 우연히 번역본을 발견했을 때의 반가움이란!

16세기 갈릴레이 대신 메노키오를

16세기 이탈리아 하면 무엇이 떠오르는가? 다빈치, 미켈란젤로, 라파엘로, 근대를 촉발한 갈릴레이와 같은 역사 속의 빛나는 이름들이다. 그렇다면 이 유명인들에 대해서 열심히 연구하면 할수록 우리는 16세기의 이탈리아를 더 정확히 이해하게 될까? 어릴 때부터 위인 전기를 읽으면서 굵직한 인물 중심으로 역사를 배워온 우리들은 대체로 그렇게 생각할 것이다.

이 물음에 답하기 전에 한 명의 실존 인물을 소개하겠다. 16세기 이탈리아에 살았던 방앗간 주인 메노키오다. 그 이름을 들어본 일이 없을 것이다. 그저 당시 살다 죽었던 수많은 일반 민중 가운데 한 명에 불과하니까. 그렇다고 아주 평범한 사람은 아닌 게 그는 로마 가톨릭의 교리에 위배되는 이야기를 하고 다니다가 종교재판에 회부되어 화형에 처해진 인물이다. 민중을 현혹한다는 이유였다.

역사학자 카를로 긴츠부르그는 아무도 주목하지 않았던 메노키오의 일생을 사료로 선택했다. 종교재판 과정에서 남겨진 법정 기록을 토대로 16세기 이탈리아 사회의 모습을 새로운 각도에서 조명해보고자 한 것이다. 법정에서 메노키오가 심문받는 장면을 보면 책의 제목이 뜻하는 바를 알 수 있다.

심문관: 하느님이 세상을 창조할 때 보좌 역할을 했던 천사들은 하느님

이 직접 창조하신 것인가? 아니면 누가 이들을 만들었다는 것인가?

메노키오: 치즈에서 구더기가 생겨나듯이, 그들은 자연에 의해서 세상의 가장 완벽한 물질로 만들어졌습니다. 그들이 나타나자 하느님은 그들을 축복하고 의지와 지성과 기억을 주었습니다.

모든 생명이 신에 의해 창조되었다는 것은 서구 종교의 기본 교리다. 그런데 메노키오는 생명체가 혼돈과 무질서 상태에서 자연적으로 탄생했다고 믿고 있었고, 자신의 믿음을 알기 쉽게 설명하기 위해 치즈에서 본 일상의 경험을 이야기했다. 치즈를 발효시키는 과정에서 보게 된 구더기는 사실 파리의 알에서 나온 것이다. 하지만 당시의 과학자들은 무생물에서도 생명이 탄생할 수 있다고 여겼기에, 메노키오는 당시의 과학 지식을 통해 교회의 창조설에 도전했다고 말할 수 있다. 그의 주장을 더 들어보자.

저는 이 세상 전체 그리고 모든 아름다운 것이 하느님이라고 믿습니다…. 인간은 하느님의 이미지와 형상으로 만들어졌고 인간 내부에는 공기, 불, 흙, 물이 존재하며, 이러한 사실로부터 공기, 불, 흙, 물이 하느님이라는 사실을 알 수 있습니다.

세상 모든 것이 하느님이라는 것에서 범신론, 그리고 하느님이 물질이라는 것에서 유물론을 읽을 수 있다. 이는 정통 기독교 교리와

는 다른 주장이었다. 긴츠부르그는 메노키오의 주장을 당시 시대상
과 관련지어 이렇게 평가했다.

종교개혁과 인쇄술의 보급이 영향을 끼쳤을 것이다. 소박한 방앗간 주
인은 종교개혁 덕분에 교회와 세상에 대한 자신의 생각을 감히 말할 수
있었으며, 인쇄술의 도움으로 마음속에서 숙성되고 있던 자신의 견해
를 마음껏 표현할 수 있는 수단, 즉 언어를 소유하게 되었다.

종교개혁이라는 혁명적인 시대 분위기 아래서, 인쇄된 책들의 보
급으로 일반 민중도 자신의 생각을 용감하고 조리 있게 이야기하는
경향이 나타났다는 것이다. 메노키오는 어떻게 되었을까? 1차 재판
에서는 다행히 목숨을 부지하고 풀려났으나 이후 또다시 소신을 이
야기하고 다니다가 주변 사람들로부터 고발되어 2차 재판에 회부되
었다. 자신의 생각을 수정하고 자비를 호소했지만 때는 늦었고 끝내
화형에 처해졌다.

실마리 찾기 + 추론적 상상하기

이 책이 학계에 남긴 영향력은 작지 않다. 숲에서 나무가 아니라 나
무에서 숲을 바라보는 관점으로 전환하기, 평범한 삶의 일상을 역

사 소재로 삼기, 딱딱한 학문에 스토리텔링의 기법 도입하기, 학문과 문학의 경계를 허물고 지적 상상력을 연구 방법으로 활용하기. 이런 포스트모더니즘의 방법론을 활용한 역사 연구를 두고 일상사日常史, 미시사微視史라 칭하기도 한다.

메노키오의 삶을 추적하여 16세기 이탈리아의 사회상을 밝히려 했던 긴츠부르그는 사태의 진상을 파악하기 위해 '실마리 찾기'의 방법을 제안한다. 이것은 별 중요해 보이지 않는 사소한 특징을 실마리 삼아서 전체의 구조를 추론해 내는 방식이다. 그리고 이런 방식을 잘 활용한 인물 셋을 소개한다. 내과 의사이면서 미술품 감정가인 조반니 모렐리, 코난 도일의 탐정 소설에 등장하는 셜록 홈스, 그리고 정신분석가인 프로이트.

모렐리는 예컨대 그림 속 인물의 귓불이나 손톱, 손가락 모양, 발 모양을 보고 복제품과 진본 예술품을 가려냈다. 그에 따르면 이런 것들은 미술가가 순전히 개인적 성향을 노출하는 요소들로 습관적으로 반복하기 때문에 위조품을 발견하는 좋은 실마리가 될 수 있다. 그리고 셜록 홈스에게 담배꽁초, 구겨진 편지 봉투 등은 진실을 밝혀내는 열쇠가 된다. 프로이트는 환자의 꿈을 복원한 후, 그 요소 하나하나에 의미를 부여하면서 무의식의 세계를 파악하려 했다.

이처럼 사소한 것들을 통해 대상의 진면목을 밝혀내기 위해서는 '추론적 상상력'이 필수적이다. 발견된 파편을 통해 그것들로 퍼즐을 맞추어가고, 부족한 조각은 상상으로 만들어 넣어서 전체 그림을 완성하는 방식이다. 상상의 조각이 다른 파편들과 정합적이지 못하면 폐기하며 앞의 과정을 반복하게 될 것이다.

실마리 찾기는 역사 연구뿐 아니라 개인 혹은 조직의 실상을 파악하는 데도 적용할 수 있다. 그런데 긴츠부르그 이외에는 메노키오의 삶에 관심 가진 사람이 없었듯이, 주의를 기울이지 않으면 파편을 발견조차 못 하게 될 수도 있다. 발견하더라도 신경 쓰지 않으면 퍼즐을 맞추지 않거나, 부족한 조각을 상상해서 끼워 넣는 노력은 하지 않게 된다. 그러니 자기 자신의 문제를 파악하는 것에도 당연히 합당한 노력이 필요하다.

범인을 찾기 위해서

하는 일마다 풀리지 않으면, '나는 무엇이 문제일까?' '우리 조직은 무엇이 문제일까?'와 같은 근본적인 문제를 고민하게 된다. 좀 더 구체적인 문제들로는 '왜 요즘 기분이 우울하지?' '왜 건강이 나빠졌을까?' '회사의 매출을 떨어뜨리는 주범은 누구(무엇)일까?' '열심히 하는데 왜 성적이 떨어지지?'와 같은 것들이 있다. 그런데 이것들은 실천적인 솔루션을 묻는 것이 아니라 문제가 뭔지 몰라서 묻는 질문에 해당한다.

이런 질문은 보통의 브레인스토밍으로 해결되지 않기 때문에 의

외의 지점, 즉 사소해 보이는 부분을 살펴볼 필요가 있다. 그리고 그 부분을 통해 상상력을 가미해서 왜 그런 문제가 나타났는지에 대한 가설을 세울 수 있어야 한다. 물론 그 가설은 틀릴 수 있다. 모렐리가 뚫어지게 보고 있는 그림 속 인물의 귓불, 홈스가 주목한 구겨진 편지 봉투, 프로이트의 꿈 해석이 문제를 해결하는 데 아무런 도움이 되지 못할 수도 있다.

사실 긴츠부르그도 메노키오를 발견하고 본격적인 연구에 착수하기 전에는 그것이 16세기 이탈리아를 이해하는 데 도움을 줄지 확신할 수 없었을지 모른다. 그러나 한 가지 확실한 건, 그런 노력으로 바로 문을 따고 들어갈 수 있는 열쇠가 발견되지 않는다 할지라도 자신의 문제를 더 잘 알아가는 과정이 된다는 것이다. 문제를 유발한 범인이 있는 곳을 향해 범위를 좁혀나가고 있기 때문이다.

숲에서 내려다보는 방식만으로는 부족하다. 땅으로 내려와서 개미를 살펴보고 난 후 다시 숲 전체를 생각해 볼 필요가 있다. 우리는 그동안 문제가 무엇인지도 모른 채 공허한 솔루션을 외치고 있었는지도 모른다. 그저 "공부를 열심히 하자"라거나 "이번 주도 최선을 다합시다"와 같은 구호는 메아리에 불과하다. 우리는 정기적으로 나 자신을, 내가 속한 조직을 대상으로 셜록 홈스가 되어야 한다. 문제를 발생시킨 범인을 찾아내려면 말이다.

07

10년 후 성공을 꿈꿀 때
- 프랜시스 베이컨 -

호기심과 직관을 따라 우연을 경험하라

호기심, 경험, 우연

크게 성공한 사람들을 보면 남다른 발상으로 창의적인 결과물을 만들어냈다는 공통점이 있다. 그들의 고백을 들어보면 어느 평범한 날 일어난 아주 우연적인 일이 단초가 되었다고 한다. 경험론자로 잘 알려진 프랜시스 베이컨은 이에 대해 이렇게 이야기했다.

대포, 명주실, 나침반은 철학이나 이성의 힘으로 된 것이 아니라 순전히 우연히 얻은 것들이다. 이것들은 이전과 완전히 다른 종류였기에 기존의 지식이 아무런 도움을 주지 못했다. 어떤 발견이든 그것이 이루어지기 전에는 그런 일은 있을 수 없다고 고개를 흔들다가, 막상 발견이 이루어지고 나면 그런 간단한 일을 모르고 지내온 인간의 미련함을 이야기한다.

다시 말해 인류의 역사를 바꾼 위대한 발명은 도서관이나 회의실에서 이루어진 것이 아니라 우연의 결과라는 말이다. 하지만 우연이라도 무언가 실마리를 얻기 위해서는 경험을 해야 한다. 혁신의 아이콘 스티브 잡스는 스탠퍼드대학교 졸업식 연설에서 자신의 경험이 어떤 우연의 결과를 낳았는지 말했다.

호기심과 직관을 따라 몰두했던 많은 일들이 나중에 값을 매길 수 없을 만큼 소중한 것으로 작용했습니다.

호기심과 직관은 잡스를 어떤 경험으로 이끌었을까? 그는 대학을 중퇴하고 캘리그래피 수업을 청강하면서 글꼴과 여백의 아름다움을 만끽했다고 한다. 그로부터 10년 후 이 경험은 '우연히' 매킨토시 컴퓨터를 만들며 멋진 타이포그래피를 개발하는 계기가 되었다. 내면의 소리를 무시하지 않고 행동으로 옮긴 경험이 훗날 자신의 절실한 필요와 마주하게 되었다는 것이다.

왜 귀납인가?

———

혹시 당신은 단지 "많이 경험하라"라는 흔한 메시지를 전하려고 베이컨을 불러들였나 느낄지 모른다. 하지만 나는 추억 속의 교장선생님도, 늘 같은 말을 반복하는 회사의 부장님도 아니다. 생각해 보라. 단지 잡스의 대학 시절 청강과 이후 10년간의 경험만으로 매킨토시가 완성되었겠는가. 베이컨은 경험 이외에 추가로 필요한 사고의 방식을 알려준다.

경험을 강조한 베이컨이 이성을 별것 아니라고 여겼다고 생각한다면 큰 착각이다. 그는 이성을 어떻게 활용해야 하는지 그 방법론을 연구했다. 경험 자체가 목적이 아니다. 그 방법론이 우리가 잘 아는 귀납논리인데 그의 책 《신기관》은 '새로운 논리학'이라는 의미다. 그가 고전 논리학을 완성한 아리스토텔레스를 비판한 대목을 보면 책을 쓴 의도를 알 수 있다.

전제 1: a는 b다.

전제 2: b는 c다.

결론: 따라서 a는 c다.

이것은 잘 알려진 삼단논법의 공식이다. 아리스토텔레스가 이런 논증을 만든 의도는 삼단논법을 숙지하고 있으면 소피스트의 궤변에 속지 않을 수 있다는 것이었다. 이를테면 위의 식에서 "따라서 c는 a다"라고 누군가 말하면 "틀렸어, 누가 슬쩍 그렇게 말하면 속지 마. a는 c야"라고 말할 수 있는 힘이 생긴다는 것이다. 물론 아리스토텔레스의 논리학은 그런 면에서 유용함이 있다.

하지만 문제는 새로움이다. 위 공식은 결코 새로운 의미를 담고 있지 않다. 삼단논법은 전제에서 이미 결론을 이야기하고 있기 때문이다. 전제만 보고도 이미 결론을 알 수 있다? 위 식에서 보면, 전제에 해당하는 "a는 b다. 그리고 b는 c다"만 보고도 우리는 "a는 c다"를 알 수 있다. 결국 결론은 하나 마나 한 이야기란 뜻이다. 숫자로 예를 들어보겠다.

2에

3을 더하면

따라서 5

여기서 굳이 5를 이야기하지 않아도 우리는 답이 5라는 것을 안다. 연역추리 혹은 연역논리는 이런 것이다. 여기까지 이해하는 데 어려움은 없을 것이다. 여기서 논리학을 계속 이야기하면 좀 지루할 수 있지만 한 가지만 더 확인하자.

베이컨은 왜 귀납이라는 새로운 논리를 개발하려 했을까? 위 삼단논법에 대한 비판에서 우리가 확인했듯이, 연역은 수학처럼 엄밀하고 정확하지만 닫혀 있는 논리여서 새로운 결론을 얻을 수가 없다. 마치 수학 문제 40개를 풀어서 다 맞은 사람의 계산력은 확인할 수 있지만, 답이 정해져 있었으므로 새로운 것을 탐구하는 과정은 아닌 것과 같다.

그런데 베이컨이 살았던 16세기는 갈릴레이의 발견을 비롯해서 과학혁명이라는 근대의 여명이 밝아오던 시기였다. 과학은 새로운 가설을 세우고 검증해 가는 과정이다. 다시 말해 과학은 '새로움'을 추구한다. 인류가 새로운 문명으로 도약하는 과정에서 삼단논법만으로 인간의 이성을 제한할 수 없는 노릇이었다. 경험과 관찰, 이것을 통해 새로움을 예측하는 '새로운 이성의 논리'가 필요했다. 그래서 베이컨은 이렇게 비판했다.

삼단논법은 자연의 심오함을 따라갈 수 없다. 삼단논법은 사람의 동의를 얻을 수 있을지라도 자연에 적용될 수 없다.

《신기관》의 초판 표지를 보면, 지브롤터 해협 양쪽에 선 헤라클레스의 기둥을 통과하여 지중해로부터 미지의 대서양을 향해 떠나는 갤리온의 모습이 그려져 있다. "그래도 지구는 둥글다"라는 갈릴레이의 말을 믿고 망망대해로 떠나는 것이다. 표지 아래쪽의 라틴어 구절은 성경 다니엘서에 나오는 "많은 사람이 왕래하고 더 많은 것

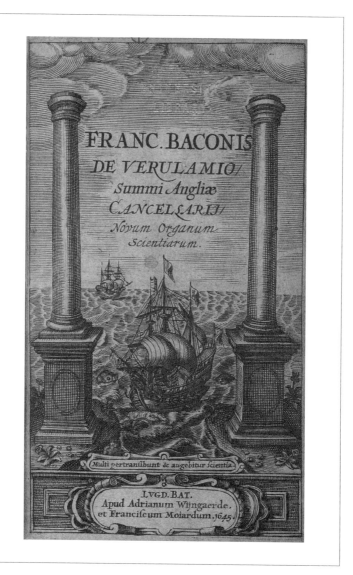

Novum Organum Scientiarum*, 1645년 판 표지
* '과학의 새로운 도구'라는 뜻

이 알려지리라"라는 내용으로, 근대 시기 인류가 떠나는 지적 개척의 항로에 베이컨의 새로운 논리학이 함께한 것이다.

새로운 것을 얻기 위한 세 가지 방법

이제 귀납의 등장 배경을 확인했으니 《신기관》에서 혁신을 위해 베이컨이 조언한 몇 가지를 나열해 보겠다.

첫째, 추상적이지 않게 좀 더 구체적으로 말하라.
직장에서 가장 답답한 사람 중 하나가 손에 잡히지 않는 말을 늘어놓는 상사다. 베이컨은 추상적이고 애매모호한 단어를 싫어해서 이렇게 말했다.

추상의 정도가 낮을수록 오류가 적다. 이를테면 '땅'을 이야기하는 것보다 '진흙'을 이야기하는 것이 선명하다.

둘째, 머리가 굳기 전에 새로운 경험을 하고, 머리가 굳었다면 역시 새로운 경험을 하라.
사실 경험은 누구나 한다. 그런데 '되도록 많이 경험'하는 것이 왜 중요할까? 다음 베이컨의 목소리를 들어보면 꼰대가 어떻게 만들어지는지 알 수 있다.

인간 지성은 방치하면 빨리 일반명제로 비약해서 그곳에 안주하려고 하고 개별적인 것에 집요하게 파고드는 일에 피로를 느낀다. 인간의 지성은 한번 '이것이다' 하고 생각하고 나면 다른 모든 것은 그것을 뒷받침하도록 만든다. 맞지 않는 사례들은 무시하고 들어맞는 것만 보고 헛된 믿음을 고집한다.

사실 어느 직장에나 있는 꼰대를 보면 젊었을 때도 저랬을까, 언제부터 저렇게 되었을까 싶을 것이다. 하지만 그 모습은 특별한 계기나 어떤 잘못 때문이 아니다. 그저 가만히 세월을 보낸 탓이다.

셋째, 경험하면서 늘 "왜?"를 떠올려라.
경험만 많이 한다고 우연이 찾아오거나 인생이 바뀌지 않는다. 경험하면서 본 것, 들은 것, 느낀 것의 원인을 이성적으로 골똘히 생각해야 한다. 베이컨은 이유를 추리하라면서 "왜일까?" "왜 그런 일이 일어났을까?"를 늘 떠올리라고 했다. 그래서 모두가 아는 다음 명언을 남긴 것이다.

아는 것이 힘이다. 원인을 밝히지 못하면 어떤 유익함도 얻을 수 없다.

베이컨이 힘이 된다고 한 아는 것, 즉 지식이란 어떤 현상의 이유에 대한 지식이다. 어떤 것의 이유를 알면 알수록 우리는 더 강자가된다. 그래서 어떤 자료(전제)를 토대로 그 이유(결론)를 추리하는 귀납추리를 독려한 것이다.

《신기관》의 활용

귀납적 사고라는 말은 들어보았지만 그것이 실생활에 어떻게 활용되는지 고민해 본 적은 별로 없을 것이다. 그저 베이컨을 경험론자라고 하니 막연히 이 사람이 경험을 중요시했구나라고 짐작할 뿐이다. 하지만 우리는 베이컨이 단순히 경험의 숲에서 헤매는 것도 경계했다는 사실을 알아야 한다. 경험을 어떻게 발전시켜 나가는지의방식이 중요한데, 그는 4개의 우상(종족의 우상, 동굴의 우상, 시장의 우상, 극장의 우상)에서 탈피할 것과 함께 '성급한 일반화의 오류'를 범하는 것을 비판했다. 대신 제대로 된 과정을 이렇게 제시한다.

경험의 올바른 순서는, 우선 등불을 켜고 그것으로 길을 비추어서 모호한 실험이 아니라 질서 정연하고 정돈된 실험에서 시작하여 공리를 이끌어내고, 이 공리에서 다시 새로운 실험을 이끌어내는 것이다.

정리하면 다음과 같은 순서다.

실험(경험) → 중간 단계의 공리 → 새로운 실험

이 과정을 스티브 잡스의 사례에 대입해 보려 한다. 잡스는 1972년 경제적 이유로 대학을 중퇴한 후 한동안 캠퍼스 주변을 어슬렁거리며 캘리그래피 수업을 청강했다. 당시 지도 교수는 그 분야의 거장이던 로버트 팔라디노 신부였다. 잡스는 세월이 지나 신부를 찾아가 자신이 부모님의 차고에서 컴퓨터를 만들고 있다며 상담을 요청했다. 팔라디노 신부는 2011년 〈할리우드 리포터〉와의 인터뷰에서 이렇게 회고했다. "나는 그가 내 그리스 문자 서체를 컴퓨터에 담을 것인지 아니면 초기 단계에서만 사용할 것인지 전혀 알지 못했다…. 나는 그가 말하는 것을 전혀 알아듣지 못했고 그는 내게 컴퓨터가 무엇인지부터 친절하게 가르쳐주었다."

잡스가 처음 수업을 청강했던 이유는 컴퓨터를 염두에 두었던 게 아니라 그저 관심이었다. 대부분의 사람에게 경험은 경험으로 끝난다. 그러나 그 경험이 후일 의미 있게 작용하려면 '중간 단계의 명제'를 추론할 필요가 있다. 왜냐하면 그것으로부터 새로운 실험을 고안해 낼 수 있기 때문이다. 잡스는 연설에서 이렇게 말했다.

이 경험이 내 삶에 실제 도움이 될 거라고는 기대조차 하지 못했습니다. 그러나 10년 후 매킨토시 컴퓨터를 처음 고안할 때 그 경험은 완전하게 떠올랐습니다. 나는 그 모든 경험을 매킨토시에 담아냈습니다.

잡스는 청강 경험을 통해 무엇을 추론했을까? 그는 캠퍼스 곳곳에 있는 포스터, 서랍마다 붙어 있는 라벨에 쓰인 아름다운 캘리그래피를 보고 영감을 받았다고 말했다. 아마도 "아름다운 글꼴은 실생활 용품 어디에도 활용될 수 있다"는 명제를 추론했을 것이다. 그로부터 10년 후 그는 부모의 차고에서 자신이 만든 컴퓨터를 앞에 놓고 그 명제를 다시 실험했다.

결국 베이컨의 솔루션은 경험과 이성을 조화롭게 활용하는 방법이다. 그는 개미처럼 하루 종일 모으기만 하는 경험론자도, 거미처럼 다른 것을 배제한 채 자기 속을 풀어서 집만 짓고 있는 독단론자도 곤란하다고 했다. 대신 꽃에서 재료를 구하고 자신의 힘으로 변화하고 소화시키는 꿀벌과 같은 사람이 되라고 했다. 그렇게 경험과 이성의 능력이 더 긴밀하고 순수하게 결합되어야 한다고.

혁신을 원하는가? 당장 필요한 것에 허덕이지 말고 잡스처럼 내면의 목소리에 귀를 기울이고 직관을 따라 경험의 길에 나서자. 그리고 이성으로 그 원인을 추리하자. 그런 체험들은 10년 후 '우연히도' 잡스처럼 예측하지 않은 성공의 길에 들어서게 할 것이다.

08

인생의 전환점을 찍고 싶을 때

- 프리드리히 니체 -

일생에 한 번은 발상의 전환을 경험하라

카잔차키스와 니체

대학 시절 아르바이트로 학비와 생활비를 감당하느라 해외를 다녀오지 못했던 나는 불온하게도⑺ 신혼여행을 배낭여행과 혼동하고 말았다. 지금도 그렇지만 결혼 준비로 녹초가 된 신혼부부들은 대체로 수영장이 딸린 휴양지의 풀빌라에서 집사의 시중을 받으며 아무 생각 없이 쉬다 오는 것을 선호한다. 하지만 10일 여행의 기회를 살리고 싶었던 나는 예비 아내에게 '그리스 유적 답사'를 제안했다가 통하지 않자 '지중해 여행'이라는 안락한 느낌으로 전략을 바꾸었고,

결국 성사시켰다.

당시에는 포카리스웨트 광고지로 알려진 산토리니 정도를 제외하고는 여행지로 선호하던 곳이 아니었다. 마지막 일정이었던 크레타섬은 더욱 생소한 곳이어서 일본인 한 명을 빼고는 아시아인을 만나지 못할 정도였다.

우리는 크노소스 궁전을 먼저 들른 후 이 섬 출신의 소설가 니코스 카잔차키스의 묘에 다다랐다. 낮은 야산에 위치한 묘에는 그리스어로 "나는 아무것도 바라지 않는다. 나는 아무것도 두려워하지 않는다. 나는 자유다"라고 적혀 있었다. 여행 가기 전 검색하다 보았던, "만약 그의 이름이 카잔초프스키이고(러시아 출신이고) 러시아어로 작품을 썼다면 그는 톨스토이, 도스토옙스키와 어깨를 나란히 하는 작가로 남았을 것이다"라는 구절을 떠올리며 천재 작가에게 경의를 표했다.

크레타와 지중해에 심취한 나는 돌아와서야 《그리스인 조르바》를 읽었다. 장편임에도 소설의 처음부터 끝까지 크레타를 벗어나지 않고, 우연히 만난 '나'와 조르바가 섬에서 한몫 잡으려 사업을 추진하다 실패했다는 단조로운 스토리였다. 하지만 소설은 그 자체가 한 폭의 크레타섬이었고(번역가 고 이윤기 선생께도 경의를 표한다) 내가 직접 본, 경탄하지 않을 수 없었던 크레타와 지중해보다 오히려 더 아름다웠다.

이 작품은 아름다운 문장 이상의 것이 있다. 재미없는 철학을 이토록 생생하게 전달해 줄 수 있는 소설의 힘. 철학 전공자인 나는 이때부터 문학의 힘이 철학보다 강하다는 생각을 갖게 되었다. 만약 아직 니체를 읽어보지 않았다면 먼저 이 소설을 읽는 편이 나을지도 모른다.

책을 읽는 내내 조르바야말로 니체가 말한 '위버멘쉬(초인)'의 표상이라고 생각했었는데, 책을 다 읽은 후에야 작가 인생에 가장 큰 영향을 끼친 철학자 두 명이 니체와 베르그송이라는 것을 알게 되었다. 조르바가 해변에서 춤을 추는 장면이 인상적인데, "나는 춤을 출 줄 아는 신만 믿으리라"라는 차라투스트라의 말을 연상케 한다.

니체를 이야기하기 전에 조르바의 대사 하나를 따왔다. 조르바는 크레타에서 오르탕스라는 여인을 만나고 또 그녀를 여의게 되었는데, 벌써 그녀를 잊었느냐는 '나'의 핀잔에 이렇게 항변한다.

새 길을 닦으려면 새 계획을 세워야지요. 나는 어제 일어난 일은 생각 안 합니다. 내일 일어날 일을 자문하지도 않아요. 내게 중요한 것은 오늘, 이 순간에 일어나는 일입니다. 나는 자신에게 묻지요.
'조르바, 지금 이 순간에 자네 뭐 하는가?' '잠자고 있네.' '그럼 잘 자게.'
'조르바, 지금 이 순간에 자네 뭐 하는가?' '일하고 있네.' '잘해보게.'
'조르바, 자네 지금 이 순간에 뭐 하는가?' '여자에게 키스하고 있네.' '조르바, 잘해보게. 키스할 동안 딴 일일랑 잊어버리게. 이 세상에는 아무 것도 없네. 자네와 그 여자밖에는.'

이 대목에서 크레타섬에 있는 묘비명의 의미를 어렴풋이 알 것 같았다.

창의력은 생명의 힘에서 나온다

카잔차키스, 헤세, 이윤기가 흠모했듯 많은 예술인들의 사상적 로망이 니체인 까닭은 무엇일까. 육체적으로 쇠약했고 말년에는 정신적으로도 불행했던 초라한 니체의 무엇에 끌렸을까. 그것은 조르바의 모습처럼 지금 이 순간을 사는 생명력, 이성의 힘에 매몰되지 않고 스스로의 한계를 극복하고 자유를 발산하는 생의 의지를 그의 철학에서 느끼기 때문이 아닐까. 그리고 예술은 그런 힘에서 탄생하기 때문이 아닐까.

우리는 보통 예술을 예술답게 만드는 힘이 창의력에 있다고 이야기한다. 그런데 창의력, 사고력에 대해 많은 이야기를 하지만 그 두 역량의 겹치는 부분과 차이점에 대해서는 잘 들어보지 못했을 것이다. 이성의 힘인 사고력을 요하는 대표적인 영역이 수학인데 데카르트가 말한 이성은 이런 것이다. 우리는 배가 고플 때나 부를 때나, 기쁠 때나 슬플 때나, 화장실이 급할 때나 일 보고 나올 때나, 1+1에 대해 2라고 대답한다. 이런 이성으로 수학 문제를 계속 풀면 계산력이 늘고, 이성을 잘 활용해서 문제를 풀어내는 방면의 사고력이 늘어난다. 하지만 그런 능력이 창의력의 정수라고 할 수 없다.

낮은 단계의 창의력이 드러나는 사고의 방법으로 우리가 잘 아는 귀납논리가 있다(수학은 귀납이 아니다). 귀납은 전제에서 약간의 비약을 거친 후 새로운 결론을 도출하는 것이므로 결론 속에 나름의 '새로움'이 있다. 하지만 귀납의 생명력은 설득력에 있으므로 대다수 사람들의 이성이 허용하는 범위에서만 그 새로움이 가능하다. 다시 말해 성공적인 귀납추론은 이성의 영역 안에 있다.《그리스인 조르바》에서 이런 이성을 상징하는 인물이 소설의 화자인 '나'이다(아마도 카잔차키스 자신일 것이다).

이에 비해 보통의 사람들이 받아들이기에 황당하다 싶은 정도의 역발상은 연역이든 귀납이든 이성의 영역에서 만들어지는 것이 아니다. 이성이 아니면 무엇의 영역이란 말인가? 직관의 영역, 예술적 감각의 영역, 바로 해변에서 춤을 추는 조르바의 영역이다. 그러니 '창의 사고력'이라는 두루뭉술한 것이 아니라 정확히 '창의력'을 키우고 싶다면 수학학원이 아니라 예술을 배우는 곳으로 갈 필요가 있다.

그리고 그보다 재미없는 방법도 하나 있는데, 바로 철학자 니체를 만나는 것이다.

디오니소스와 어린아이

니체는 직관의 힘을 설명하기 위해 그리스 신화의 아폴론과 디오니소스를 대비한다. 아폴론은 권위 있고 근엄한 존재로 질서, 중심을 추구한다. 소크라테스 이후 근대 철학자들까지 대부분 질서 있는 체계를 만들어내기 위해 노력했으니 아폴론의 후예들이라고 할 수 있다. 아리스토텔레스의 후계자 그룹을 지칭하는 '리케이온Lykeion'도 아폴론의 별칭인 '리케이오스Lykeios'에서 따온 것이다.

반면 술과 축제의 신이라 불리는 디오니소스는 무질서하고 방탕하고 제멋대로 노는데, 흔히 니체의 사상을 디오니소스의 철학이라고 한다. 그런 무질서에 가치가 있다고 보았으니 철학사의 대표적인 반항아라 할 만하다. 우리는 질서 정연한 곳에서는 안정감과 차분함을, 축제처럼 무질서한 분위기에서는 생명력을 느끼는데 니체는 이 생명력을 좋아했기 때문에 디오니소스 편에 선 것이다. 그리고 카잔차키스는 조르바를 통해 디오니소스를 재현했다.

흥미로운 것은 니체가 디오니소스의 모습을 어린아이들에게서 찾았다는 점이다. 아이는 무질서하며 피곤함을 계산하지 않고 그저 에너지를 발산하다 지쳐서 잠이 든다. 또 아폴론같이 근엄한 어른과는 시선의 방향이 다르다. 내가 잘 아는 사진작가는 스마트폰을 아이들에게 나누어주고 원하는 곳에 가서 사진을 찍어보게끔 하는 실험을 했다. 나중에 보니 어른들이 전혀 예상하지 못한 황당한 각도에서 황당한 대상을 찍어 오더라는 것이다. 직관에 의존한 결과물이다.

니체는 《차라투스트라는 이렇게 말했다》에서 창의력으로 가는 세 단계를 '낙타-사자-어린아이' 순으로 설명했다. 창의력을 발휘하려면 우선 자유로워야 한다. 낙타처럼 단순히 열심히 살아가면 자신도 모르게 노예의 삶을 살 수도 있다. 사자는 육체적 자유는 얻었지만 창조적이지는 않다. 그에 비해 아이들은 자유롭고도 창조적이다.

새로운 가치의 창조, 사자라도 아직은 그것을 해내지 못한다. 그러나 새로운 창조를 위한 자유의 쟁취, 적어도 그것을 사자는 해낸다…. 그러나 말해보라, 형제들이여. 사자조차 할 수 없는 일을 어떻게 어린아이는 해낼 수 있는가? 어린아이는 순진무구요 망각이며 새로운 시작, 놀이, 스스로의 힘에 의해 돌아가는 바퀴이며 최초의 운동이자 거룩한 긍정이다. 그렇다 형제들이여, 창조의 놀이를 위해서는 거룩한 긍정이 필요하다.

직관력 향상을 위한 생활 습관

———

좋다. 그럼 니체도 아니고 디오니소스도 아니고 지금은 더 이상 어린아이도 아닌 우리가 창의력을 계발하기 위해 해야 할 일은 무엇인가? 바로 일상생활 속에서 영감, 직관을 통한 발상의 경험을 하는 것이다. 다음을 추천한다.

첫째, 어린 사람들과 어울려라.

꼭 아이들과 놀라는 게 아니다. 자신보다 한참 젊은 사람과도 어울리라는 뜻이다. 비슷한 또래끼리 모여서 무게 잡는 자세로 발상의 전환이 이루어질 리 만무하다.

둘째, 무작정 여행을 떠나고 기록하라.

"난 이미 철마다 해외에 갔다 오는데?"라고 오해는 말자. 떠나는 것만으로는 부족하다. 떠나서 자연을 보든, 유적을 보든, 이국 사람들을 보든, 그 가운데 어떤 영감이 떠오르는지 '글'로 기록해야 한다. 글은 삶을 바꾸는 힘이 있으며 이 습관의 차이는 당신이 떠나는 여행의 질을 근본적으로 바꿀 것이다.

셋째, 미술 작품과 음악 감상을 통해 예술가들의 직관을 간접 체험하라.

예술은 직관의 산물이니까 작품을 깊이 있게 감상하는 이들은 당연히 예술가들의 직관을 체험하게 되어 있다. 우선 이 책에 있는 들뢰즈 편을 펼쳐보면 도움이 될 것이다.

넷째, 독서를 하면서 요가나 명상을 통해 내면의 소리를 들어보라.

차분히 눈을 감고 호흡을 고르는 명상만으로는 부족하다. 명상을 통해 얻는 영감이 좀 더 유용하게 나타나려면 지식 혹은 정서적 인풋이 필요하다. 꾸준히 독서를 하면서 명상을 하면 내면의 목소리도 좀 더 풍성하고 다양하게 제시될 수 있다.

플라톤에서 니체로

이제 니체가 말한 직관이 그의 철학에서 어떻게 '힘에의 의지'가 되어 발휘되었는지 살펴보려 한다. 의도했든 의도하지 않았든 그의 철학은 사상사에서 코페르니쿠스적 전환에 비견할 만하다. 화이트헤드는 "서양철학의 역사란 플라톤의 생각에 이러쿵저러쿵 주석을 달아온 역사"라고 말한 바 있는데 니체도 그중 한 명이다. 다만 그는 요즘 말로 '기-승-전-플라톤 뒷담화'를 한 사람이라 할 정도로 플라톤을 싫어했다. 구체적으로 말하자면 이데아론에 대한 반발인데 플라톤의 이분법을 잠깐 보면 이렇다.

이데아 – 완전한 세상

현실 – 이데아를 모방한 불완전한 세상

이 구도에서 현실 속 우리는 이데아를 사랑하고 추구해야 한다는 것이다. 왜? 현실은 허접하기 때문이다. 다시 말해 플라톤의 사상에는 현실의 패배, 저 세상(이데아)의 승리라는 도식이 있다. 이 구도가 중세 기독교의 위세를 거치면서 더 강화된 것이다. 현실에서 비참하게 살더라도 죽어서 보상받을 수 있고, 비록 죄인이지만 천국에서 영생을 얻을 수 있다고 가르쳤다. 즉 여전히 우리의 현실은 보잘것 없고 우리는 죄인인 것이다. 현실을 긍정하고 싶었던 니체는 그것이 싫어서 "신은 죽었다"라고 말했다.

그리고 니체는 디오니소스적 생명력으로 이 이분법의 구도를 역전시켰다. '거룩한 긍정'으로 현실 속에 살아 있는 우리의 생명력을 이데아 대신 세상의 주인으로 만들어버린 것이다. 전에 없던 새로운 발상이다. 또한 니체는 명색이 철학자라는 사람이 체계적인 철학을 제시하지 않았는데, 그 자신이 디오니소스적인 탈중심의 철학을 했기에 상응하는 결과라 하겠다. '체계적이지 않은 철학하기'의 방식도 발상을 전환했기에 가능했던 것이다.

니체를 만난 것으로 충분하다

———

지나온 삶을 돌아보자. 긍정적인 방향에서 삶의 전환점이라고 할 만한 어떤 사건이 있었는가. 워낙 힘, 권력, 돈 등 이른바 '사자의 자유'

를 추구하는 데 익숙하다 보니 그 자유를 원하는 만큼 얻지도 못하면서 고된 '낙타의 하루하루'를 보내고 있는 것은 아닌가. 니체를 만난다는 것은 디오니소스처럼 어린아이처럼 조르바처럼 돈과 스펙이 없어도 자유 속에서 긍정의 에너지를 발산하는 삶으로의 전환을 의미한다. 그것은 어떤 사건을 필요로 하지 않는다. 오늘 니체를 만난 것으로, 혹은 《그리스인 조르바》라는 한 편의 소설을 읽는 것만으로도 가능할 수 있다. 그것이 철학이든 문학이든 인문학이 주는 힘이 아니겠는가.

혹시 기독교인이 니체의 사상을 보고 불편함을 느낄지 모르겠다. 그러나 종교인이라고 니체의 전환을 꼭 부정적으로 볼 필요는 없다. 우리는 충분히 비종교적인 시대를 살고 있으며 지금이야말로 새로운 전환의 시점일 수도 있다. 종교에 귀의하는 사람은 이전에 보지 못했던 것, 이전에 느끼지 못했던 것을 경험하면서 그 귀의의 순간 이전과 이후가 확연히 구분되는 코페르니쿠스적 또는 니체적 전환을 경험하게 되는 것이니 말이다. 그 역시 일생에 한 번은 발상의 전환을 경험하는 셈이다.

09

아무리 머리를 굴려도 답이 안 나올 때

- 질 들뢰즈 -

생각의 화폭에 당신의 감각을 그려라

화가 베이컨은 무엇을 보았을까?

〈루치안 프로이트의 세 가지 습작〉. 이 작품은 세계에서 가장 비싼 그림 중 하나이다. 과장이 아니라 인류가 남긴 모든 그림 중에서 가장 비싼 몇 개의 그림 중 하나다. 흥미로운 것은, 화가인 프랜시스 베이컨은 우리가 잘 아는 철학자 프랜시스 베이컨과 동명이자 후손이고, 모델이 되었던 루치안 프로이트(그 역시 매우 유명한 화가다)는 우리가 잘 아는 지그문트 프로이트의 손자라는 사실이다.

프랜시스 베이컨, 〈루치안 프로이트의 세 가지 습작 Three Studies of Lucian Freud, 1969〉

만약 화가 베이컨이 이 그림을 할아버지 베이컨이 살았던 16세기에 남겼다면 그런 가치를 인정받았을까? 그럴 리가. 이 그림이 당시 뭉크의 〈절규〉를 넘어 최고 경매가 신기록을 세운 건 지금이 근대가 아닌, 포스트모더니즘이 유행하는 21세기이기 때문이다. 역시 비싼 기로 유명한 〈모나리자〉와 비교해 보면 예술 작품의 가치는 시대의 사조를 벗어날 수 없다는 것을 알게 된다. 정말 어려운 일이겠지만 지금 누군가 〈모나리자〉보다 뛰어난 온화함을 그려낸다고 한들 다 빈치의 작품에 비해 가치의 한계는 분명할 것이다.

그런데 모나리자의 미소는 아름답지만 보다시피 베이컨의 그림 속 프로이트는 해괴할 따름이다. 프로이트가 의자에 앉아 있는 건 알겠지만 단조롭게 처리한 배경과 인물 주변을 두르고 있는 윤곽선은 무엇이며, 무엇보다 뭘 보고 그렸기에 모델의 얼굴이 저리 흉측

한 걸까? 당신이 세계에서 가장 돈이 많은 사람이라고 상상하더라도 1억 4240만 달러(약 1528억 원)를 적어낼 수 있겠는가? 그 해괴함과 최고 경매가 사이의 비밀을 풀어주는 해설서가 있으니 바로 질 들뢰즈의 《감각의 논리》이다. 영화, 문학, 미술 등을 소재 삼아 종횡무진 사유하는 '오지랖 넓은' 들뢰즈는 이 책에서도 베이컨의 그림을 통해 자신의 철학을 이야기하고 있다.

만약 겉으로 보이는 모습 그대로를 원한다면 사진을 찍어서 출력하는 방법이 가장 훌륭할 것이다. 실제로 사진기는 미술사에 영향을 끼쳤다. 사진기의 발명 이후 미술은 아름다움에 대해 다른 방향의 관심을 갖기 시작했다. 어차피 똑같이 재현하는 것으로는 사진을 이길 수 없었기 때문이다. 인상파, 입체파, 야수파, 추상화, 초현실주의 등이 그런 관심의 결과인데 이런 미술 사조들은 눈에 보이는 것만으로 그 대상의 전모를 파악할 수 없다는 것, 혹은 그것만으로는 아름다움을 표현하는 데 한계가 있다는 것을 전제로 한다.

더 직접적이고 감각적인 길
———

사진이 위험한 것은 그것이 보이는 것을 그대로 재현하는 것 때문만은 아니다. 사진은 그것이 시각을 지배한다고, 따라서 회화를 지배한다고 주장하기 때문에 위험한 것이다.

사진과 회화의 갈등에 대해 들뢰즈는 이렇게 적었다. 그럼 사진기 출현 이전에는 회화의 경향이 어땠는지 잠시 살펴보자. 대체로 두 가지 특징을 볼 수 있는데 하나는 모나리자와 같은 인물이 있다는 것, 다른 하나는 역사적인 사건을 그린 그림에서 두드러지듯 어떤 이야기가 내재되어 있다는 것이다. 화가가 원래 그런 것을 그리는 직업인데 이 두 방법과 결별하고 뭘 그린다는 것인가? 들뢰즈는 다른 두 가지 방향에 대해 말한다.

모델도, 이야기도 갖지 않는 것으로 이해할 때 회화는 이제 두 개의 길을 갖는다. 한 길은 추상을 통해서 순수한 형태를 향하는 길이고, 다른 한 길은 추출 또는 고립을 통해서 형상적인 순수한 것을 향해 가는 길이다.

이 두 가지 길 중 베이컨의 그림은 후자에 해당한다. 전자(추상을 통해 순수한 형태를 향해 가는 길)는 몬드리안의 추상화 같은 것이다. 전통적인 회화의 스타일을 벗어났다는 점은 같지만 그의 추상화는 '비례와 수학이라는 이성을 활용'했다는 점에서 베이컨과 다르다. 들뢰즈는 다음과 같은 말로 베이컨의 형상화에 더 큰 가치를 부여했다.

추상화보다 훨씬 더 직접적이고 훨씬 더 감각적인 또 다른 길이 있지 않을까?

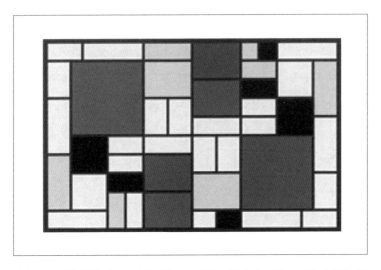

피터르 몬드리안, 〈빨강, 파랑, 노랑의 구성 Composition with Yellow, Blue and Red, 1937~42〉

1억 4240만 달러의 궁금함은 여기서 풀어야 할 것 같다. 더 직접적이고 감각적인 그림을 그렸다는 것에서.

작품의 이해를 돕는 두 가지 조언

이제 작품 〈루치안 프로이트의 세 가지 습작〉을 들여다보자. 프로이트를 표현한 것으로 보이는 인물(형상, Figure)이 있다. 또 그것을 둘러싼 배경인 아플라(단일 색조, Aplat)가 있고, 배경과 인물 사이를 매개하는 선(윤곽선, Contour)이 그려져 있다. 베이컨은 인물과 배경의 '존재'를 의식하고 있고 윤곽선을 매개로 그 둘 사이의 관계를 고려하고 있다. 이에 대한 철학자 들뢰즈의 감상평을 들을 차례인데, 내가 이 작품을 보고 궁금하게 여긴 두 가지 질문을 중심으로 서술해 보겠다.

첫째, 왜 모델의 얼굴을 동물처럼 그렸는가?
그림을 보고 맨 처음 든 의문점이었다. 그건 프로이트의 얼굴이 아니다. 이에 대한 화가 베이컨의 목소리다.

나는 항상 도살장과 고기에 관계된 이미지들을 통해서 큰 감동을 받았습니다. 그리고 나에게 이 이미지들은 그 자체가 십자가형이라고 할 수 있는 모든 것과 밀접히 연관되어 있습니다. 확실한 것은 우리는 고기이며 힘이 붙어 있는 뼈대라는 점입니다. 정육점에 가면, 항상 나는 저기 동물의 자리에 내가 없음을 보고 놀라게 됩니다.

이에 대해 들뢰즈는 "고통받는 인간은 짐승이고 고통받는 짐승은 인간이다"라면서 인간과 짐승은 존재론적으로 다르지 않다고 했다. 베이컨은 이러한 존재론적 동일성에서 의자에 앉아 있는 프로이트의 머리 부분을 느낀 그대로 '동물처럼' 그린 것일 테다.

둘째, 왜 인물 주위를 입체도형 같은 선(윤곽선)으로 둘러쌌는가?

형상은 그림 속에서 동그라미나 평행육면체에 의해서 고립된다. 왜 그럴까? 베이컨은 이 말을 자주 한다. 형상을 고립시킨 것은 구상적, 예시적, 서술적 성격을 몰아내기 위해서다. 만약 고립되지 않는다면 형상은 필연적으로 위의 성격을 갖게 될 것이다. 회화는 재현해야 할 모델도, 말해주어야 할 이야기도 갖지 않는다.

사진과 결별하고 싶었던 베이컨은 모델을 그런 방식으로 고립시켰다는 것이다. 하지만 더불어 주의해야 할 것은 모델을 고립시켰다고 그림의 배경(아플라)과 단절된 것은 아니라는 점이다. 화가는 윤곽선을 그어서 모델과 배경을 구분했지만, 서로가 영향을 주고받는 관계로 설정했다.

여기서 베이컨의 관점과 의도를 이해하기 위해 들뢰즈의 존재론을 잠시 언급해야겠다. 그는 세상 전체를 '하나의 의미를 갖는 존재'로 이해했다. 서양철학 책을 좀 본 분이라면 혹시 '존재'와 '존재자'라는 말을 들어보았는지 모르겠다. 들뢰즈에게 존재자는 개별 사람이나 강아지, 고양이 같은 구체적인 것들이고 존재는 그것의 바탕이 되는 세상 전체를 의미한다고 할 수 있다.

철학은 잠깐만 이야기해도 모두가 피곤해지려 한다. 그래서 문학이나 미술, 영화 같은 예술로 철학을 이야기하는 것이 한결 편하다. 베이컨의 그림에서 인물을 존재자, 그것을 둘러싸고 있는 배경(아플라)을 존재라고 이해해 보자. 윤곽선으로 인물과 배경을 구분했지만 그 둘은 존재론적으로 하나라는 것이 들뢰즈와 베이컨의 관점이다. 그렇다면 우리는 베이컨이 모델의 얼굴을 다른 존재자인 동물의 것으로 대체한 까닭을 이해할 수 있다. 두 존재자는 같은 존재에서 나온 것이어서 본질적으로 다르지 않다고 여겼기 때문이다.

다빈치의 작품과 비교해 보면, 모나리자가 중요하고 배경은 부차적이다. 그래서 그림을 해석할 때 모델의 존재가 압도적으로 중요하다. 하지만 베이컨의 그림에서는 인물뿐 아니라 그를 둘러싼 배경이라는 존재가 동등하게 중요하다. 베이컨이 모델과 그를 둘러싼 배경을 구분해서 인식하지 않기 때문이다. 다시 말해 베이컨은 인물만 따로 떼어내어 그린 것이 아니다.

감각은 그려지는 것이다
———

정리하면, 베이컨이 동물과 인간 사이의 존재론적 고민을 했다는 것, 사진과 다른 회화의 길을 가겠다고 생각했다는 것을 확인했다. 또 모델과 배경 사이의 역동적인 관계성을 추구하는 그의 존재론이 들뢰즈의 철학과 상통한다는 것도 알게 되었다. 어쨌든 그렇다고 하니 우리는 그의 그림을 더 잘 감상할 수 있게 되었다. 하지만 여전히 마지막으로 남는 궁금함이 있다. 그래서 그 그림은 어떻게 그려진 것인가?

베이컨만이 알 수 있거나, 어쩌면 화가 스스로도 '이성적으로' 설명할 수 없을지도 모른다. 그렇다고 우연이라고 하기에는 그는 이러한 패턴의 그림을 많이도 그렸다. 그러니 베이컨은 어느 시점부터 대상을 바라보는 나름의 감각을 얻게 되었고 그 감각이 가리키는 바의 진실을 꾸준히 그렸다고 말할 수 있다.

들뢰즈는 이것을 두고 베이컨이 이성이 아닌 '감각의 사유'를 했다고 이야기한다. 들뢰즈가 베이컨의 그림을 통해 개념화하는 '감각'이란 무엇인가?

감각, 그것은 그려지는 것이다. 그림 속에서 그려지는 신체는 대상으로서 재현된 신체가 아니라, 이런저런 감각을 느끼는 자로서 체험된 신체다. 감각이란 말해주어야 할 이야기를 우회하는 일 또는 그로 인한 지루함을 피하면서 직접적으로 전달되는 것이다.

베이컨은 의자에 앉아 있는 프로이트를 대상화한 것이 아니라 그 속으로 들어가서 느껴진 대로의 감각을 그려냈다는 말이다. 들뢰즈가 볼 때 그것이 가능한 까닭은, 그림을 그리는 베이컨도 모델인 된 프로이트도 그들을 둘러싸고 있는 배경도 존재론적으로 하나여서다.

그냥 감과 예술적 감은 다르다

———

잠시 화제를 돌려보자. 다빈치의 시대였더라도 할아버지 베이컨의 시대였더라도 사람들의 웃음거리가 되었을 이 작품을, 21세기의 사피엔스들이 극찬한 까닭을 이해하기 위해서 포스트모더니즘 이야기를 꺼내야겠다.

포스트모더니즘은 이성의 한계에서 출발한다. 들뢰즈와 같은 이들은 이성이 절반(꼭 비율을 확정해서 말할 수는 없지만)의 진실만 보여준다고 생각한다. 다시 말해 인간의 이성이 아무리 탁월하다 해도 사태의 전모를 보여줄 수는 없다는 것이다. 나머지 절반의 진실을 보기 위해서 화가 베이컨은 베르그송과 같은 이들이 말했던 '직관'의 방식을 활용했다. 그것을 통해 이성이 아닌 감각이 어떤 진실을 포착하는지 확인하여 이미지로 그려냈다.

이성만으로는 사진기에서 찍혀 나온 판에 박힌 것 이상을 인생의 화폭에 담아낼 수 없다. 우리 인생도 나름의 개성과 가치를 갖는 작품이 되기 위해서는 감각이 직관적으로 느끼는 바대로의 진실을 그려낼 수 있어야 한다. 그리고 화가 베이컨이 회화를 그려내는 자신만의 스타일을 갖게 되었듯이, 우리도 자신만의 솔루션을 그려내는 스타일을 형성해 갈 필요가 있다.

삶을 돌아보면 어떤 전공을 택할지, 어떤 회사로 이직할지, 어떤 배우자를 만날지, 이민을 갈지, 이 친구를 계속 만나야 할지 등 선택의 기로에서 우리는 이성에만 의존하지 않는다. 또 회사의 명운을 거는 투자나 인사를 앞두고 주어진 자료와 숫자만으로 답을 얻지 못하는 경우도 허다하다. 그럴 땐 고독하지만 '감'을 찾을 수밖에 없다. 그냥 감과 예술적 감은 다르다. 삶의 경매장에서 우리의 감이 어떤 가치로 평가받을지 늘 상상하자.

어떤 사태나 인물을 대상화하지 않고 그 속에 들어가서 사유하기. 문제적 상황을 만났을 때 머리를 굴려도 답이 나오지 않을 때는 이런 포스트모더니즘의 사유법을 활용하자. 나와 대상의 구분을 허물어버린 경지에서 감각이 어떤 이야기를 하는지 들어보자.

나는 물론이고 천하의 들뢰즈도 그 목소리를 대신 들려줄 수는 없다. 그 목소리는 오직 자기 자신만이 들을 수 있기 때문이다. 베이컨의 그림을 다른 사람이 그릴 수 없듯이.

10

사무실 정치의 달인이 되고 싶을 때

- 미셸 푸코 -

상사를 보지 말고 관계의 끈을 보라

우리는 매일 정치를 한다

사람은 정치적 동물이다.

아리스토텔레스의 이 말을 듣고 혹시 대통령이나 국회의원을 떠올렸다면 여기서 말하려는 정치의 달인과는 거리가 멀다. 혹시 회사의 상사를 떠올렸다면 좀 더 낫지만 역시 거리가 멀다.

일단 정치라는 말에 대한 일반적인 선입관(그리고 거부감)을 버리고 우리 생활 속으로 가지고 오자. 본래 아리스토텔레스가 말한 정치적이란, 인간은 폴리스police를 떠나 혼자서는 의미 있는 존재가 될 수 없고 행복을 추구할 수도 없다는 의미다. 다시 말해 공동체를 떠난 개인을 상정하지 않은 것이다.

그럼 위 말은 이렇게 풀어 쓸 수 있다. "사람은 인간관계와 분리해서 생각할 수 없는 동물이다." 개인이 청와대나 국회, 검찰과 같은 권력 기관에 속해 있지 않더라도 어떤 사람과 관계를 맺고 그 관계 속에서 상호작용이 있는 이상 우리 모두는 정치를 하며 살아간다. 이런 생활 속 미시 정치를 이해했다면 미셸 푸코의 상담을 받기 위한 첫 번째 관문을 통과한 셈이다.

그런데 거시 정치를 이야기하든, 사무실이나 생활 속의 미시 정치를 이야기하든 인간이 모여 있는 곳에는 누군가 힘이 센 사람, 즉 권력자가 있기 마련이다. 그래서 '정치' 하면 늘 누군가를 떠올린다. 회사에서 이른바 사내 정치를 잘한다는 사람은 어떤 유형인가? 스스로 힘을 키워서 권력자가 되어 패거리를 만들고 다른 세력을 누르는 사람, 아니면 자신에게 힘이 없어도 권력 라인을 잘 타서 그 패거리에 들어가 있는 사람이 떠오를 것이다. 하지만 포스트모더니스트인 푸코는 관점을 완전히 바꾸었다. 권력은 누가 독점적으로 가지고 있지 않다는 것이다. 그래서 이렇게 말했다.

왕 없는 권력을 생각하자. 권력은 실체가 아니라 그물망이다.

그물망을 그린 후 힘의 흐름을 관찰하라

———

지금부터 새로운 사고 실험을 하자. 회사에서 나를 괴롭히는 그 사람에게서 시선을 떼고 그와 나 사이에 보이지 않는 끈이 있다고 생각하자. 그리고 나에게 잘해주는 동료든 썰렁하게 대하는 동료든 그들과도 하나씩 끈을 연결하자. 그리고 다른 동료와 동료들 사이도 마찬가지로 끈을 연결하자. 그러면 하나의 그물망이 형성된다.

그 그물망에는 긴장감, 다시 말해 어떤 힘이 흐른다. 이 힘은 모든 망에서 동시에 흐른다. 상사와 나 사이만 연결한 게 아니므로 단순히 상대방이 나보다 힘이 세다는 이유만으로 나를 억압하는 구도가 형성되지 않는다. 긴장감의 구도는 계속 변한다. 따라서 단순히 힘이

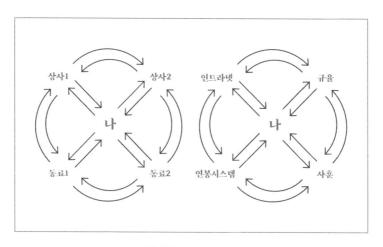

사내 정치의 두 가지 그물망

센 상사가 나를 괴롭히는 게 사무실 역학 구도의 전부라고 여기는 것은 하수 정치인의 생각이다.

그리고 힘의 흐름은 일방향이 아니라 쌍방향이므로 약자에서 강자 쪽으로 가는 흐름도 있다. 나를 괴롭히는 상사에 대한 저항은 내가 힘을 키워서 언젠가 상사를 제압하는 것일까? 그런 관점은 상사가 나를 힘으로 억누르는 데 초점을 맞추는 것과 마찬가지로 사무실 정치의 전모를 파악할 수 없다. 푸코는 힘이 센 '누군가'에게 관심을 두는 것이 아니라 힘의 상호작용, 즉 흐름을 파악하려고 한다.

권력과 그것에 대한 저항은, 역사라는 그물망의 일부를 구성하고 있을 뿐이다.

따라서 정치를 이해하기 위해서는 누가 누구의 무릎을 꿇게 하는지 볼 게 아니라, 회사 내 모든 인간관계의 그물망 속에서 힘이 어떻게 작용하는지 파악해야 한다. 그런데 그 작용을 잘 살펴보면 그 힘이 갖고 있는 '전략'이 보인다.

권력은 무엇인가? 권력은 세력 관계다. 게임이고 전략이다. 권력은 매 순간 모든 상황에서 어느 한 지점에 대한 다른 한 지점 사이의 모든 관계에서 발생한다.

여기서 전략이라고 하면 또 그것을 계획한 '누군가'를 떠올리게 된다. 하지만 푸코는 사람을 염두에 둔 것이 아니라, 망에서 흐르는 힘 자체를 하나의 생명체로 여겼다. 예를 하나 들어보자. 상사와의 식사가 부담스러웠던 경험이 다들 있을 것이다. 상사는 부담을 줄 의도가 없다. 하지만 의도와 무관하게 나와 상사 사이에 작용하는 힘에서 그런(부담을 주려는) 전략이 읽힌다. 또 반대의 경우도 있다. 다른 팀의 팀장과 사내 동아리에서 만나 친해졌을 뿐인데, 그 사람을 싫어하는 우리 팀 팀장이 스트레스를 받는다. 역시 사람의 의도와 무관한 힘의 전략이 읽힌다.

또 다른 그물망과 역파놉티콘

이제 그물망을 하나 더 만들어보자. 사무실에는 나와 관계있지만 눈에 보이지 않는 여러 것들이 있다. 인트라넷, 규율, 사훈, 연봉 시스템, 복지 제도 등. 사무실에서 느끼는 긴장감은 인간관계뿐 아니라 이런 요소들과의 관계 속에서 형성된다. 눈앞에 있는 상사만 나를 괴롭히는 게 아니란 말이다.

푸코는 민주주의 체제하에서 명색이 주인인 대중이 이런 유의 그물망에 의해 자신도 모르게 감시당하는 삶을 살고 있다고 이야기한 바 있다. 이것이 제러미 벤담의 텍스트에서 푸코가 인용한 '파놉티콘Panopticon'이다. 원형 감옥 중앙에 있는 감시탑에서는 독방을 볼 수 있지만 독방에서는 감시탑 안의 간수를 볼 수 없다. 정치 제도, 법, 도덕, 관습, 기술, 경찰, 병원 등 인간이 만들어낸 갖가지 문명이 우리를 옥죄고 있다는 것을 비유한 것이다. 독재자가 없다고, 민주주의를 쟁취했다고 해서 파놉티콘의 감시와 통제를 피할 수 없다. 주민등록번호를 없애야 한다고 주장하는 사람들은 이런 관점에서 이야기한 것이다.

한편 도래하고 있는 디지털 문명은 힘의 흐름과 전략을 바꾸어놓고 있다. 인터넷이라는 새로운 그물망, 녹취와 촬영이 가능한 모바일 기기의 발달로 이른바 '역파놉티콘 현상'이 나타나고 있다. 오히려 대중이 거대 권력을 감시하고 있는 셈이다. 이것은 푸코가 말한 쌍방향 힘의 흐름과 전략이 더욱 역동적으로 작용하고 있음을 의미한다. 위키리크스의 폭로는 세계적인 반향을 일으키고, 사원이 회장의 갑질 영상을 SNS에 올려서 하루아침(하루면 온 국민이 그 영상을 본다)에 회장에게 한 방을 날리기도 한다. 교수나 교사는 폭력은 고사하고 폭언도 함부로 할 수 없는 세상에 이르렀다. 인터넷도 모바일도 없었던 1984년 사망한 푸코가 말한 그물망 속의 권력 게임은 새로운 양상으로 진화하고 있다.

성의 역사와 힘의 전략

푸코가 말한 힘의 흐름과 전략에 대해 좀 더 살펴보자. 앞의 인용문들은 《성의 역사》에서 발췌한 것이다. 책 제목만 봐서는 남몰래 들춰봐야 할 내용이 있을 것 같고, 유명한 철학자가 썼다고 하니 성에 대해 뭔가 체계적으로 정리되었겠지 하는 느낌을 받을 것이다. 그러나 책의 시작부터 끝까지 그런 내용은 없거니와 심히 어려워서 웬만해서는 끝까지 읽지 못할 것이다.

이 책은 근대 이후 사람들의 힘(권력)의 흐름을 성생활을 매개로 이야기한 책이다. 좀 넓게 말하면 성생활은 육체 활동이므로, 인간의 육체에 대해 부지불식간에 권력이 작용해 왔다는 점을 지적하고 그 배경을 역사적으로 추적한 것이다.

검열과 성 담론의 확산: 역사적으로 권력이 풍속을 해치는 이야기나 노래를 금지했다는 것을 알고 있을 것이다. 하지만 권력은 한편으로 성에 대해 세세하게 말하도록 강요하기도 했다. 푸코는 그 예로 고해성사를 든다. 신부는 성 문제를 포함해서 모든 잘못을 말하도록 한다. 그런데 금지된 것에 대해 '이야기하게끔' 하면, 신부의 의도와 달리 그 담론이 확산되는 결과를 낳는다는 것이다.

감시하고 통제하는 사람은 호기심이 커지고 물음으로써 쾌락을 느낀다. 대답하는 사람은 관심받음으로 부추겨져서 과장하고 왜곡한다. 쾌락을 몰아내려는 권력 쪽으로 쾌락이 확산되는 것이다. 권력과 쾌락은 더 멀리 퍼져나가기 위해 서로에게 불을 붙인다.

이름 붙임과 확산: 권력은 몰아내려는 대상에 이름을 붙임으로써 그것을 금지하려고 하지만, 오히려 명확하게 드러내고 확정하는 효과를 준다고 푸코는 지적한다. 고대의 게이는 단순히 나쁜 행동을 하는 사람이었지만 지금은 생물학에 의해 하나의 종으로 간주된다. 처음 이름을 붙였을 때는 부정적인 의미를 담았음에도 그에 대한 이야기(담론)가 퍼지면서 숨겨져 있던 그 종은 드러나고 확산된다. 노출광, 관음증, 페티시즘 등 성도착의 명칭들이 늘어갈수록 새로운 종은 계속 산출된다. 이름을 붙인 사람들의 의도와는 다른 결과이다.

아동 성교육과 권력의 침투: 어린이에게 자위하지 말라는 것은 겉보기에 교육 차원의 이야기로 들리지만, 푸코가 보기에는 의학의 전술일 뿐이다. 하라고 하든 말라고 하든 자위는 사라지지 않는다. 단지 권력이 자위를 매개로 어린이들에게 하나의 침투선을 설치한 것일 뿐이다.

산아 제한과 출산 장려: 이 대목은 우리나라의 예를 떠올리면 이해가 쉽다. 1960~70년대에는 "둘만 낳아 잘 기르자"라는 표어가 있었지만, 지금은 출산율을 높이기 위해 정부가 안간힘을 쓰고 있다. 자녀를 낳을수록 부여되는 제도적 혜택은 계속 늘고 있다. 이렇게 사회의 담론은 인간의 성, 혹은 육체에 영향을 끼치게 되는데, 푸코는 육체에 침투하는 이러한 숨겨진 힘의 흐름을 보고 있는 것이다.

위 예시들을 통해 미시 권력의 형태가 다양하다는 것을 알 수 있을 것이다. 푸코의 권력은 어떤 사람이 아니라 전략을 갖춘 '힘'을 상정해야 이해할 수 있다. 위에서 보이는 고해성사, 교육학, 의학, 사회의 당면 과제는 권력자가 아니지만, 인간의 육체 및 성생활에 작용한다. 우리는 그 힘의 흐름에서 힘 자체가 갖고 있는 전략을 독해할 수 있어야 한다.

사무실 정치의 승자가 되려면

————

이제 사무실 정치로 돌아오자. 앞서 살펴본 두 가지 그물망이 보드게임의 판에 해당한다면, 파놉티콘, 역파놉티콘은 그 판 위에서 힘의 방향과 전략을 보여주는 양상이다. 그 속에서 사무실의 권력 게임이 전개된다. 그런데 푸코의 조언은 여기까지다. 사무실 정치의 면모를 파악하는 것까지라는 말이다.

포스트모더니즘을 들어본 독자라면 해체주의라는 용어를 접한 적이 있을 것이다. 이것은 관점의 중심에서 탈피하라고 요구한다. 푸코는 힘이 센 사람과 약한 사람이라는 어떤 지점을 보고 있는 것이 아니라 그들 사이의 관계, 상호작용을 보고 있다. 따라서 누가 이기고 지는 것에 대해 이야기하지 않았다.

하지만 우리의 관심사는 이기고 지는 데에도 있다. 따라서 승자가 되고 싶다면 푸코가 설명한 정치라는 게임에 '나의 전략'을 투여해야 한다. 그물망 속의 힘이 자신에게 유리하게 작용할 수 있도록 움직여야 한다.

인간관계 때문에 역경을 만났는가? 최근 조사에 따르면 직장을 그만두는 이유 1위가 상사와의 관계다. 이제 푸코를 만난 우리들은 그 상사보다 먼저 그물망을 생각할 것이다. 그러면 갑질을 일삼는 상사의 의중만큼 스트레스를 받지는 않을 것이다.

패자는 힘이 약한 쪽이 아니라 스트레스를 받는 쪽이다. 푸코는 미시 정치를 게임에 비유했는데 게임에서 주도권은 힘이 없는 이에게도 주어질 수 있다. 그리고 게임에 참여한 사람은 설령 이기지 못하더라도, 최소한 그 게임을 즐길 수는 있다.

11

또다시 시련이 찾아올 때

- 마르쿠스 아우렐리우스 -

실패의 순간에 인생의 변곡점을 찍어라

유배지로 가는 길, 다산은 어떤 심정이었을까

여러분도 사내교육을 받을 때 강사가 큰 종이를 나눠주고는 자신의 인생 그래프를 그려보라고 한 적이 있었는지 모르겠다. 그랬다면 아마도 좋았던 때와 힘들었을 때의 굴곡이 그려졌을 것이다.

이런저런 과거의 일들 가운데 아래로 움푹 파인 굴곡의 종류는 크게 두 부류로 나눌 수 있다. 하나는 예기치 않은 외부의 변화에 의한 시련으로, 이를테면 사고로 가족을 잃었거나 갑작스레 건강이 나빠졌거나 가족의 사업 실패로 경제적으로 어려워진 상황이다. 이런 상황은 자신에게 책임을 지울 수 있는 일은 아니다. 다른 하나는 노력을 경주했지만 뭔가를 이루지 못한 것으로 자신의 능력에 자괴감이 들 수 있는 정황이다. 오랫동안 준비한 시험에 떨어졌거나 남들 다 하는 승진을 하지 못했거나 과감히 직장을 나와 창업을 했는데 어려움에 처했거나와 같은 경우다.

누구도 하향 곡선을 그리지 않는 사람이 없다. 중요한 건, 최하점을 찍은 후 다시 올라오는 선이 어떻게 설명되느냐다. 드라마나 영화에서도 그렇지만 어떤 사람의 전체 인생을 다 들여다보는 건 무료하고 심심하다. 우리가 주목하는 건 변곡점 이후 그 선이 얼마나 치열하게, 멋지게, 아름답게 그려지느냐이다.

다산 정약용의 경우를 보자. 다산은 정조의 총애를 받고 승승장구했으나 천주교 탄압으로 다수의 가족이 죽임을 당했는데, 최초의 교인 회장이었던 정약종, 최초의 세례인 이승훈, 청나라 교구에 백서를 보낸 황사영 등이다. 그 와중에 본인은 가까스로 생명만 부지한 채 아무 연고도 없는 전라남도 강진으로 귀양 가서 18년간(40세~57세)의 유배 생활을 했으니 그 심정이 어땠을까.

가족을 떠나 홀로 유배지에 온 지 얼마 되지 않아 아들까지 여의었다. 그는 편지에 이렇게 적었다. "農농아, 사는 것보다 죽는 것이 나은데 나는 살아 있고, 죽는 것보다 사는 것이 나은데 너는 죽었다···. 네 모습은 조각처럼 예뻤다. 코 왼쪽에는 조그만 점이 있고 웃을 때면 양쪽 송곳니가 드러나곤 했었지. 아아, 네 얼굴이 자꾸만 떠오르는구나." 자식을 잃은 안타까움이 절절하게 묻어난다.

우리가 역사를 되짚어 보니 드라마틱해 보일 뿐이지, 다산은 결코 드라마의 주연을 맡은 배우의 심경이 아니었을 테다. 하지만 그는 그 기간 집중해서 주옥같은 실학서와 동서 융합의 이론서를 써냈고, 후대인들은 그가 유배에 처해진 게 오히려 다행이라 여길 만큼 '다산'이란 이름을 역사에 각인시켰다. 중요한 건, 인생을 다산처럼 살기 위해 필요한 것이 시련의 유무가 아니라는 점이다.

우주의 일에 괴로워하지 말자

————

시련을 대하는 남다른 자세를 갖추는 데 도움을 주는 책으로 아우렐리우스의 《명상록》이 있다. 이 책은 철학서라기보다 삶의 지혜를 일깨우는 잠언집에 가까운데 동 시대 스토아학파의 목소리라 해도 크게 벗어나지 않는다. 그렇다면 이 로마제국의 황제는 어떤 자세로 시련을 대했을까?

앞서 언급한 시련의 첫 번째 종류, 자신의 의지와 무관하게 외부로부터 오는 것에 대해 살펴보자. 그는 그러한 시련을 우주 자연의 섭리에 의한 필연적인 결과, 다시 말해 운명으로 받아들이면서 굳이 좋고 나쁨으로 나눠 여기지 않았다. 이를테면 죽음에 대해서는 이렇게 말했다.

죽음은 자연의 한 과정 외의 다른 것이 아니다. 자연의 한 과정을 보고서 두려워하는 사람이 있다면 그 사람은 어린아이일 뿐이다.

죽음이라는 운명을 이성적으로 담담하게 받아들여야 한다는 이야기인데 예기치 않은 질병이나 사고도 마찬가지로 대하라고 한다. 자신의 의지와 무관한 것은 어떤 일이라도 우주라는 커다란 유기체 안에서 인과관계를 갖는 필연적인 결과이며, 따라서 그 결과로 괴로워하는 것은 어리석다고 말한다.

몸에 생긴 종양처럼 우주와 동떨어져서 혼자 놀지 말라. 자기에게 일어나는 일에 대해서 반발하는 것은 다른 모든 것들의 본성을 포괄하고 있는 우주의 본성에 반기를 들고 따로 떨어져 나오는 행위이다.

'종양'이라는 황제의 비유가 와 닿는다. 시련 자체가 삶의 악성 종양이 아니다. 그것을 받아들이지 않고 힘들어만 하고 현실에서 도피한다면 그때야 비로소 종양이 되어버린다는 뜻이다.

삶이란 우주의 일에 대한 각자의 반응이다

──────

아우렐리우스의 자세는 다분히 스피노자적이다. 황제보다 1500년 후에 태어난 스피노자는 펼쳐지는 모든 것을 신의 섭리로 이해하는 일원적인(하나의 원리로 전체를 설명하는) 세계관을 만들고는, 당신의 탓이 아니니 괴로움의 감정에서 벗어나라고 했다. 또 의지를 가지고 행동한 일조차도 본래 그렇게 하게끔 되어 있었다고 설명하면서 후회의 감정에서 벗어나라고 했다.

괴로움과 후회에서 벗어나면 우리는 평정심을 유지할 수 있다. 스토아학파는 이런 상태를 '아파테이아apatheia'라고 부르는데 이것은 평탄한 삶이 펼쳐져서 오는 것이 아니라 우주 섭리에 대한 일종의 깨달음에서 온다. 인간의 온갖 나쁜 감정을 외부의 사건에 의해서가 아니라 인간 스스로가 만들어내는 것으로 이해한다.

그럼 현대인들이 가장 힘들어한다는 인간관계는 어떠한가. 나에게 극도의 스트레스를 주는 누군가를 보고도 평정심을 유지할 수 있다는 말인가. 대로마제국의 황제께서 그저 범인들에게 현실성 없는 이야기를 꼰대처럼 하시는 게 아닌가 생각할 수도 있다. 하기는 당시 황제를 괴롭힐 인간이 누가 있었겠는가?

하지만 《명상록》을 찬찬히 읽어보면 황제는 한 명의 철학자이자 인생의 깨달음을 얻은 현인이라는 인상을 받게 된다. 친근하고 따뜻한 어조 때문에 자상한 아버지나 멘토의 느낌을 주어서인지, 지금도 범인들이 그의 목소리를 듣고 있는 것이 아닐까.

아우렐리우스가 말하는 어찌할 수 없는 우주의 일에는 타인의 악행도 포함된다. 사실 우리는 천재지변의 두려움보다 내 앞에 있는 누군가에 대한 증오와 분노의 감정을 조절하는 데 어려움을 겪는다. 그에 대한 황제의 조언은 이렇다.

그림의 이쪽 면을 보았느냐. 이제는 저쪽 면을 보라. 고민하지 말고 단순해져라. 누가 잘못을 저질렀는가. 그 잘못은 그에게 있다. 어떤 일이 네게 일어났느냐. 좋은 일이다. 네게 일어나는 모든 일은 우주 전체 속에서 처음부터 네게 정해져 있던 일들이 하나하나 일어나고 있는 것일 뿐이다. 한마디로 말해서 인생은 짧다. 바른 이성과 정의로운 행동을 통해서 현재로부터 네게 유익하고 이로운 것을 얻어내라.

모든 일에는 빛과 그림자가 있어서 누가 자신에게 잘못하면 나쁘다고만 생각하지 말고 자신에게 이로운 생각과 행동을 하라는 뜻이다. 이 글을 보면 인간관계에서 사람은 두 가지 부류로 나눌 수 있다. 어떤 사람으로부터 스트레스를 받고 뒷담화만 늘어놓는 사람, 그 사람과 겪었던 일마저도 나의 발전을 위한 디딤돌로 삼는 사람. 황제는 악행을 저지른 사람을 우리가 어떻게 대해야 하는지에 대해서 이렇게 말한다.

최고의 복수는 너의 적과 똑같이 하지 않는 것이다.

이렇게 넓디넓은 황제는 시련을 대하는 두 가지 원리를 제시한다.

네 마음에 새겨두고서 늘 돌아보아야 할 두 개의 원리가 있다. 하나는 외부에 있는 사물들은 외부에 있어서 너의 혼을 지배할 수 없고 너를 흔들어놓을 수 없다는 것이다. 따라서 불안은 언제나 너의 내면에 있는 생각이나 판단에서 생겨난다. 다른 하나는 네 눈에 보이는 이 모든 것들은 한순간에 변하여 더 이상 존재하지 않게 되리라는 것이다. 네 자신이 이미 얼마나 많은 변화를 겪어왔는지를 끊임없이 생각하라. 우주는 변화이고 삶은 의견이다.

첫째로 시련과 마음의 상태는 별개고, 둘째로 그 시련은 시간이 지나면 사라진다는 원리다.

"우주는 변화이고 삶(인생)은 그에 대한 의견"이라는 명제는《명상록》의 여러 명언 중 가장 멋진 표현이다. 의견이라는 건 어떤 것에 대한 반응이다. 우리가 고민해야 할 내용은, 운명처럼 펼쳐진 우주의 일에 대해서가 아니라 그것에 우리가 어떻게 반응해야 할 것인가다.

남을 쳐다보면 시련을 이겨낼 수 없다

이제 시련의 두 번째 종류, 노력은 했으나 자신의 바람을 성취하지 못한 경우를 보자. 아우렐리우스는 어떤 일의 성취가 혹시 다른 사람에게 인정받고 싶어 하는 것은 아닌지 자문해 보라고 한다. 성공의 기준을 남에게 두어서는 안 된다는 뜻이다.

> 너는 자신을 존중하지 않고 마치 다른 사람들이 너를 어떻게 평가하느냐에 행복이 달려 있다는 듯이 그것을 찾고 있다. 다른 사람들의 마음을 곁눈질로 훔쳐보는 일을 그만두고 한눈팔지 않고 오로지 목표를 향해 달려가는 사람은 마음이 평안하고 여유가 넘친다.

결과는 우리의 손을 떠난 것이어서 설령 원하는 바를 성취하지 못했다고 좌절할 필요는 없다. 실패감이 들 때 내 앞길을 가로막는 것은 다른 사람의 눈을 의식하는 것이다. 시선을 남이 아니라 자신을 향하게 하고, 나아가 나의 본성을 부여한 우주 자연, 혹은 신을 향하도록 해야 한다. 그러면 그 사람은 평정심을 얻게 되고 실패를 변곡점으로 만들어서 예쁜 인생의 선을 그려낼 수 있다.

다산처럼 살겠다고 결심했다면 후회, 자책, 신세타령과 자신을 그 꼴로 만든 사람에 대한 비방은 필요 없어진다. 실패를 재료로 만드는 일부터 시작해야 한다. 실패하지 않는다면 변곡점 또한 그려질 수 없을 테니.

네게 닥친 곤경들이나 너를 그런 곤경에 빠지게 만든 자들과 관련된 모든 것들은 그들의 몫으로 맡겨두고서, 너는 아무 상관 하지 말고 오직 그 곤경들을 어떻게 선용할 수 있을지 생각하는 데 전적으로 집중하라. 그 곤경들은 너의 손에서 선善을 만들어내는 재료가 될 것이기 때문이다.

이성을 가지고 자연의 섭리를 이해하고, 외부의 일에 대해 낙담하지 말고, 다른 사람의 시선을 의식하지 말고, 자신의 갈 길을 묵묵히 가라는 것. 이것이 《명상록》에서 들려주는 스토아적 삶의 자세다. 아우렐리우스는 그런 사람을 활활 타오르는 불길, 그리고 해안의 굳건한 바위에 비유하고 있다.

- 이성은 자신에게 대항하는 그 어떤 장애물들도 자신의 목표를 이루는 데 유용한 것들로 변화시켜서 사용한다. 이것은 마치 우리가 불길 속으로 어떤 것을 던져놓으면 불은 그것을 자신의 불길을 더욱 거세게 하는데 사용하는 것과 같다.
- 파도가 자기에게 끊임없이 밀려와서 부서지지만, 그 자신은 견고히 서서 주변의 용솟음치는 바닷물을 고요하게 만드는 해안의 넓은 바위처럼 되어라.

스스로 작은 불꽃에 불과하다면 장애물에 의해 그 불은 꺼질 것이다. 조그마한 돌멩이에 불과하다면 밀려오는 파도에 소멸될 것이다. 우리가 해야 할 일은 스스로가 큰 불길이 되고 넓은 바위가 되어 평정심을 갖고 시련을 맞이하는 것이다.

스토아학파 사람들이 늘 입에 달고 다녔다는 이 말을 인용하면서 마무리하겠다.

내일 하늘이 무너져도 오늘 그대의 의무를 다하라.

12

부정한 청탁이 들어왔을 때

- 이마누엘 칸트 -

우리는 이미 유치원에서 배웠다

유치원과 사회의 차이점

———

어릴 때 이런 제목의 책이 서점가에서 베스트셀러였던 적이 있다. 《내가 정말 알아야 할 모든 것은 유치원에서 배웠다》. 살아보니 세상은 감내하기에 복잡하고 힘든데, 그래서 답을 구하기 위해 그리 애를 쓰는데, 우린 이미 답을 갖고 있다고 한다. 유치원에서 배운 것들을 떠올려보자.

"거짓말하지 마라."

"친구들과 사이좋게 지내라."

"먹을 것이 생기면 같이 나누어 먹어라."

"법과 규칙을 지켜라."

분명 어린 시절 그래야 한다고 배웠고 또 그래야 한다고 생각했다. 그런데 이상하다고 해야 하나, 재미있다고 해야 하나. 유치원생이었던 우리는 어른이 되었고 이 당연한 것들을 지키는 게 쉽지 않다는 걸 알게 되었다. 적당히 거짓을 말하고, 나의 이익을 위해 친구를 배신하고, 부동산 차익을 남길 수 있다면 영혼도 팔아치울 태세다. 어떻게 하면 법망을 피해 세금을 내지 않을까 고민하며 살아간다.

그런데 더욱 이상하게도, 그 모든 걸 지키며 살기 어렵다는 걸 알게 되었고 딱히 그걸 지키려고 노력할 생각조차 없음에도 불구하고, 자녀들에게는 어릴 때 배웠던 것 그대로를 이야기한다. 우리는 아이들에게 다음과 같은 가정법이 적용된 것들을 가르치지 않는다.

"남에게 큰 피해를 끼치는 게 아니라면 적당히 거짓말을 하며 살아라."

"때때로 이익이 된다면 친구의 뒤통수를 쳐도 된다."

"용돈이 생기면 쓸데없이 친구들에게 사주지 말고 너 필요한 것 하나라도 더 사라."

"남들이 안 본다면 법은 상황에 따라 어겨도 괜찮다."

"세금은 안 내는 게 좋은 거고, 군대는 안 가는 게 좋은 거다."

어른이 돼서는 차라리 그래야 한다고들 믿는 처세술을 왜 아이들에게 가르치지 않을까? 굳이 들추어내고 싶지는 않지만 마음 깊은 곳에서는 그것이 옳지 않다고, 선하지 않다고 이야기하기 때문이 아닐까. 우리의 양심에 찔리기 때문일 것이다. 윤리학에서는 그런 것을 '선의지 善意志, guter Wille'라고 하고 그로부터 나온 도덕의 규율을 도덕법칙, 도덕률이라고 부른다.

나는 유치원의 가르침에서 칸트의 정언명령을 발견한다. 여기서 정언定言은 가언假言의 반대말로, 특정한 상황을 가정하지 않고 조건 없이 따라야 하는 명령을 뜻한다. 보통 유치원에서 아이들한테 가르치는 것들이라고 생각하면 되겠다.

트롤리의 딜레마와 칸트의 답안

————

마이클 샌델의 《정의란 무엇인가》란 책이 인기를 얻으면서 우리 사회에 정의 논쟁이 뜨거웠던 때가 있었다. 이 책은 주로 의무론을 강조하는 칸트와 유용성을 강조하는 공리주의를 대립한 후, 사회에서 논쟁되는 문제에 대해 어떤 이론을 적용하는 것이 더 정의로운지 모색하는 내용이다. 두 이론의 차이를 단순화하면, 공리주의는 실용적 결과를 추구하기 때문에 때로 선의의 거짓말을 허용한다. 하지만 도덕률에 대해 조건과 상황을 고려하지 않는 칸트는 "(어떤 경우에도) 거짓말을 해서는 안 된다"와 같은 정언명령을 제시한다.

두 관점의 차이를 잘 보여주는 트롤리의 딜레마를 보자.

[문제 1]
트롤리는 선로를 따라 달려오고 있고 선로에는 다섯 사람이 있다. 당신은 선로 밖에 서 있고 선로전환기를 당기면 열차의 방향이 바뀌어 다섯명을 구할 수 있다. 하지만 그렇게 되면 다른 선로에 있던 한 사람이 죽게 된다. 선로전환기를 당기는 행위는 도덕적으로 허용 가능한가?

한 연구자(Marc D. Hause, 2007)가 5천 명을 대상으로 온라인 설문조사를 실시한 결과 89퍼센트가 "도덕적으로 허용 가능하다"라고 대답했다. 응답자 중 공리주의자들이 많았다고 할 수 있다. 하지만 칸트는 그들처럼 결과적인 총량에 관심을 갖지 않으므로, 굳이 최대다수의 최대 행복이라는 개념을 구현하기 위해 쓸데없는 행동을 하지 않을 것이다.

이어서 제시된 다음 사례는 어떤 느낌인가?

[문제 2]

트롤리는 선로를 따라 달려오고 있고 선로에는 다섯 사람이 있다. 당신
은 선로 밖에 서 있고 바로 옆에는 상당히 무거운 사람이 한 명 서 있다.
다섯 사람을 구하는 유일한 방법은 옆에 서 있는 사람을 선로 위로 밀
쳐서 열차를 멈추게 하는 것인데, 이 경우 트롤리는 멈추게 되지만 그
사람은 죽게 된다. 이는 도덕적으로 허용 가능한가?

이 질문에는 응답자의 11퍼센트만 "허용 가능하다"라고 대답했다.
아무리 공리주의자라도 누군가를 직접 밀침으로써 사망에 이르는
행위를 한다는 건 차마 사람이 할 행동이 아니라고 판단했을 것이
다. 물론 칸트에게는 물어볼 필요도 없는 질문이다. 그에게 위 문제
들은 딜레마를 형성하지 않는다.

꽉 막힌 사람의 자유

———

트롤리 문제는 순간적으로 펼쳐지는 장면에서 급박한 판단을 요하
는데, 공리주의자들은 계산을 해야 하는 번거로움까지 있다. 반면 칸
트는 내면의 선의지가 들려주는 목소리대로 움직이면 되니 귀를 쫑
긋하고 조용히 듣는 것이 중요하다. 그 목소리는 모든 인간을 목적
으로 대하라고 이야기한다. 다음은 칸트가 제시하는 도덕률의 세 가

지 원칙이다.

1. 모든 사람들은 이성과 선한 의지를 갖고 있기에 수단이 아니라 목적
   으로 대해야 한다.
2. 도덕률은 모든 사람들에게 적용되어야 한다.
3. 도덕률은 상황에 따라 달라지는 것이 아니라 무조건 지켜야 한다.

따라서 칸트는 다섯 명이 아니라 백 명을 살릴 수 있다고 해도 무고한 한 사람을 희생시키지 않는다. 하지만 공리주의자 입장에서 보면, 칸트는 좋게 말해 원칙주의자고 나쁘게 말해 융통성이 부족한 인물이다. 늘 정해진 시간에 산책을 하러 나왔다는 이미지와 함께 재미없고 꽉 막힌 사람이라는 느낌이 들 수도 있다. 그러나 칸트가 정언명령을 도덕률로 제출한 배경에 진정한 '자유'의 추구가 있었다는 점에 대해서는 아마 잘 몰랐을 것이다.

우리는 현실 속에서 뭔가에 얽매이지 않고 마음대로 행동하는 것을 자유롭다고 생각한다. 목이 마르면 콜라, 아이스 아메리카노, 스무디 중 하나를 선택하고 중국집에 가면 자장면, 짬뽕, 볶음밥 중 잠시 고민하다가 하나를 고른다. 봄비가 추적추적 내리는 날엔 막걸리가, 화창한 여름날엔 맥주가, 깊어가는 가을밤에는 레드와인이 떠오른다. 자유롭게.

이와 달리 칸트는 현실의 상황에 따라 이렇게 저렇게 행동할 수 있

는 것을 진정한 의미의 자유라고 생각하지 않았다. 그것은 오히려 예측되지 않는 상황에 구속되고 휘둘리는 것이다. 진정한 자유는 막걸리가 당기는 날이든 와인이 당기는 날이든, 이성이 들려주는 목소리를 듣고 그 도덕률을 따르는 한결같음에 있다. 그 도덕법칙이야말로 우리 삶에서 자유의 상징이자 별빛처럼 반짝이는 보석이라고 생각한 것이다. 칼리닌그라드에 있다는 칸트의 묘비명이 그를 잘 나타낸다.

머리 위엔 별빛 가득한 하늘, 내 마음엔 찬란한 도덕률

비록 칸트가 될 수는 없지만
———

칸트는 "~라면"이라는 조건이나 가정을 붙여서 도덕법칙의 문장이 길어지는 것을 싫어했다. 물론 세상은 칸트의 도덕법칙처럼 그리 간단하지 않아서 우리는 여러 상황에서 그 법칙, 즉 양심의 목소리를 어기면서 살아가고, 살아갈 수밖에 없다.

나에게도 칸트는 매우 부담스럽다. 때로 선의의 거짓말이 필요하다고 생각하고(횟수가 늘어가는 게 문제다), 낼 것도 얼마 없고 결국 피하지도 못할 거면서 어떻게 하면 세금을 안 낼까 싶어 검색창을 두드린다. 앞으로도 그럴 것 같다.

하지만 비록 칸트가 될 수는 없어도 양보할 수 없는 도덕률이 혹

시 있지는 않을까. 예를 들어 다음과 같은 정언명령이다.

"부정한 인사 청탁은 거절하라."

가정을 넣어서 위 명령을 좀 길게 만들어보겠다.

"지극히 예외적인 경우가 아니라면, 부정한 인사 청탁을 거절하라."

칸트라면 이런 예외를 받아들이지 않는다. 하지만 나는 칸트가 아니니까 예외적인 경우를 생각해 보겠다. 내가 어떤 공기업의 인사과에서 근무하고 있다고 가정하자. 공채를 앞두고 위에서 모 국회의원의 자녀를 채용하라는 지시가 내려왔다. 그 국회의원의 청탁을 들어주면 내년 우리 회사에 많은 예산을 책정하기 위해 노력한다고 약속했다는 것이다. 그 지시를 따르면 다른 지원자 중 한 명이 부당하게 탈락하게 된다.

우리는 조직의 일원으로서 당연히 회사의 발전을 위해 노력해야 한다. 내년에 예산이 더 들어와서 조직의 숙원사업을 할 수 있는 여건이 조성된다는데, 그깟 한 명 채용해서 연봉 책정해 주는 게 뭐가 큰 문제겠는가. 어차피 내 돈도 아닌데 뭘 그리 고민할 일이겠는가. 이번 기회에 회사 권력층 라인에 줄 한번 서는 것도 괜찮을지 모른다.

그러나 칸트를 떠올린다면 혹은 유치원에서 배운 것을 떠올린다면 그러한 인사 청탁은 거절해야 할 일이며, 계속적인 압력이 들어온다면 직무를 배제해 달라고 요청해야 할 것이며, 경우에 따라 사표를 제출해야 할지도 모른다.

상부에서는 혼자 깨끗한 척한다, 조직을 위할 줄 모른다, 꽉 막힌 사람이다 등의 이야기가 나올 것이다. 그럴 때 나는 어떤 선택을 해야 할까? 그저 가정에 불과하지만 이 질문에 답해야 하는 짐을 독자 여러분에게 넘겨드린다.

13

회사 내 공정한 규정을 만들 때
- 존 롤스 -

협상 전에 '무지의 베일'을 써라

널 믿지 못하겠다

은행에서 거액의 도난 사건이 발생했고 용의자 두 명이 붙잡혔다. 세상에 둘도 없는 친구인 그들은 끝까지 범행을 부인하기로 굳게 약속했다. 사법 당국은 A와 B를 격리하고 물었다. "자백해. 너희가 범인이지?" 그리고 각자에게 다음과 같은 조건을 제시했다.

1. 어느 한 사람이 범행을 자백하면 그는 즉시 석방되고 다른 한 사람은 10년 형을 받게 된다.

2. 두 사람 모두 자백하면 두 사람 모두 5년 형을 받게 된다.

3. 두 사람 모두 자백하지 않으면 두 사람 모두 2년 형만 받게 된다.

모든 경우의 수는 네 가지이며 결과는 다음과 같다.

		A의 형량	B의 형량
A: 참말	B: 참말	5년	5년
A: 참말	B: 거짓말	석방	10년
A: 거짓말	B: 참말	10년	석방
A: 거짓말	B: 거짓말	2년	2년

친구 간의 신의는 잠시 내려놓자. A와 B 모두 자신에게 유리한, 즉 합리적인 판단을 하는 사람들이라면 어떤 결과에 도달하게 될까?

가장 좋은 경우는 서로의 약속대로 묵비권을 행사하고 함께 2년만 살다 나오는 것이다. 하지만 자신만 신의를 지킬 경우 받게 되는 10년 형을 머릿속에 떠올리게 된다. 최악의 상황이다. 그리고 그 상황을 피하기 위해 자백을 하면, 상대가 어떤 진술을 하든 최소한 10년 형은 피할 수 있다는 생각에 다다른다.

중요한 것은 바로 이 지점이다. A는 10년 형을 받을까 걱정된다. '저놈을 믿을 수 없다'는 B에 대한 불신감 때문이다. B가 나쁜 사람이라서가 아니라 B 또한 A에 대해 불신을 갖고 있다. 고민 끝에 이러한 결론에 이른다. "그래, 자백하자. 운 좋으면 석방이고 운이 나빠도 5년이야. 어쨌든 10년은 아니잖아." 결국 둘 다 5년 형을 선고받게 될 거라는 이야기다. 서로 약속을 지켰다면 2년 형을 받았을 테니 최선의 선택은 아니다.

이 이야기는 합리적 의사결정론에서 왕왕 이야기되는 '죄수의 딜레마'다. 게임 이론의 일종인 이 딜레마가 재미있는 건, 신의를 버리고 서로 배신한 행동을 합리적 의사결정으로 보았다는 점이다. 인간은 의리를 이야기하지만, 합리적인 이성은 아름다운 결론을 향해가지 않는다는 것을 보여준다.

최악을 피하고 싶다
———

정의론으로 유명한 존 롤스는 이런 상상을 해보았다. 모두가 협상장에 모여서 정의로운 사회가 갖추어야 할 공정한 원칙을 정하는 장면. 그리고 죄수의 딜레마를 모티브로 삼아서 협상에 참여하기 위한 전제 조건을 상정했다. 그것을 '무지의 베일veil of ignorance'이라고 한다.

A는 B가 어떤 판단을 할지 알 수 없기 때문에 경우의 수를 나누고는 자신에게 이득이 되는 합리적인 길을 찾았다. 롤스는 우리가 만약 자기 스스로와 다른 사람의 여러 상황에 대해서 '알지 못한다면'

가장 합리적인 협상의 참여자가 될 수 있다고 생각했다.

공정해지려면 몰라야 한다. 기업이 블라인드 채용 방식을 택하는 것은 학벌이나 가족, 지연 등 열린사회와 어울리지 않는 기준을 배제하고 일체의 편견 없이 인재를 뽑기 위함이다. 회의실에서도 마찬가지다. 편견을 배제하려면 팔을 안으로 굽게 만드는 자신의 조건과 상황을 일절 고려하지 않아야 한다. 그래서 롤스는 정의의 원칙을 도출하기 전에 모두 이 베일을 쓰고 자신의 신상을 잊은 채 정의의 원칙을 논하자고 한 것이다.

스스로의 상황에 대해 잘 모르면 이전처럼 협상장에서 확신에 찬 눈과 단호한 어조를 유지할 수 없다. 자신이 중산층 정도는 되는 줄 알고 열심히 주장을 했는데, 룰에 합의한 후 베일을 걷어내니 실상 고아 출신의 흙수저라면 어떻겠는가? 죄수의 딜레마에서처럼, 모르면 최악의 상황을 걱정하게 된다. 사람들은 자신의 이익을 위해서 그것만큼은 피하려고 한다.

불평등은 허용될 수 있다. 다만,

———

스스로의 정보를 스스로에게 블라인드 처리한다는 것은 애초에 불가능하므로 롤스는 그런 상황을 가정했다. 그리고 그런 가정하에 사람들이 도달할 수 있는 원칙 두 가지를 도출했다.

- 제1원칙: 평등한 자유의 원칙principle of equal liberty

  모든 사람은 다른 사람의 자유와 상충하지 않는 한도에서 기본적 자

  유를 평등하게 가져야 한다.

- 제2원칙: 차등의 원칙difference principle

  사회적·경제적 불평등은 다음과 같은 두 조건을 만족시키도록 편성

  되어야 한다.

  a. 최소 수혜자에게 최대의 이득이 되고

  b. 공정한 기회 균등의 조건 아래 모든 사람들에게 개방된 직책과 직

    위가 결부되어야 한다.

제2원칙을 대우 명제(A→B = ~B→~A)를 활용해서 쉽게 풀어쓰면
이렇다.

만약 어려운 사람들에게 이득이 되지 않거나 그들이 성공을 위한 균등
한 기회를 제공받지 못한다면, 불평등을 허용해서는 안 된다.

다시 말해 사회적·경제적 불평등이 있을 수 있지만 그 불평등이
받아들여지기 위해서는 그로 인해 극빈자가 가장 큰 이익을 얻어야

한다는 뜻이다. '불평등한 현실'과 '극빈자의 이익' 사이에 일종의 함수 관계를 설정한 것이다. 적용되는 하나의 예를 살펴보자.

만약 어떤 사람이 기부금을 내고 대학에 입학한다고 하자. 다른 보통의 지원자들과 비교할 때 불평등하고 공정하지 못하다. 하지만 그것이 등록금을 마련하지 못하는 구성원의 문제를 해결하는 데 직접적으로 기여한다면 그 불평등의 용인을 논해볼 수 있다. 불평등이 발생하지만 그로 인해 극빈자가 가장 큰 이익을 얻을 수 있는 구도이기 때문이다. 다음 예를 추가로 보자.

부모님으로부터 10억 원짜리 아파트 한 채를 물려받은 A, 물려받을 재산이 없는 B, 오히려 빚을 물려받은 C. 세상에 이렇게 세 명이 존재한다고 보자. A가 증여를 받아 세 사람 사이에 경제적 불평등이 발생한다면, 그 결과 가장 가난한 C에게 혜택이 돌아가야 한다. 물론 그것의 가장 간단한 방법은 A에게 받은 증여세로 C가 거주하는 공간을 확보하도록 도움을 주는 것이다. 만약 그렇지 않다면 증여를 허용해서는 안 된다.

또 A, B, C 모두 제2원칙의 b조항에 의해 공무원이 되거나 대기업에 입사하는 데 동일한 기회를 제공받아야 한다. 느낌이 왔겠지만 롤스의 정의 원칙을 적용하기에 현실은 그렇게 녹록지 않다.

내가 롤스의 정의 원칙에서 의미 있게 발견한 것은 앞서 말한 '함수 관계'다. 롤스는 사회 약자를 위해 필요한 수준을 수치로 제시하지 않고 상대적 관계에 주목했다. 지금 1970~80년대보다 맛있는 음식을 많이 먹고 돌아다니면서도 우리가 행복하지 못한 것은 그 맛있는 음식을 나만 먹는 게 아니기 때문이다. 또 우리가 불행한 것은 내가 먹는 음식이 보잘것없기 때문이 아니라, 남이 먹고 있는 더 맛있는 (아니, 맛있어 보이는) 음식을 내가 먹지 못하기 때문이다. 다시 말해 물질적 측면에서 우리들이 행복하고 불행한 것은 사실상 내가 아니라 남의 사정에 의해 이루어진다. 따라서 롤스는 단순히 없는 사람들의 복지에 신경 쓰자는 차원을 넘어 불평등이 발생하는 지점을 예리하게 주목하고 있다.

불평등이 생길 때마다 극빈자를 쳐다보라는 것이니 이 얼마나 평등 마인드에 입각한 것인가? 이런 입장은 우리 모두가 그 극빈자일 수도 있다는, 혹은 우리의 자녀가 훗날 그런 운명에 처할 수도 있다는 최악의 가능성을 겸허히 받아들이기 때문이다. 바로 이것이 무지의 베일 효과이다.

사회와 직장의 정의는 다르지만

―――

이제 우리 각자가 속한 조직으로 가보자. 회의실에서 처음엔 조직의 화합과 발전을 이야기하는 아름다운 언어들이 오간다. 하지만 점차 온갖 논리로 조직을 위하는 척 위선을 떨며 양보하지 않는 상대를 보면, 저 인간이 싫어서라도 평행선을 고수하는 논리를 나도 내밀게 된다. 이렇게 양보와 타협이 어려울 때 롤스는 자신의 것을 가리고 없음에서 출발하자고 조언한다.

물론 롤스가 고민한 사회의 정의와 우리가 속한 직장의 정의는 같지 않아서 그의 원칙을 꼭 적용할 필요는 없다. 무능한 인간이 높은 위치에 있는 것에는 한탄하지만 뛰어난 인물이 더 많은 연봉을 받는 것은 당연하다고 생각한다. 또 누군가의 연봉이 높아지기 위한 조건으로 가장 낮은 연봉을 받는 사람에게 어떤 혜택이 돌아가야 한다고는 아무도 생각지 않는다. 그것이 같은 한자로 조합된 사회社會와 회사會社의 차이다.

하지만 회사를 포함한 어떤 조직도 내부의 룰이란 게 있고, 그 룰은 그 조직의 정의로움의 여부를 보여준다. 어떤 룰도 모두를 만족시킬 수는 없기에 분명 누군가의 불만이 터져 나올 것이다. 그것을 최소화하기 위해 잊어서 안 되는 것이 롤스가 가정한 무지의 베일이다. 이것에 대해 간단하게라도 생각한 후 회의에 들어간다면, 최선은 아니지만 차선의 정의를 구현하는 룰을 도출할 수 있을 것이다.

14

지적질이 두려울 때

- 칼 포퍼 -

비판을 처리하는 역량을 키우자

에피쿠로스가 될 것이 아니라면

대부분 비판의 소리를 들으면 심장 박동이 빨라진다. 말하든 속으로
삼키든, '그러는 너는?'이라고 피장파장의 오류를 범한다. 예전보다
지적질이 많아진 건지, 우리의 인내심이 약해진 건지, 요즘에는 비판
은 물론 애정이 담긴 조언에도 귀를 닫는 게 자기를 지키는 방법이
라고 이야기한다.

세상에 눈을 감고 귀를 닫았던 철학자로 에피쿠로스가 있다. 그와
추종자들은 파를 이루고 평정심 유지를 위해 은둔을 택했다. 고대

그리스 철학을 집대성한 아리스토텔레스 이후 헬레니즘 시대에는 도시 국가를 벗어나 넓은 제국의 규모하에서 새로운 사조가 유행했다. 철학의 체계보다는 개인의 정신적인 행복에 주로 관심을 가졌는데, 에피쿠로스학파와 스토아학파가 대표적이다. 이들의 행복관을 단순화해 보면 다음과 같다.

$$행복 = \frac{성취}{욕망}$$

많은 걸 성취하면 행복해진다는 것과, 욕심을 버리면 불행해지지 않는다는 상식이 반영된 식이다. 에피쿠로스가 취한 전략은 이러하다. 세속에서 벗어나면 욕망이 줄어들고(분모가 작아지고), 온갖 지적질을 피하니 자존감은 훼손되지 않는다(분자는 최소한 작아지지 않는다). 그 결과 마음이 편안해진다. 반면 스토아학파는 은둔하는 방법을 택하지 않았으니 에피쿠로스만큼 분모가 작아지지는 않는다. 대신 현실에서 의무의 실천을 강조했기 때문에 분자를 최대한 키워서 행복을 얻으려는 전략이다. 다만 이 성취 전략은 정신적인 것으로, 부자가 되는 것을 의미하지 않는다.

한편 우리는 에피쿠로스가 아니어서 잠시 여행을 갔다 오는 정도이지, 이곳을 떠날 수 없다. 따라서 자연의 소리만 들을 수 없거니와 당연히 지적질도 피할 수 없다. 그렇다면 위 식의 분자(정신적 성취감)가 훼손되는 걸 막기 위해서는 비판을 효과적으로 처리하는 방법을 터득하는 게 필수적인 처세에 해당한다.

할 수 있는 것과 없는 것 구분하기

———

처세술 중 할 수 있는 것과 없는 것을 구분하고 할 수 있는 것에 집 중하라는 말이 있다. 이것은 비판에도 적용된다. 비판의 목소리 가운 데 나에게 도움이 되는 것과 아무런 도움이 되지 않는 것, 즉 단순 지 적질을 구분하는 것이다.

이를테면 내가 집에서 듣는 비판 가운데 "발소리를 줄이면 좋겠 다"가 있다. 이것은 함께 사는 가족을 위해서, 층간 소음 문제를 막기 위해서 내가 조심하면 될 일이다. 물론 지적이 반복되어도 잘 고쳐 지지 않지만 귀를 막을 필요는 없다. 나 역시 좀 더 발소리를 작게 내 는 사람이 되는 편이 낫다고 생각하기 때문이다.

난이도를 더 높이면 "좀 더 아이에게 자상한 아빠가 되면 좋겠다" 도 있다. 나는 나름대로 아이에게 자상하다고 생각하지만 자상함을 표현하는 방식이 좀 반어적이어서 그런 지적을 받는 편이다. 가끔 나긋한 목소리로 존대어를 쓰는 자상한 아빠를 보면 대단하다 생각 하지만, 스스로 노력한다고 그렇게 될 것 같지는 않다. 할 수 없을 것 같은 조언은 반복되면 지적질에 가까워진다. 다시 말해 발전적 비판 인지 아닌지는 지적의 내용에 달린 것이 아니라 듣는 사람의 상황,

자세와 관련있다.

비판을 들으면 판단해야 한다. 받아들일 것인가, 흘려들을 것인가. 상처받는 게 두려워서, 주변에 휘둘리는 게 싫어서, 스트레스를 피하고자 귀를 닫는 전략도 개인주의 시대의 한 방법이라 할 수 있다. 하지만 휘둘리지 않는 삶이 건설적인 비판까지 거부하는 것이라면 불통과 거리가 멀지 않다.

이렇듯 피할 수 없다면 귀를 닫는 방법이 아니라 비판에 대한 감각을 키워서 발전의 계기로 삼는 것은 어떨까.

열린 생각의 적들

회사의 간담회 같은 곳에서 언제나 듣는 거짓말이 있다. 대표적인 것이 "(회사에 대해) 하고 싶은 말은 무엇이든 하라"는 것이다. "어떤 비판도 좋다"는 말도 따라온다. 사실 순진한 학창 시절을 마치고 사회생활을 무탈하게 보내기 위한 첫걸음은, 윗사람의 단순한 애드리브와 진짜 이야기를 구별하는 것인지도 모른다. 그러나 CEO나 중간 관리자도 그 말을 하는 순간만큼은 진심일지 모른다. 열린 조직, 얼마나 멋진 직장인가. 칼 포퍼는 《열린사회와 그 적들》에서 닫힌사회와 열린사회를 이렇게 정의했다.

마술적 사회나 부족 사회, 혹은 집단적 사회는 닫힌사회라 부르며, 개개
인이 개인적인 결단을 내릴 수 있는 사회는 열린사회라 부르고자 한다.

닫힘과 열림의 기준으로 포퍼가 택한 기준은 개인의 결정, 즉 자
율성이 얼마나 보장되는지, 얼마나 조직에 휘둘리지 않고 살아갈 수
있는지의 여부다. 전체를 위해 개인의 개성이 무시되고 따라서 비판
의 목소리를 내지 못하는 조직은 닫힌 조직이다. 그러니까 비판 자
체가 나에게 향하면 불편하지만, 어떤 공동체(가정도 공동체다)에 적용
될 때는 열려 있음을 보여주는 몹시 아름다운 개념이라는 것을 알
필요가 있다.

그런데 포퍼는 비판을 가로막는 대표적인 사상적 파시스트들로
플라톤과 마르크스를 지목했다. 이데아를 주창한 관념론과, 그런 것
을 상부 구조라 해서 전복하려 한 유물론. 2천여 년의 간격을 두고
나타났고 오히려 상반돼 보이는 조합에서 '닫혀 있음'이라는 공통점
을 발견한 것은 무엇 때문이었을까?

플라톤은 민주정치를 반대하고 철인정치를 주장했다. 민주정이
제도적으로 안착하지 못했던 기원전 4세기의 시대상을 감안해서 가
볍게 받아들일 법도 한데 포퍼는 그러지 않았다. "현명한 자는 이끌
고 통치해야 하며 무지한 자는 그를 따라야 한다"는 철인정치론은
이후 20세기에 이르기까지 독재정치의 이론적 모티브가 되었다. 그

리고 이데아라는 이상을 지향하는 플라톤의 유토피아주의는, 정해진 목표(이상 국가)를 향해 사회 전체를 변화시키려고 하는 파시즘의 모티브가 되었다.

유토피아주의와 파시즘. 좋고 나쁨의 거리는 그리 멀지 않은 것일까. 포퍼는 이 둘의 관계에서 무언가를 발견했다. 유토피아를 쫓아가다 보면 역사는 발전한다는 진보주의와 연결된다. 물론 어떤 가치의 추구가 잘못일 리 없다. 하지만 문제는 알 수 없는 미래를 담보로 한 파시즘의 가능성이다. 포퍼는 마르크스가 자본주의의 문제점을 분석하고 지적한 위대한 휴머니스트라고 이야기하지만, 그의 역사 발전론이 비판을 가로막는 것을 경계했다.

그렇다면 열린사회를 위한 포퍼의 대안은 무엇일까? 바로 과학의 방법이다. 《열린사회와 그 적들》이 워낙 유명해서 간과하는 이들이 있는데 포퍼는 과학철학자다. 그가 남긴 가장 위대한 족적은 '반증 가능성의 원리'인데, 한마디로 비판의 가능성을 차단하는 이론은 어떤 이론이라 해도 사이비라는 것이다. 다음 세 가지 조언을 들어보자.

열린 조직의 세 가지 특징
———

첫째, 발전은 비판을 통해서만 가능하다.

포퍼는 과학의 발전에 대한 발상의 전환을 제시한 인물이다. 통상

과학자들은 비판의 여지가 없는 완벽한 이론을 만들어내는 것을 목표로 삼고 그것이 과학을 발전시킨다고 생각해 왔다. 그러나 포퍼는 완벽한 이론은 존재하지 않으며, 그런 것을 추구하는 자세는 과학의 발전을 저해한다고 단언했다. 과학은 오히려 이론에 대한 반증에 의해 발전해 왔다는 것이다.

"모든 까마귀는 검다"라는 명제를 살펴보자. 언제 어디서든 까만 까마귀를 보면서 이 명제는 진리라고 생각한다. 물론 그런 사례들을 보면 볼수록 이 명제는 강화될 것이지만 그 사례만으로 과학이 발전하지는 않는다. 실제로 하얀 까마귀가 발견됨으로써 이 명제는 "거의 대부분의 까마귀는 검다"로 수정되었는데, 과학은 이러한 반증에 의해 발전해 나간다는 것이다. 만약 "모든 까마귀는 검다"가 너무나 당연하다며 비판을 꺼리는 사람이 있다면, 그 사람은 과학의 발전을 가로막는 사람이 될 것이다.

마찬가지로 완벽한 원칙, 완벽한 경영 이론, 완벽한 가이드라인이란 없다. 아무리 좋은 것이라 해도 비판을 받을 때 비로소 더 나은 방향으로 진화하게 된다. 반증을 두려워하는 완벽함에 대한 집착은 구성원들의 비판을 막게 되고, 비판이 없는 조직은 닫힌 조직으로 귀결된다.

둘째, 과정이 결과보다 중요하다.

포퍼는 천리안이 있다고 가정했다. 사람들이 모르는 우주의 여러 현상을 보고 책을 한 권 써냈고 수많은 이들이 환호했다고 하자. 그것은 과학책일까? 과학의 방법을 활용하지 않았기 때문에 사람들은 아무도 그 책의 내용을 반박할 수 없다. 그렇다면 진실을 이야기한다 하더라도 신의 계시를 주장하는 것과 다를 바가 없게 된다. 마찬가지로 열린 조직을 바란다면 우연한 결과보다 결과에 이르는 합리적인 과정을 중시해야 한다.

셋째, '독고다이'는 인정받을 수 없다.

조직 내 혼자 잘난 사람의 문제점에 대해 포퍼는 이런 재미있는 비유를 들었다. 로빈슨 크루소가 무인도에서 실험실, 천문관측소 등을 건립하고 관찰과 실험에 매진해서 수많은 논문을 발표했다고 하자. 이것은 진짜 과학일까? 물론 과학의 방법을 사용했으니 천리안보다는 더 그렇다고 할 수 있다. 그럼에도 포퍼의 눈에는 결정적으로 부족한 게 하나 있는데 과학은 혼자 하는 것이 아니라는 점이다. 연구의 결과를 확인할 사람이 그 자신밖에 없고 연구의 잘못을 바로잡아 줄, 다시 말해 비판할 사람도 그 자신 이외에 아무도 없다.

그럼에도 여전히 우리는 연구란 본래 혼자서 하는 거다, 과학의 방법을 활용하면 된 것 아니냐는 말을 하고 싶을 수 있다. 그러나 포퍼는 학문의 발전을 위해 다른 사람의 비판을 필요조건으로 내밀고 있다. 다시 말해 다른 사람의 비판 없이 학문의 발전은 불가능하다.

로빈슨 크루소가 평가를 받으려면 그의 연구 결과를 그런 연구를 하지 않은 누구에겐가 설명할 수 있어야만 한다. 과학적 객관성은 과학자 개인이 공정하다고 해서 만들어지는 것이 아니라 사회적으로, 즉 제도적으로 보장되는 것이다.

다시 말해 업적의 객관성은 조직 안에서 완성된다는 것이다. 그러니 진정 열린 조직을 원한다면 구성원 각자의 업무가 기획 단계에서부터 동료들의 비판을 수용하면서 진행되어야 한다. 그 과정에서 잘못을 바로잡거나 동료의 협력을 얻을 수 있고, 나아가 조직 전체를 향해 긍정적인 영향력을 확산할 수 있게 된다.

이상 열린 조직의 특성 세 가지인 반증 가능성, 과정의 중요성, 객관성의 획득에 대해 이야기했다. 포퍼는 합리적인 연구의 과정을 추구한 사람이지, 어떤 이론을 떠받드는 사람이 아니다. 그는 완벽해 보이는 어떤 이론도 우리가 당연하게 받아들이는 모종의 '편견' 위에 놓여 있다고 했다. 그리고 그런 편견을 비판한 모범으로 아인슈타인을 들었다. 20세기 최고의 천재는 아무도 문제 삼지 않았던 시간과 공간이라는 상식에 의문을 제기하며 상대성 이론을 만들어내지 않았던가.

지적질이 되지 않으려면

────

비판은 개인과 사회의 발전을 위해서 필수 불가결하다. 이제 우리는 구분해야 한다. 단순 지적질과 건설적인 비판의 차이를. 그리고 전자와 후자에 대해 각각 다른 태도를 취할 필요가 있다. 휘둘리지 않는 삶 못지않게 비판에 상처받지 않고 그것을 수용하거나 활용하는 감각이 중요하다.

또한 우리가 누군가에게 한마디해야 하는 입장이라면 '비판하는 기술'도 동시에 습득해야 한다. 아무리 맞는 말을 하더라도 당신이 그의 멘토가 될지, 지적질을 일삼는 비호감이 될지는 당신이 구사하는 기술에 달려 있기 때문이다. 인간관계는 섬세함을 요구한다는 사실을 잊어서는 안 된다.

분명한 것은 비판을 할 때 예의를 갖추지 못하는 사람, 또한 예의를 갖춘 건설적인 조언임에도 무조건 기분 나빠하는 사람 모두 지금과 같은 통섭의 시대를 이겨낼 수 없다는 것이다. 무조건 귀를 닫으면 자신을 보호할 수 있겠지만 자기를 계발하기는 어렵다. 내일부터 당장, 비판에 귀를 열고 한쪽 귀로 흘릴 것과 발전의 계기로 삼을 것을 구분해 보자.

15

이용당한다고 느낄 때

- 로버트 노직 -

신체의 자유는 양보할 수 없는 권리다

손해 보지 않겠다

"선생님이 맡은 일을 동료에게 넘기면 어떻게 합니까? 지금이라도 직접 마무리하세요. 예전부터 저를 대하는 태도가 기분 나빴고요. 다른 동료들도 그렇게 이야기합니다."

상황은 좋지 않았다. 이직한 지 얼마 지나지 않은 나는 부서장이 지시한 기획안을 만들어 정부 산하 공공기관에 제출했고 국고지원금을 수령하게 되어 짧은 기간 안에 사업 진행을 완수하기 위해 바쁜 나날이 예고된 참이었다. 위에서는 내가 기존에 맡았던 업무 중 하나를 중단할 것을 지시했는데 그 일을 떠안을 거라 짐작한 사람이 조용히 회의실로 부른 것이었다. 꽤나 격렬한 어조였다.

상대방에게 불편함이 만들어지는 순간을 불편해하는 사람들이 있다. 이를테면 식당에 갔을 때 어색해지기 전에 수저를 먼저 꺼내거나 물을 먼저 따르는 성격의 사람들. 나도 그 어색함을 피하려는 성격이다. 주변에 폐를 끼치는 사람이 되는 것은 억울했다. 고성이 오갈 수도 있는 상황이었지만 애써 책의 한 대목을 떠올렸다. "상대가 싸움을 걸어와도 내가 그럴 의사가 없으면 싸움은 만들어지지 않는다." 그래, 나는 수년 전 다짐하지 않았던가. 앞으로 누구와도 싸우지 않겠다고.

커피 두 모금의 침묵 후 먼저 말을 꺼냈다. "저로 인해 감정이 상하셨다면 미안합니다." 사실 상부의 지시에 의해 기획안을 작성했고 공모에서 선정된 게 나의 잘못은 아니기에 특별히 사과할 무엇이 있었던 것은 아니었다. 그냥 그 사람이 나로 인해 기분이 상했다고 하니, 내가 없었으면 그럴 일도 없었을 테니 그 점을 사과한 것이다.

이유가 어떠하든 손해 보지 않겠다고 다짐하는 사람이 늘고 있다. 사실 이것은 입사 면접 때의 대답과는 딴판이다. 동료와의 관계에 대해 우리는 여지없이 동료가 힘들 때 도와주는 성품이 나에게 있음을 어필하며, 너무 정이 많은 것이 단점이라는, 구전되는 모범답안을 이야기한다. 하지만 실제 직장에 들어가면 웬걸, 드라마에서나 나올 법한 갈등 유발의 인물들이 포진해 있다.

나는 그런 경향이 잘못되었다고 생각지는 않는다. 그만큼 알아서 열심히 방어하지 않으면 이용당하는 사회에서 살고 있는지도 모른다. 하지만 이용당하지 않으려는 사람들끼리 밀집해서 조금 부딪힐 때 나오는 말과 눈빛과 태도가 "나 손해 보기 싫어"라면, 좀 더 세련되고 설득력 있는 논리를 가질 필요가 있다. 내 것을 옹호하는 대표적인 이론가 로버트 노직의 목소리를 들어보자.

안구 추첨과 체임벌린의 계약
———

태어나자마자 부모에게 버림받아 고아가 된 아이를 떠올려보자. 물론 이 아이의 가난은 본인의 책임이 아니다. 국가는 국민들로부터 세금을 걷어서 아이가 성장하는 데 필요한 자금을 제공했다. 냉혈한이 아니고서야 국가가 당연히 해야 할 일이라고 생각할 것이다.

그럼 이 경우는 어떤가? 의학 기술이 발달하여 안구를 이식하는 수술이 일반화되었다고 가정하자. 어떤 소녀가 선천적으로 앞을 볼 수 없는 채 태어났다. 물론 앞을 못 보는 것은 소녀의 책임이 아니다. 국가는 이 소녀를 위해 국민들 중 두 명을 추첨해서 한 개씩 안구를 뽑아 소녀에게 이식해 준다. 이것은 정당한가? 물론 그러한 안구 추첨에 동의할 사람은 없을 것이다. 그런데 노직은, 세금을 걷어서 가난한 사람을 돕는 것이 이 안구 추첨과 다를 바 없다고 이야기한다.

그의 글에서 하나의 사례를 더 들추어보자. 1960년대 활약한 월트 체임벌린은 NBA 역사상 가장 위대한 선수 중 한 명이다. 당시 체임벌린에 대한 영입 경쟁이 치열해지자 노직은 이런 가정을 했다. 50년 전 물가를 고려해서 읽어보자.

체임벌린이 어떤 팀과 다음과 같은 인센티브 계약을 체결했다고 가정하자. 홈게임의 경우 매 입장권 가격에서 25센트가 그의 몫이다. 시즌이 시작되고 관중은 입장료 중 25센트를 체임벌린의 이름이 붙어 있는 별도의 상자 속에 집어넣는다. 한 시즌에 일백만 명의 관객이 그의 홈게임을 관전하며 체임벌린은 25만 달러의 추가 수입을 얻게 되었다고 가정해 보자. 이 새로운 분배 상태는 정의롭지 않은가?

그야말로 가정이긴 하지만 별나라 이야기는 아니다. 스포츠를 좋아하는 사람들은 알겠지만 이면계약이란 게 횡행해서 당시의 슈퍼스타인 체임벌린이 실제 그런 계약을 했을지도 모른다. 어쨌든 위 계약은 정당한가? 누군가는 체임벌린에게 당신의 인센티브를 동료들과 나누어 갖는 게 좋겠다고 이야기할 것이다.

하지만 체임벌린이 그런 조언을 받아들이기로 했다 해도 사정은 그리 간단하지 않다. 입장권을 구매한 관객은 이 인센티브가 체임벌린에게 돌아갈 거라 예상하고 있다. 그런데 그 돈을 다른 팀원들에게도 분배한다면, 관객이 입장권을 구매하면서 자신의 재산 일부(25센트)를 체임벌린에게 이전하기로 한 결정을 침해하는 것이다. 달리 말해 관객의 소유권을 부분적으로 침해한 것이다. 체임벌린이 위화감을 느끼는 동료를 위해 할 수 있는 유일한 일은 일단 돈을 수령한 후 '자선으로' 베푸는 방법뿐이다.

세금을 걷는 것은 노동을 시키는 것과 같다

이런 노직의 이야기가 어떻게 들리는가? 개인의 것(소유권)에 대한 냉정한 옹호가 느껴질 테고 더불어 노직의 인상이 그리 좋게 다가오지 않을 것이다. 하지만 우리도 인정할 건 인정해야 한다. 세금을 어떻게든 덜 내고 싶어 하면서 동시에 세금의 혜택은 최대한 누리고 싶어 한다는 것을. 노직은 그런 우리의 이기심을 굳이 숨길 필요 없게끔 지금도 회자되는 유명한 논리를 하나 제시했다.

소득에 세금을 부과하는 것은 국가가 강제로 노동을 시키는 것과 마찬가지다.

무슨 말인가. 세금은 소득의 일부를 내는 것인데 국가가 강제로 노동을 시키는 것이라니? 노직에 따르면 국가가 내 소득의 일부를 가

겨갈 권리가 있다면 내 시간(혹은 노동)의 일부를 가져갈 권리 또한 있다. 가령 내 수입의 30퍼센트를 가져가는 것은, 내 시간의 30퍼센트를 국가를 위해 일하라고 명령하는 것과 본질적으로 같다. 만약 '당신 세금 낼래, 아니면 주말에 와서 노동할래?' 중에 하나를 택하라면 돈이 아까워서 아마 후자를 택할 사람도 적지 않을 것이다.

이 주장의 흐름을 잘 살펴볼 필요가 있다. 세금 부과 → 강제노동 → 내 신체의 자유를 제약 → 나에 대한 부분적 소유권의 양도. 결국 세금 부과는 국가가 개인에 대한 일부 소유권을 주장하는 것으로 부당하다는 말이다.

그러나 공동체주의자인 마이클 샌델뿐 아니라 자유주의자로 평가받는 존 롤스도 노직의 의견에 동조하지 않는다. 샌델은 체임벌린이나 마이클 조던과 같은 스포츠 스타가 돋보이는 것은 다른 플레이어들과 함께 경기를 하기 때문이므로 그들의 인기는 사회적 결과물이라고 말한다. 개인의 능력만으로 얻은 것이 아니라는 말이다. 따라서 다른 선수들보다 조금 더 잘한다는 이유로 수십 배의 연봉을 책정하는 것은, 자유로운 사적 계약이라도 정의롭지 않다고 한다. 그러한 부당한 계약을 보완하는 가장 간결한 방법은 세금에 의한 재분배다.

또한 롤스는 천부적 재능조차도 운, 즉 우연에 의한 것이므로 온전히 자신의 소유로 주장할 수 없다고 이야기한다. 각 분야의 천재로 태어난 마이클 조던이나 아인슈타인은 연봉 전체를 주장할 수 없으며 이런 천부적 운에 의한 부조화를 바로잡는 방법도 역시 세금에 의한 재분배다. 이들의 논리에 의하면 국가는 정의를 위해서 개인의 소유권과 사적 계약에 개입해야 한다. 이렇게 하버드 세 명의 교수(롤스, 노직, 샌델)는 나름의 관점에서 정의론을 펼치며 논쟁한 바 있다.

자유를 양보하는 사람은 없다

————

노직의 자유지상주의와 롤스의 자유주의 그리고 샌델의 공동체주의 중 누구의 의견에 마음이 끌리는가? 어느 쪽이든 간에 변하지 않는 사실은, '자기 것'을 뺏기고 싶은 사람은 없다는 점이다. 사람들은 사회의 평등을 주장하는 이들이 개인적으로 덜 탐욕스러울 것이라고 착각하는 경향이 있다. 하지만 이들은 향후 소유권의 범주가 법과 제도로 제한되는 사회를 희망하고 그것을 위해 목소리를 내고 투표할 뿐이다. 현재의 정부가 요구하지도 않는 세금을 자진해서 납부할 리가 있겠는가. 샌델이라고 해서 현재 법으로 보장된 자신의 소유권을 순순히 양보할 리 없다.

우리의 일상생활을 돌아보자. 이용당한다고 느낄 때는 내 노력이 다른 사람의 이익을 위해 활용된다고 느낄 때이다. 자신에게도 이익이 되는 것이었다면 그런 느낌을 받지 않았을 것이다. 이럴 때 좋은 게 좋은 거라는 자세로 살아가다가는 이용당하는 게 습관처럼 이어지고 후회가 쌓이게 된다. "조직을 위해 희생하라"라는 말이 더 이상

통하는 사회가 아니다. 제대로 작동하는 조직이라면 누구도 희생할 필요가 없다.

노직에 따르면 나의 시간과 노력이 동의 없이 누군가를 위해 사용되는 것은, 그냥 좋은 게 좋은 것이 아니라 내 소유권을 빼앗기는 것이고 나아가 내 신체의 자유가 훼손되는 것이다. 이럴 때는 당당히 자신의 권리를 차분하고 설득력 있게 주장하기 바란다. 우리 모두는 자유를 조금이라도 침해받고 싶어 하지 않기 때문이다.

2부

나는 잘 살고 있는 걸까?

치유와 관계, '나'를 위한 철학 솔루션

16

자꾸만 내 탓을 하게 될 때

- 바뤼흐 스피노자 -

"IT'S NOT YOUR FAULT"

자학은 남 탓보다 나쁘다

부럽다. 지나간 것을 두고 웬만하면 후회하지 않는 사람들. 이를테면 어제까지 사랑했던 상대와 오늘 헤어져도 며칠 여행 다녀오면 깔끔하게 잊을 수 있는 사람, 그래서 여행 중에 만난 사람과 다시 사랑에 빠질 수 있는 사람. 하지만 이들과 같은 복이 없는 사람들에게 '후회'는 삶을 지배하는 몇 개의 대표적인 감정 중 하나일 것이다.

그런데 후회하는 이들이 보이는 태도는 대략 두 가지다. 늘 남의 탓을 하거나, 스스로를 탓하거나. 당신의 후회는 어떤 종류인가? 남

탓 부류는 어디서든 뒷담화를 시끄럽게 늘어놓기에 주변에서 쉽게 볼 수 있는데, 이들을 진정시키기 위해 혹은 서운함의 화살을 피하기 위해 우린 최소한의 공감을 표하는 데 에너지를 소모해야 한다. 이 부류는 문제가 잠잠해지면 또 다른 후회와 그에 딸린 뒷담화가 이어진다는 특징이 있다. 그러니 기왕에 할 후회라면 자기 발전을 도모할 수 있는 내 탓 부류가 더 낫다.

하지만 후회가 자책으로, 나아가 자학으로 진화하게 되면 남 탓으로 스트레스를 날리는 것보다 오히려 퇴행적인 상황에 처하게 된다. 내면의 상처 때문인데 자학은 보이지 않는 상처를 더 깊숙이 밀어 넣는다. 그런 우리에게 바뤼흐 스피노자가 전하는 메시지는 이 흔적을 치유하는 데 도움을 줄 것이다.

로빈 윌리엄스와 맷 데이먼이 출연한 〈굿 윌 헌팅〉은 무의식에 자리 잡은 자책감이 어떤 것인지 잘 보여주는 영화다. 나는 당시 윌리엄스의 오랜 팬이었고 데이먼이 학창 시절에 직접 각본을 썼다는 이 작품을 감명 깊게 보았다. 최고의 명대사인 "It's not your fault(그건 네 잘못이 아니야)"는 마치 스피노자가 우리에게 건네는 메시지와 같다.

천재적인 두뇌를 가진 윌 헌팅(맷 데이먼)은 폭력을 일삼는 아버지 밑에서 어린 시절 받은 상처로 인해 세상에 마음을 열지 못하는 반항아다. MIT 대학에서 청소부로 일하던 윌의 천재적인 재능을 알게 된 수학과 교수는 그를 수학자로 키우려고 했지만, 윌은 정신적, 심리적인 문제, 폭력적인 성향 등으로 어려움을 겪고 좌절한다. 그러자 교수는 그를 심리학 교수인 숀(로빈 윌리엄스)에게 보내 정기적인 심리 치료를 받게 한다.

숀을 만난 후 조금씩 바뀌어가던 윌은 어느 날 자신의 콤플렉스로 인한 불화로 여자 친구와의 이별을 겪고 방황한다. 그러던 중 약속된 상담일에 숀을 찾아갔다. 윌의 상황을 들은 숀은 힘들어하는 윌을 치료하기 위해 그가 갖고 있는 회한, 좀 더 세밀하게 말하자면 자책감을 풀어주려고 한다. 그리고 윌에 대한 그동안의 심리 데이터와 보고서를 내팽개치고는 마음을 열 때까지 이 말을 반복해서 이야기한다.

It's not your fault. It's not your fault. It's not your fault….

그동안 윌의 치료를 위해 수집한 자료와 거창한 심리 이론이 아니라 이 짧은 문장 하나가 윌로 하여금 자신의 내면을 괴롭혔던 자책감에서 벗어나게 해준 것이다.

인간은 자유롭다고 착각한다
———

그런데 내면의 깊은 상처와 콤플렉스를 갖게 된 게 윌의 잘못fault이 아니라면 누구의 탓이란 말인가? 아버지나 불우한 환경 탓일까? 일 차적으로는 그렇게 설명할 수 있을 테지만 스피노자의 철학은 그보 다 좀 더 근본적인 것을 이야기한다. 윌에게 일어난 모든 일은 우연 이 아니라 필연적으로 그렇게 될 수밖에 없었다는 것이다.

그렇다면 윌이 불우한 가정에서 태어나 아버지로부터 학대를 당한 것도, 그런 환경 속에 배움을 갖지 못했던 것도, 그리고 우연인 듯 보 이는 사건으로 천재성이 드러나 교수의 선택을 받은 것도, 하버드대 생 여자 친구를 사귀다 콤플렉스가 발동되어 헤어지게 된 것도 윌의 의지와 무관하게 펼쳐진 스토리가 된다. 그래서 흔히 스피노자의 철 학에 '자유의지'는 없다고 이야기한다. 영화 속 심리학 교수 숀 역을 만약 스피노자가 맡았다면 윌에게 이렇게 이야기했을 것이다.

너의 의지와 무관하게 넌 그렇게 될 수밖에 없었어. 네 잘못이 아니야. 다시 그 순간으로 돌아간다고 해도 마찬가지로 넌 그렇게 할 수밖에 없 었을 거야.

보통 우리는 일이 지나간 다음에 습관처럼 "그때 그렇게 했었어야 했는데…"라며 후회한다. 그건 내 의지에 따라 다르게 선택할 수도 있 었다고, 즉 나에게 자유의지가 있었다고 생각하기 때문이다. 하지만 운명은 내 손을 떠나 있다. 스피노자는 《에티카》에서 이렇게 썼다.

인간은 자신이 자유롭다고 착각한다. 왜냐하면 자신의 여러 욕망과 충동이 생기는 원인을 모르기 때문이다. 그리고 그 원인이 무엇인지 꿈에도 생각하지 않기 때문이다.

그럴 수밖에 없었던 까닭

우리가 그럴 수 있었다고, 그래서 내 삶이 바뀔 수 있었다고, 그랬다면 내가 지금처럼 궁색하지 않았을 거라고 '착각'하는 건 실제 그때 그렇게 선택하고 행동했던 원인을 모르기 때문이라는 것이다. 그럼 스피노자가 말하는, 우리가 꿈에도 생각하지 않은 그 원인은 무엇이란 말인가?

이걸 이야기하려면 스피노자보다 먼저 살았던 데카르트를 잠시 언급해야 한다. 그는 세상을 두 가지로 단순하게 분류했는데 하나는 정신(이른바 사유실체), 다른 하나는 물체(이른바 연장실체)이다. 연장은 망치 같은 걸 떠올리겠지만, '공간을 점하고 있는 것'으로 이해하면 되겠다(망치도 공간을 점하고 있으니 연장이 맞다). 이를테면 인간은 정신과 육체(물체) 두 가지 실체로 구성된다. 그리고 그 두 실체는 하느님이 창조했으니 결국 데카르트는 세상을 크게 세 가지로 나눈 것이다. 정신, 물체, 그리고 그 모든 것을 창조한 신.

스피노자는 데카르트의 발상을 이으면서도 세 존재의 상호 구도가 마음에 들지 않았다. 여기서 '실체'란 다른 것에 의존하지 않고도 스스로 존재하는 걸 의미한다. 스피노자는 신 말고 그런 존재는 없기 때문에 정신과 물체를 신과 독립적인 실체로 설정하기는 곤란하다고 생각했다.

따라서 스피노자는 신을 유일 실체로 놓고 새로운 세계를 그려냈는데, 정신과 물체는 신에 의존하는 것으로 신 안에 위치시키고 신의 '속성'이라고 부른 것이다. 이를테면 인간도, 동물도, 식물도, 햄버거도, 치킨이나 맥주도, 인간이 만들어낸 스마트폰도, 그리고 인간의 정신도 모두 신 안에 있다.

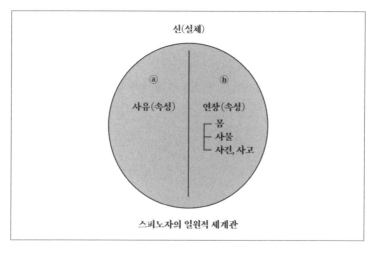

스피노자의 일원적 세계관

* 실체는 오직 신 하나다.
* a와 b는 신의 속성으로 신을 드러낸다.
* a와 b에 대해 더 많이 알수록 신을 더 잘 알게 된다.

결국 스피노자가 말한 우리가 꿈에도 생각하지 못한 그 원인은 '신', 혹은 '신의 섭리'다. 앞서 그린 원 안에서 펼쳐지는 모든 것들은 섭리에 의해 그렇게 될 수밖에 없다. 신 안에 모든 것들을 넣었다는 것은 달리 말해 '모든 것 안에는 신이 있다'는 것을 의미한다. 모든 것을 신이 창조했고 그것들이 신의 섭리에 의해 펼쳐진다는 말과, 모든 것 안에 신이 존재한다는 것은 같은 것이 아니다. 후자가 사물들 사이의 관계성이 더 강한데 이것을 스피노자의 범신론이라고 한다. 스피노자는 이 범신론으로 사건과 사건 사이를 원인과 결과의 관계로 연결했고, 그 매듭을 느슨하게 한 것이 아니라 '필연적'으로 당겨 묶었다.

스피노자는 후회하지 않는다

———

아버지를 떠나보낸 지 1년이 되었다. 자연 그대로를 좋아하시며 좀처럼 병원에 가지 않으시던 분이다. 언제 한번 검진하러 가시죠, 말만 하고 실행하지 않았다. 어느 날 어머니로부터 아버지가 요즘 식사를 하지 못하신다는 말씀을 들었다. 어리석은 아들은 그제서야 병원으로 모셨고 위암 말기, 수술 불가, 3개월 여명이라는 귀가 멍해지는 정보들을 연이어 들어야만 했다. 평생 아프거나 불편한 것을 내색하지 않으셨던 아버지는 그날도 표정의 변화가 없으셨다. 그리고

10개월을 더 사셨다. 다른 모든 것이 건강하셨기에 수술의 시기를 놓쳤던 것이 두고두고 후회스러웠다.

그런데, 정말 내 탓이 아닐까.

스피노자를 찾는 사람이 늘어난 데는 이유가 있다. 과거 때문에 미래 때문에 지금을 살지 못하는 사람들이 너무 많아서다. 그의 철학은 지금, 여기에 집중하게 한다. 어차피 과거든 미래든 결정되어 있기 때문에 지금을 희생시키지 않아도 된다.

하지만 그의 결정론은, 후회에서 벗어나게 해줄 수는 있지만 인생을 허무하게 만들 수도 있다. 만약 그냥 그런 이야기로 끝났다면 스피노자의 철학은 음울한 염세주의가 되었을 것이다. 그러나 그는 지금, 여기에서 우리가 해야 할 다음 두 가지 의무를 함께 이야기한다.

첫째, 부지런히 공부해서 인과관계를 파악하라.

모든 사물, 인간사 일들은 신의 속성을 보여주고 있기에 그에 대해 아는 만큼 신을 더 잘 알게 되고 더 행복해진다. 이렇게 스피노자의 철학은 이성의 철학, 앎의 철학이다. 그리고 그는 실패가 우리를 더 지혜롭게 만든다고 했다. 후회할 시간에 실패의 원인을 파악하는 것이 현명한 자세다.

둘째, 지금 행복해져라.

《에티카》에는 인간의 여러 감정에 대한 스피노자의 해설이 있다. 그런데 단순성을 발휘하는 근대 철학자답게 스피노자는 온갖 감정들을 둘로 나눈다. 좋은 감정과 나쁜 감정. 기쁘고 즐거운 감정은 좋은 것이고 슬픈 감정은 나쁜 것이다. 사람은 원래 생명력을 지속하고 그 힘을 확장하려는 의지를 갖고 있는데 기쁨의 감정은 그런 인간 본래의 모습에 맞는 감정이다. 반면 슬프면 축 처져서 생기가 없어지는데 그것은 우리의 생명력을 감소시키므로 나쁘다. 물론 이 분류에서 후회는 나쁜 감정이다. 그래서 스피노자는 후회하지 않는다.

나는 아버지와의 이별이 여전히 슬프다. 하지만 기쁘고 즐겁고 행복하게 살아가는 것 또한 나에게 주어진 의무이기에 '지금'으로 시선을 돌린다. 돌아가신 아버지도 아들의 자책을 원하지 않으시리라. 동양에도 과거와 미래에 매이지 않는, 지금의 철학을 반영한 말이 있다. "진인사 대천명盡人事 待天命." 그렇게 지금 최선을 다하고 결과는 하늘에 맡기려 한다. 그리고, 후회는 하지 않으련다.

17

진보인지 보수인지 궁금할 때

- 윌리엄 제임스 -

당신은 당신일 뿐이다

리비도는 프로이트에게 무엇이었을까

———

철학이나 심리학에 어느 정도 관심이 있는 독자라면 프로이트와 융을 모르지 않을 것이다. 둘의 만남을 다룬 영화 〈A Dangerous Method〉는 융의 회고록 《기억, 꿈, 사상》을 토대로 만든 것이다. 이 작품의 한 대목을 융의 입장에 서서 소개하겠다.

역사에 획을 그은 대부분의 사람들이 그렇듯 프로이트가 꿈을 해석하는 방식도 당시 큰 화제와 논란을 낳았다. 지금도 사람들은 꿈을 꾸면 그것으로 미래를 예측하려는 경향이 있는데, 프로이트는 꿈에서 미래의 것을 배제하고 그것이 '현재 무의식'의 세계를 보여준다는 주장을 펼쳤다. 그리고 꿈과 무의식의 분석에 오이디푸스콤플렉스 같은 신화를 끌어왔고 마침내 성적 본능을 의미하는 리비도libido를 내세워 정신분석의 핵심 개념으로 정립했다. 이것이 내면에서 부지불식간 우리를 억압하고 있다는 것이다.

융은 당시 화제작이었던 《꿈의 해석》을 읽으면서, 리비도가 당시 자신의 임상실험에서 나타난 문제를 풀어줄 열쇠가 될 수 있다고 생각했다. 융이 활용한 '단어 연상 실험'은 환자에게 어떤 단어를 제시해서 떠오르는 것을 이야기하게 하는 것으로 그 과정을 관찰하여 내면의 상태를 파악하는 것이다. 환자들은 어떤 단어에 대해서 연상되는 것을 전혀 떠올리지 못하거나 반응 시간이 매우 길어지는 이른바 연상 장애를 보였는데, 융은 프로이트가 발견한 리비도가 이것의 원인일 수 있다고 여긴 것이다. 그때부터 융은 주변의 만류에도 불구하고, 당시 학계의 이단아로 치부되었던 프로이트를 인용한 논문을 계속 발표했다.

그러던 융은 1907년 빈에서 처음 프로이트를 만나게 되었고 오후 1시에서 새벽까지 13시간을 토론했다. 기대했던 대로 프로이트는 정말 탁월한 사람이었지만 한 가지가 문제였다. 과연 인간 내면의 문제를 모두 성적 억압 혹은 트라우마로 한정지을 수 있는가였다. 융은 사회 부적응, 경제적 어려움, 육체의 장애, 사회적 체면 등 여러

다른 요인들을 이야기했지만 프로이트는 성욕 이외의 다른 것을 원인으로 받아들이지 않았다. 그러나 융이 보기에 프로이트의 성 이론이 모든 것을 설명할 수 있는 것은 아니었다. 벽에 걸린 미술 작품을 보고도 그것이 억압된 내면의 성욕이 드러난 것이라고 프로이트가 이야기할 때 융은 받아들일 수가 없었다.

이후 융은 프로이트와 교류하면서 뭔가 이상한 점을 발견했다. 너무도 비판적이고 예리한 프로이트가 유독 성 이론을 말할 때는 어조가 급해지고 때로 초조해하기까지 했다. 어느 날 프로이트는 이렇게 말했다. "융, 성 이론을 버리지 않겠다고 나에게 약속하십시오. 우리는 이 이론을 가지고 하나의 교리를 만들어야 합니다. 흔들리지 않는 보루를요." 융은 이 순간을 이렇게 회고한다.

프로이트의 말투는 마치 아버지가 "사랑하는 아들아, 일요일마다 교회에 가겠다고 아버지에게 약속해다오" 같은 느낌이었다. 항상 비종교성을 강조해온 프로이트가 일종의 교리를 준비한 것이었다. 그는 신 대신에 '성적 리비도'라는 것을 넣었던 것이다. 프로이트는 잃어버린 신을 위에서 찾는 것이 아니라 신체의 아래에서 찾은 것이었다.

이후 융은 점차 프로이트와 멀어졌고 심층심리학자로서 자신의 독자적인 길을 가게 되었다.

종교란 무엇인가

진보와 보수에 대한 이야기를 기대했는데 뜬금없이 정신분석학계 두 거목의 만남과 헤어짐, 그리고 종교 이야기가 나와서 의외였을 것이다. 결론부터 말하면, 현대 종교학 분야에서 다루는 종교의 범위는 확장되어 있어서 '-주의', '-이즘'과 같은 신조나 이론 또한 넓은 의미의 종교가 될 수 있다는 점을 이야기하고 싶었다.

보통 종교라고 하면 일요일에 교회나 법당 등 어디론가 가서 의식을 치르는 모습을 떠올릴 것이다. 그와 달리 매주 빨간 날 집에만 있거나 나들이 떠나는 사람은 자신은 종교와 아무런 관련이 없다고 생각할 것이다. 물론 기독교, 불교, 천주교와 관련이 없는 건 맞지만 종宗의 가르침敎은 그곳에만 있지 않다.

잠시 종교의 사전적 뜻을 보면 종宗은 종갓집, 종법, 종묘 등에서 쓰는 종으로 근원, 근본, 으뜸이라는 의미다. 종갓집 며느리가 김치를 잘 담그는 것은 거기서 배워서이고 밖에 나가서 누가 뭐라고 해도 자기 방식을 고집하는 건 자신의 종이 최고라고 생각하기 때문이다. 유일신을 믿지 않고 사후 세계에 대해 생각하지 않는다고 종교와 무관하다고 생각하는 순간 우리가 믿고 있는 다른 형태의 종에 대해 인식하지 못하게 된다. 어떤 인간이라도 과학으로 검증되지 않는 종에 대한 믿음이 있는데 종갓집 며느리에게는 김치 담그는 법, 프로이트에게는 리비도가 그런 것이다. 인간은 역사적으로 호모 사피엔스sapiens이기 전에 호모 릴리기오수스religiosus이기 때문이다.

'종교적 인간'에 대해 이해해기 위해서 윌리엄 제임스를 소환하려고 한다. 약간 생소한 이름일 수 있으나 현대 심리학과 종교학의 아버지, 퍼스, 듀이와 함께 실용주의의 개창자로 불릴 만큼 20세기 학문의 정립과 연구 방향에 막대한 영향을 준 인물이다.

저서《종교적 경험의 다양성》에서도 이 세 가지 특징(심리학, 종교학, 실용주의)이 드러난다. 우선 종교에 대해서 "삶에 대한 인간의 총체적인 반응", "궁극적, 절대적인 것과의 관계"라고 정의하여 범위를 넓혔다. 그런데 누군가 절대적이라고 믿는 것이 작용하는 곳은 결국 인간의 심층적인 잠재의식, 무의식의 세계이므로 "종교 현상이란 곧 심리 현상"이라고 했다. 중요한 건 절대적인 것이 객관적으로 존재하는지의 여부가 아니라, 존재한다고 믿는 사람의 심리 현상이라는 것이다.

개별적인 인간들이 신적인 것을 무엇이라고 생각하든지 간에 그것과 연관해서 그들 자신들이 이해하고 있는 한, 종교는 개인적 상태에 있는 그들의 감정, 행위, 그리고 경험을 의미할 것이다.

그리고 제임스는 종교에 대해서도 그의 실용주의를 접목했다. 어떤 종교의 가치는 그것을 믿는 사람의 삶을 얼마나 나은 상태로 이끌어주는지의 실용성에 달려 있다고 말했다. 그러니 당신이 보수이든 진보이든 중도이든, 아니면 아무것도 아니든 그것은 중요하지 않다. 어떤 것을 매우 중요한 신조로 받아들였을 때 그것이 얼마나 삶에 의미 있는 열매를 제공해 주는지가 중요한 것이다.

진보와 보수를 표방하기 전에

———

혹시 이 글을 통해서 진보와 보수가 무엇인지 설명을 듣고 스스로를 어느 한쪽에 소속시키려는 분이 있었다면 실망스러울 수도 있다. 나는 제임스의 관점에서 내용이 아니라 '그것에 대한' 이야기를 하려는 것이기 때문이다. 제임스는 종교 생활에서도 교리 그 자체보다 개별적인 체험을 중요시해서 이렇게 말했다.

> 건포도라는 단어 대신에 실제 건포도 한 개를, 달걀이라는 낱말 대신에 실제 달걀 한 개를 식단에 올려놓는 것은 식사로는 부적합하지만 그것은 적어도 실재의 시작일 수 있다.

마치 중세의 실용주의자 윌리엄 오컴의 목소리를 듣는 것 같지 않은가. 굳이 오컴이나 제임스를 소환하지 않아도, 건포도나 달걀에 비해 진보와 보수는 한없이 실체가 모호한 개념이다. '나간다는 것'과 '방어한다는 것' 말고는 '무엇을, 언제, 어디에서 어디로' 이런 것이 모두 생략되어 있어서 구체성이 결여된, 매우 추상적인 개념이기 때문이다. 따라서 이 개념이 의미를 가지려면 구체적인 삶의 체험과 관련지어서 생각해 보아야 한다.

자동차로 이야기해 보자. 지금은 찾아볼 수 없지만 그랜저의 초기 모델은 각이 진 형태여서 단종된 후에는 '각그랜저'라고 불렸다. 한 동안 이 각그랜저를 고수하던 마니아들이 있었는데 이처럼 경제적인 여건을 떠나 잘 관리해서 오랫동안 타고 다니는 것을 생활의 멋으로 여기는 사람이 있다. 반면 좀 타다가 중고차로 팔고 계속 새 모델을 구입하는 이들도 있다. 자가용 구매에 관한 한 전자는 보수적이고 후자는 진보적이라고 할 수 있다.

대상을 바꿔서 애인을 놓고 이야기해 보자. 이성 친구와 헤어진 후에 추억을 떠올리며 오랫동안 집착해서 새로운 사랑에 좀처럼 마음의 문을 열지 못하는 스타일이 있다. 반면 깔끔하게 잊을 수 있어서, 마음의 상처를 빨리 잊고 싶어서, 갑자기 생긴 빈자리를 인내하지 못해서 즉각 새 사랑을 찾아 나서는 사람도 있다. 이유가 무엇이든 애인을 만드는 측면에서 전자는 보수적이고 후자는 진보적이라고 말할 수 있다.

이제 자동차 구매와 애인 만들기 사이의 관계성을 보자. 너무 당연한 이야기겠지만 오래된 각그랜저의 멋을 추구하는 사람이라도 애인을 사귀는 것에는 매우 진보적일 수 있다. 실체는 나와 내가 경험

이제라도 삶을 고쳐 쓸 수 있다면
186

하는 현실이지, 보수나 진보가 아니기 때문이다. 그런 것들은 그저 타인이 나를 설명하는 하나의 기준일 뿐이다. 우리 모두는 내면이 상당히 복잡한 존재들이다. 누군가가 "당신은 보수(진보)야!"라고 규정해 버리면 "당신이 나에 대해서 뭘 안다고 함부로 규정해!"라는 반응이 오히려 당연한 것일지도 모른다.

이제 사회 이슈로 화제를 돌려보자. 성소수자 문제, 환경 문제, 교육평준화 문제, 대북 문제, 기본소득 문제. 나는 이 다섯 가지에 대한 나름의 생각이 있다. 하지만 언론에서 통용되는 진보, 보수의 프레임을 적용해 보았을 때 입장은 일관적이지 않다. 그저 사안마다 드는 느낌이나 생각이 있을 뿐이고 시간이 지나면 바뀌기도 한다. 누군가가 왜 당신은 정체성이 모호하냐고 묻는다면, 나는 오히려 그런 다양한 사회문제에 하나의 규격화된 프레임 안에서 모든 대답을 하는 그 사람에게 어떻게 그럴 수가 있는지 묻고 싶다.

만약 열 가지 사회 이슈에 대해 열 가지 답을 어떤 프레임하에서 똑같이 답하는 사람이 있다면, 아무래도 나는 그 사람을 지도하는 하나의 강력한 종이 작용하고 있다고 의심하지 않을 수 없다. 특정 종교의 신앙인과 때로 대화를 지속하기 어려운 경우와 다르지 않다.

그러니 자신을 진보나 보수라고 스스로를 규정하고 남들에게 이야기하기 전에 그것이 자신의 종으로서 작용하는 것인지 돌아볼 필요가 있다. 이것이 이 글에서 전하고 싶은 결론이다.

종교는 열매를 맺어야 한다

———

많은 비종교인들은 종교의 부정적인 이미지를 떠올리곤 한다. 하지만 제임스는 종교적 삶을 장려하면서 당신이 어떤 종교적 믿음을 가지고 있더라도 그것이 삶에 유용함을 줄 수 있어야 한다고 말한다. 여기에서의 유용함은 단순히 행복의 증진을 이야기하는 것이 아니다. 때로 두려움, 부끄러움, 좌절감 등의 감정을 낳더라도 그것이 궁극적으로 우리를 더 고양된 삶으로 이끈다면 더 큰 실용성을 갖게 된다. 그래서 개인적인 체험을 강조한 것이다.

그럼 제임스가 말한 종교의 실용성 기준에서 나쁜 종교는 어떤 것일까? 다른 믿음을 인정하지 않고 나아가 그에 분노하여 공격하고 급기야 전쟁을 불사하여 모두를 피폐하게 만드는 것이 아닐까. 유일신교를 조롱하면서 반종교인들 사이에 스타로 부상한 리처드 도킨스 역시 종교의 해악에 대해 늘 이야기한다. 《만들어진 신》에서 그는 종교 자체를 미개한 믿음이라며 이렇게 정의했다. "누군가 망상에 시달리면 정신이상이라고 한다. 다수가 망상에 시달리면 종교라고 한다."

한편 도킨스에게는 불편한 분석이지만, 최근에는 도킨스가 교주가 되어 무신론이라는 종교를 이끌고 있다는 비판이 대두되고 있다. 비종교인과 무신론자는 다르다. 전자는 종교를 믿지 않는 사람이고 후자는 종교인들을 비판하기 위해 결집한 또 다른 종교인이라는 것이다. 제임스는 "그리스도 교의에 대한 더욱 극심한 반대자들은 심리학적으로 생각해 볼 때, 종교적 열정과 구별할 수 없는 기질을 종종 보여준다"라고 말했다. 1910년에 사망한 제임스가 이후 탄생한 도킨스의 무신론교를 예견했다는 것이 놀랍지 않은가.

무언가를 제거하고 조롱하기 위해서 결성된 종파는 제임스의 실용성 기준에서 큰 흠결을 갖게 된다. 보수와 진보가 만약 넓은 의미의 종교에 해당하는 것이라면, 그런데 서로를 제거하고 조롱하기 위해서 혈안이 되어 있다면 역시 큰 흠결을 갖게 된다. 그 진영 내에 있는 사람이 만약 그런 전투적인 자세의 삶으로 희열을 느끼고 개인적 삶을 고양시켰다 하더라도 제임스는 그 체험을 바람직한 것으로 보지 않을 것이다. 그것은 제임스가 수많은 종교를 분석하면서 공통적으로 추출한 모범적인 종교인의 모습에 해당하지 않기 때문이다.

나는 나일 뿐이고 당신은 당신일 뿐이다

———

제임스는 진영 논리를 거부하고 개인성을 강조한다.

우리 가운데 단 두 사람도 동일한 어려움을 공유하지 않으며 똑같은 해결책을 궁리해 내리라고 기대해서는 안 된다. 모든 사람은 자신만의 독특한 관점을 갖고 있기 때문에 독특한 방식으로 다루어야만 한다.

이처럼 우리 모두는 각자 체험이 다르고 심리가 다르고 문제에 대한 접근법도 다른 '완벽한 개인'이다. 다음은 제임스의 다른 책《심리학의 원리》에서 인용했다.

두 명의 사람이 만나면 6명이 존재하는 것과 다름없다. 각자가 자기를 보는 대로, 또 타인이 자신을 보는 대로, 그리고 자신 그대로의 자신이 존재하기 때문이다.

이를테면 A는 스스로를 진보라고 생각하는데 B는 A를 보수라고 생각할 수 있고, 그런데 진실은 이도 저도 아닐 수도 있다. 우리 스스로를 '무엇'이라 규정하는 것은 실제 자신의 모습과 일치하는 것도 아니고 크게 유용한 것이 아닐 수 있다는 것을 시사한다. 중요한 것은 그저 자신의 구체적인 삶의 체험과 그에 따른 심리이지, 어떤 진영이나 프레임이 아니다. 종갓집 며느리라도 종갓집 레시피대로 김치를 담가야 할 필연적인 이유는 없으며 우리 역시 진보, 보수의 프레임에 따라가야 할 필연적인 이유는 없다.

훈련소에 입소한 첫날이 떠오른다. 가족들과 자장면을 먹고 헤어져 연병장에 집결해서 제일 먼저 했던 일이 종교를 나누는 것이었다. 지휘관은 먼저 군사훈련을 거부하는 것으로 알려진 여호와의 증인이 있으면 앞으로 나오라고 했다. 한 명이 나갔고 그는 순순히 영창으로 끌려갔다. 그다음 천주교, 개신교, 불교로 헤쳐모여를 했는데 아무 쪽에도 가지 않고 멀뚱히 서 있던 전우들은, "이런 박쥐 같은 녀석들"이라는 말과 함께 최초의 얼차려를 받은 후 뒤늦게 세 곳 중 하나로 달려갔다. 당시 군대에서는 다른 종교를 가질 권리도, 그냥 아무 종교도 없이 살아갈 권리도 주어지지 않았던 것이다.

요즘 어디를 가든 특히 선거가 가까워질 때면 세 개도 아니고 두 개 중 하나를 물어오곤 한다. 잘 모르겠다고 하거나, 어느 쪽도 아니라고 하면 박쥐 보듯 처다보는 사람도 있다. 어떤 이슈에 대해 나름의 생각을 이야기하면, 계시에 의해 어느 돌 밑에 가서 발견한 경전에 적혀 있는 계명을 읽기라도 한 양, 나를 같은 편 혹은 다른 편으로 규정해 버리곤 한다.

우리 스스로를 '-주의자'로 규정하기 전에 몇 가지 확인할 필요가 있다. 융은 프로이트가 신체 아래쪽(성적 욕망)에서 새로운 신(리비도)을 찾았다고 했다. 그렇다면 탈종교의 시대를 살아가는 우리들의 신은 무엇인가. 그리고 그 종은 우리에게 무엇을 지시하고 있는가. 그 종과 나와의 관계는 실용적으로 내 삶의 문제를 해결해 주고 있는가. 내 삶을 고양시키고 있는가. 그리고 혹시 나는 다른 믿음을 가진 사람을 악으로 규정하고 싸우고 있지는 않은가.

18

예민한 내가 싫을 때

- 존 스튜어트 밀 -

당신이 더 행복하다

윤동주는 예민하다

요즘 우리 집 아이와 함께하는 취미 활동이 있다. 시를 낭송하고 유튜브에 올리는 것. 교육 차원에서 시도했는데 내가 선창하고 아이가 따라 하다 보니 덩달아 낭송에 참여하게 되었다. 시를 눈으로 읽는 것과 읽으며 귀로 듣는 것은 확실히 다르다는 걸 경험해 본 사람은 알 것이다. 그것이 힐링의 힘이 있다는 것도.

며칠 전에는 〈서시〉와 〈별 헤는 밤〉을 작업했다. 이 시들이 아름다운 것은 하늘과 바람과 별 때문만은 아니다. 그것들과 함께 시인의 부끄러움이 있기 때문이다. 그는 무엇이 그리 부끄러웠던 것일까. 대단한 잘못을 해서가 아니라 작은 바람에 잎새가 흔들리는 것을 보고 또 밤을 새워 우는 벌레 소리를 듣고 그리 느낀 것이다. 그렇게 한국 최고의 애송시는 시인의 예민함으로 탄생했다.

요즘 예민하다는 말은 까탈스럽다는 느낌을 주어서 대인 관계에 좀 문제가 있다는 의미로 사용된다. 그런 사람은 인간관계 말고 내적으로도 고민이 많고 상처도 잘 받아서 행복한 이미지와는 거리가 있어 보인다. 하지만 윤동주는 어떤가. 그는 불행한가.

예민함과 행복의 상관관계를 따져보기 전에 감정을 좀 더 구체화하려 한다. 존 스튜어트 밀은 즐거움(쾌락)의 감정을 단순한 만족감과 행복으로 구분했다.

만족하는 돼지보다 불만족스러워하는 인간이 낫다. 또 만족하는 바보보다 불만을 느끼는 소크라테스가 낫다.

이것을 "죽는 날까지 하늘을 우러러 한 점 부끄럼이 없기를/잎새에 이는 바람에도 나는 괴로워했다"에 적용해 보면 부끄럼은 '불만'에, 시인은 '불만을 느끼는 소크라테스'에 해당할 것이다. 밀은 즐거움에서 계급을 나누는데, 비록 배부르고 등 따스한 만족이 없다 하더라도 불만족 가운데 차원 높은 무언가가 있다는 것이다. 그 무언가가 바로 밀이 염두에 둔 궁극적인 행복인데, 밀은 이 문장에서 은

연중 우리에게 선택을 강요하고 있다. 우리는 돼지가 될 것인가, 소크라테스가 될 것인가.

만족과 행복이 다른 두 가지 이유

밀이 행복과 만족의 감정을 구분한 이유를 알기 위해서는 그의 공리주의를 이해할 필요가 있다. 공리주의는 즐거움(쾌락)이 있는 상태, 또는 고통이 없는 상태를 기준으로 옳고 그름을 나눈다. 어떤 행동이든 그런 상태를 만들거나 강화하면 옳은 것이 되고 반대의 상태를 낳을수록 옳지 못한 것이 된다. 그래서 창시자인 제러미 벤담은 '최대 다수의 최대 행복'이라는, 즉 행복의 총량을 계산해 보자고 제안했다. 참으로 간단명료하지 않은가? 그때까지 복잡하고 난해한 철학에 시달린 사람들은 이 이론을 듣고 매력을 느끼지 않을 수 없었을 것이다.

그런데 벤담의 후계자인 밀은 즐거움에도 격이 있다고 생각했다. 그래서 "다른 것을 평가할 때는 양과 질을 함께 고려하면서 쾌락을 평가할 때 오직 양만 따져보는 건 곤란하다"고 말했다. 밀과 같은 이른바 '질적 공리주의자'에게는 행복이라고 다 같은 행복이 아니고 즐거움이라고 다 같은 즐거움이 아니다. 밀은 이 가운데 급이 좀 떨어지는 것을 '만족content'이라고 표현했다.

사실 우리는 의식하지 않았을 뿐이지, 만족과 행복의 차이에 대해 어릴 때부터 많이 경험해 왔다. 이를테면 하루 종일 게임만 하면 행복할 거라고 생각한 적이 있을 것이다. 하지만 한계효용체감의 법칙으로 이해해 볼 때 게임을 계속하면 즐거움의 지속성이 떨어지고 결국에는 싫증이 나기 마련이다. 그 상태에서 관성으로 계속하면 내가 뭘 하고 있는지 모르겠다는 한심함까지 느끼게 된다. 그러니 게임의 즐거움이 과연 진정한 행복인지 물어보면 주저하게 된다.

이 '즐거움의 지속성'은 공리주의자들이 생각하는 행복의 몇 가지 기준 중 하나다. 물론 밀이 살았던 시대에는 온라인 게임중독이 없었으니 그가 게임을 언급한 것은 아니지만 독서에 대해서는 이야기했다. 독서는 아무리 지속해도 자괴감에 빠지지 않는 즐거움을 준다고.

만족과 행복을 가르는 또 다른 기준은 즐거움을 향유하는 자의 '능력의 차이'다. 밀의 기준에서 행복은 아무나 추구할 수 없다. 아무나 추구할 수 있는 즐거움이 있고 특별한 이들만 추구하는 즐거움이 있다?

행복과 만족은 전혀 다르다. 즐거움을 향유하는 능력이 낮은 사람일수록 손쉽게 만족을 느낀다. 반면 수준이 높은 사람은 자신이 도달할 수 있는 행복은, 언제나 불완전할 수밖에 없다고 느낄 것이다. 그러나 그런 불완전한 것을 감내할 만하다면 그는 그것을 참는 법을 배우게 될 것이다.

이런 만족의 예를 떠올려보자. 둘이서 서울의 40평대 아파트에서 살며 명품 옷을 입고 벤츠를 타면 좋다는 것은 누구나 알며, TV에서 소개된 맛집을 찾아가서 먹으면 누구나 입이 즐겁다. 이처럼 만족감을 느끼는 데는 특별한 능력이 필요하지 않다. 쉽게 얻지 못해서 그렇지 주어만 진다면 그것을 향유하는 데 어떤 어려움이 있겠는가.

반면 만족보다 높은 차원의 즐거움, 즉 행복은 아무나 느낄 수 있는 것이 아니다. 일단 어떤 가치를 가슴에 품어야 한다. 그리고 그 가치가 가리키는 차원에 도달하기로 결심한 사람은 당연히 현실에서 불완전함을 느낀다. 불완전함은 무던하지 않고 예민한 사람일수록 크게 느끼게 되는데, 다시 말해 어떤 상황에서 불만족스러운 상황에 처하게 된다. 하지만 밀에 따르면 수준이 높은 사람은 그럼에도 그 불편한 상황을 인내할 줄 안다.

행복하려면 가치를 품어야 한다

———

그런데 공리주의는 동기보다 결과에 관심을 갖기 때문에 이런 인내의 열매에 대해서도 검토할 필요가 있다. 언제까지 인내하면 될까?

불만족한 소크라테스가 그 상황을 인내하고 언젠가 추구하던 것을 이루면 끝내 만족하게 될까? 아마도 그렇지 않을 것이다. 현실에서 죽음의 독배를 든 순간 그는 여전히 만족이 아닌 가치를 추구하고 있다.

부끄러워하는 윤동주는 그 순수함의 열망으로 언젠가 부끄럼을 벗어나게 될까? 그렇지 않을 것이다. 스물여덟이라는 짧은 생을 살지 않았더라면 아마 그는 사는 날까지 부끄러움을 간직하며 살았을 것이다. 그들은 추구하는 가치가 있었고 게다가 예민했기 때문에 인내하고 노력하더라도 늘 만족할 수 없는 상황에 처했을 것이다. 하지만 그들은 밀의 관점에서 행복했을 것이다.

행복을 위해 어떤 가치를 품어야 할까? 밀의《공리주의》를 읽어보면 행복을 향유하는 능력을 갖춘 사람은 대체로 지적, 도덕적, 종교적 성격의 가치를 추구한다는 것을 알 수 있다. 내 아이와 다음에 낭송할〈십자가〉의 한 대목을 보면 그 가치의 성격을 느낄 수 있다.

괴로웠던 사나이
행복한 예수 그리스도에게처럼
십자가가 허락된다면

모가지를 드리우고
꽃처럼 피어나는 피를

어두워 가는 하늘 밑에

조용히 흘리겠습니다.

- 윤동주, 〈십자가〉

시인은 괴롭지만 행복한 사나이를 꿈꾸고 있다.

예민함의 날을 어디로 향하게 할 것인가

─────

예민한 것은 그 자체 좋은 것도 나쁜 것도 아니며 굳이 노력한다고 해서 생기는 것도 없어지는 것도 아니다. 다만 그 예민함과 섬세함을 어떤 방향에 배치하느냐는 그 사람을 단지 불만에 빠진 사람으로 만들 수도, 그럼에도 불구하고 차원이 높은 즐거움을 추구하는 사람으로 만들 수도 있다.

　보통 예민한 사람에게 하는 조언이 "단순하게 생각해!"이다. 그러나 인문학을 공부하는 입장에서 그것은 좋은 해법이 아니다. 사람은 단순하게 살자고 다짐한다고 단순해지지 않고, 예민해지지 말자고 해서 그 감각이 두루뭉술해지지 않기 때문이다. 위층 사람의 발자국 소리를 의식하지 않겠다고 다짐할수록 그 소리가 더 크게 느껴지는 법이다. 그럼 어떻게 해야 하나? 예민해지지 않으려고 노력하는 것보다 차라리 예민함의 감각을 아파트 위층보다 더 높은 곳에 배치하는 편이 낫다.

만약 당신이 어떤 가치를 추구하는 차원 높은 삶을 결단한다면, 예민함은 당신의 등급을 끌어올릴 것이고 비록 불만족이 있다 하더라도 그 삶을 포기하지 않을 것이다. 밀의 분석을 따르자면 인간의 본성은 한번 올라가면 낮은 곳으로 가려 하지 않기 때문이다.

능력이 월등한 존재일수록 보통 사람보다 더 예민하게 고통을 느낄 뿐아니라 고통을 당하기도 훨씬 쉽다. 이런 어려움에도 능력이 뛰어난 사람은 낮은 등급의 삶의 방식에 빠져들 생각을 결코 하지 않는다.

행복을 향유하는 것은 능력의 문제이고, 차원 높은 삶의 맛을 한번이라도 본 사람은 비록 고통을 느낄지라도 결코 예민함을 버리지 않는다는 말이다. 한번 소크라테스가 된 사람이 결코 돼지가 될 리 없듯이.

19

효과적인 독서법이 궁금할 때

- 왕수인 -

자신에 대한 각주를 써라

가지와 잎 때문에 뿌리가 난 것이 아니다

일전에 독서법 책을 찾는 사람들이 많다는 얘기가 있어서 바로 검색을 하고 출간된 책의 양에 좀 놀란 적이 있다. 이후 도서관, 서점에서 몇 권 눈에 띄었다. 왜 인문고전을 읽어야 하는지 이유를 역설한 책, 어떻게 하면 빨리 읽을 수 있는지 방법을 말한 책, 효과적인 독서의 습관을 제시한 책, 또 교육용으로는 중학교 가서 성적 잘 나오게 만드는 초등학생의 독서 전략을 말한 책 등이었다.

머리도 식힐 겸 가볍게 읽어보면 도움이 될 수 있고 도움이 안 되면 안 되는 대로 자신에게 맞는 방법을 찾는 계기로 삼을 수도 있을 것이다. 다만 나는 이들 책에서 공통적으로 불편하게 느낀 것이 있는데 이들이 있다고 전제한 '모델'들 때문이다. 이를테면 세계를 움직이는 리더들은 인문고전을 읽으니 당신도 그리 되려면 읽으라는 권유다. 또 천 권인지 만 권인지 읽은 사람이 있다는 것, 또 어떤 독서법을 거쳤더니 몇 년 후에 학교 성적이 우수하게 된 누군가가 있다는 사례다. 뭐, 무엇이 특별히 문제이겠는가.

그런데 누군가 여행을 가서 최대한 많은 유적을 보고 돌아올 수 있는 방법을 이야기했다고 하자. 그 노하우는 나름대로 도움이 되는 정보일 테다. 하지만 관련 학문을 연구하거나 특별한 취미를 갖고 있지 않은 이상 여행을 가서 유적을 보게 되는 것이지, 유적 때문에 여행을 가는 것은 아니다. 마찬가지로 읽다 보니 요령이 생겨서 몇 권 더 읽게 되는 것이지, 수험생이 아닌 이상 읽어야 할 정해진 분량이 어디에 있겠는가. 또 냉정하게 주변을 둘러보면 굳이 리더가 되고 싶지 않은 사람도 많다. 그러니 리더의 욕망을 자극해서 독서를 독려할 필요도 없다. 또 독서를 하니 독해력이 늘어서 성적에 도움이 되는 것이지, 나중 성적을 위해서 어릴 때 독서를 권장하는 건 아니다. 논리학에서는 이런 것을 두고 '원인과 결과를 혼동하는 오류'라고도 한다. 양명학의 창시자인 명나라 왕수인은 이렇게 말했다.

나무에 비유하면 효도하는 마음은 뿌리이고 허다한 조목들은 가지이고

잎이다. 먼저 뿌리가 있고 나서 가지나 잎이 있는 것이지, 먼저 가지와 잎을 찾은 다음에 뿌리를 심는 것이 아니다.《예기》에 "효심이 깊은 자는 반드시 온화한 기운이 있고 그 기운이 있으면 반드시 유쾌한 안색이 있으며, 그런 자는 반드시 멋이 있다"고 했다. 모름지기 그 뿌리에 사랑이 있는 사람은 자연스레 그렇게 되는 것이다.

譬之樹木 這誠孝的心便便是根 許多條件便枝葉. 須先有根 然後有枝葉 不是先尋了枝葉 然後去種根. 禮記言 孝子之有深愛者 必有和氣 有和氣者 必有欲愉色 有愉色者 必有婉容. 須是有箇深愛做根 便自然如此.

누구나 자신에게 맞는 삶의 리듬이란 게 있다. 독서도 그렇다. 내 독서법 이야기를 하자면 출근할 때 지하철에서 읽는 것을 가장 선호하며 나중에 다시 훑어볼 요량으로 밑줄과 메모로 최대한 더럽히면서 읽는다. 어렵고 두꺼운 번역서를 만나면 저자의 서문과 역자의 해제를 먼저 읽고 목차를 보면서 몇 개 챕터를 선택하고 반복해서 읽은 후 완독 여부를 정한다. 일종의 선택과 집중을 하는 것인데 한 번 읽어서 이해할 자신이 없고 그리하여 완독을 하지 못한 경험치 때문에 나온 전략이다. 순서와 상관이 없는 책은 첫 장, 마지막 장 이렇게 앞과 뒷부분을 교차로 읽어가기도 하는데, 책의 마지막 장에 늘 미안한 마음이 있었던 또 다른 경험치 때문이다.

왕수인에 따르면 이런 세부적인 조목들은 하등 중요한 것이 아니어서 누구에게 굳이 알릴 필요가 없다. 중요한 건 '뿌리'다. 효도의 뿌리가 효심인 것처럼 독서의 뿌리는 책을 읽고자 하는 마음으로 충분하다. 그 마음으로부터 부모를 대하는 자세가, 글을 대하는 자세가 생기고 그 결과 여러 세세한 방법들과 효과들이 따라온다.

중요한 건 주체적인 자세다

———

하지만 나름의 경험으로 '책을 읽으려는 마음'만으로는 충분치 않다고 여기는 분들이 있을 것이다. 특히 스스로를 독서의 초심자라고 생각하는 경우 더 그럴 수 있다. 그러나 독서는 바둑이나 취미 활동과 달라서 누구는 입문이고 누구는 고수네 하는 말부터가 성립하지 않는다. 언어철학자들의 관점을 빌리자면 "언어는 곧 당신이고 당신은 곧 언어"여서 누군가의 말을 듣는 특별한 방법이 필요한 게 아니라면 누군가의 글을 읽는 노하우 또한 필요하지 않다. 중요한 건 당신의 머릿속에서 펼쳐지는 '생각과 언어의 상호작용'이다.

이에 대한 연습을 잠깐 해보자. 우리는 보통 어떤 생각을 한 후에 그것을 말로 표현한다고 여긴다. 당연한 순서라 할 수 있다. 하지만 이성적인 사유란 언어로 하는 것이어서, '평화'라는 단어를 배우기 전에는 평화에 대한 사고를 할 수 없으며 '중용'이란 단어를 접하기 전에는 중용에 대한 사유를 할 수 없다. 따라서 언어를 배운 후에 생각을 한다는 말도 틀리지 않다. 다시 말해 말과 생각의 관계는 닭과 달걀의 관계처럼 그 선후를 따지기 어렵다. 현대 언어철학자들은 대부분 인간이 알고 있는 어휘의 범위를 넘어서 사유할 수 없다고 이야기한다.

누군가의 글을 읽는다는 것은 새로운 생각을 할 수 있는 새로운 언어를 받아들이는 과정이라 할 수 있다. 플라톤의 이데아, 아리스토텔레스의 형상, 라이프니츠의 모나드, 스피노자의 코나투스, 데카르트의 코기토 등 철학자들의 책을 읽을 때 접하는 개념어들도 내 사유의 확장을 위한 것이다. 여러분이 지금 이 책을 읽고 있는 것도 공감, 반감, 혹은 그저 그럼을 느끼는 가운데 생각의 확장을 꾀하고 있는 것이다.

그렇게 깊이 생각하다 보면 책(언어)을 왜 읽는지는 실상 왜 사는지와 같은 근본적인 질문이 된다. 그러니 세세한 독서의 노하우를 조언하는 것은 나와 같은 아침형 인간이 야행성인 누군가에게 아침에 일찍 일어나라고 조언하는 것과 같이 오지랖 넓은 행위다. 독서법보다 중요한 건 바로 왕수인이 말한 대로 자기 자신에게 돌아가 뿌리를 공고히 하는 데 있다. 여기서는 동양 고전에서 독서와 관련하여 언급된 몇 가지를 소개하려고 한다.

주체적인 독서법

―――

첫째, 요약하면서 읽으라.

18세기 백과사전학파가 등장한 이래 내 어린 시절까지 누구 네가 좀 배운 집인지 아닌지는 그 집에 놀러 갔을 때 백과사전 한 질이 있는지 없는지로 판명되었다. 하지만 지식혁명의 시대인 지금은 그와 비교할 수 없는 데이터들을 손에 들고 살고 있다. 다음은 정보의 홍수 속에서 우리가 꼭 염두에 두어야 할 《맹자》의 메시지다.

넓게 배우고 자세히 설명하는 것은 장차 돌이켜 요점을 말하기 위해서다.
博學而詳說之 將以反說約也.

아무리 두꺼운 책이어도 내게 필요한 부분을 요약하면 몇 페이지 안에 정리된다. 그런데 바쁜 현대인들이 책 읽을 시간이 없으니 요즘 북튜버들이 요약해주는 것을 듣는 것은 어떨까. 서문에 밝혔듯이 나는 누군가 떠줄 수 있다면 받아먹는 것을 장려한다. 하지만 요약된 내용을 들었다고 요약이 면제되는 것은 아니다. 남이 해준 요약은 여전히 위 《맹자》의 문구에서 '박학博學' 중 하나에 해당하며 그것은 그것대로 당신이 요약해야 한다. 요약은 분량의 문제가 아니라 남의 콘텐츠를 당신의 것으로 만드는 주체적인 과정으로 누구도 대신해줄 수 없다.

누군가 지하철에서 출퇴근하면서 10일에 한 권의 책을 읽었고, 같은 기간 당신은 유튜브에서 책 요약 클립 10개를 청취했다고 하자. 누가 더 잘한 것인가? 무엇이 절대적으로 옳은 것은 없다. 둘은 콘텐츠를 얻는 방식의 차이가 있을 뿐이다. 다만 이것도 생각해 보자. 회사가 집에서 먼 어떤 사람은 출퇴근 시간을 활용해서 매일 한 편의 영화를 보았고, 어떤 사람은 매일 영화를 요약해서 소개하는 클립 10개를 시청했다고 하자. 누가 더 잘한 것인가? 물론 누가 더 잘했다는 것은 없다. 하지만 후자는 아마도 그 열 편의 영화 중에서 마음에 드는 것을 처음부터 끝까지 보게 될 것이고, 남이 요약해준 것과 자신이 직접 본 것은 다르다고 이야기할 것이다.

독서도 마찬가지다. 남이 해준 요약으로 얕은 지식을 넓힐 수 있지만 그 책을 스스로 요약하면서 얻게 된 것과 같을 수는 없다. 당신 스스로 요약의 과정을 거치지 않았고 그만큼의 치열함이 생각 속에 형성되지 않기 때문이다. 남이 한 걸 들었든, 스스로 한 것이든 여하튼 머릿속에 들어온 것을 정리해야 한다. 지금은 스스로 요약하지 않으면 정보의 홍수에 휩쓸려서 예측하지 못한 곳으로 죽으러 가는 시대다.

둘째, 목표는 내 마음을 밝히는 데 있다.

'마음'이란 단어 때문에 이 조언은 동양철학적인 느낌으로 들릴 것이다. 그런데 여러분이 동아시아의 고전에서 말하는 마음을 접할 때 먼저 알아야 할 것은, '차가운 이성과 따뜻한 가슴'에서의 가슴, 혹은 감정만을 두고 하는 말이 아니라는 점이다. 그들은 머리에서 펼쳐지는 사유 활동도 마음속에서 펼쳐지는 것으로 이해했다. 이를테면 퇴계 이황과 고봉 기대승이 7년간 편지로 주고받았다는 사단칠정 四端 七情 논쟁에서의 사단에는 측은지심 惻隱之心만 있는 것이 아니라 시비지심 是非之心같이 옳고 그름을 이성으로 가리는 마음도 포함된다. 감정과 이성 모두 마음의 범주에서 설명하고 있다는 것을 이해하고 왕수인의 다음 독서에 대한 조언을 들어보자.

어떤 학우가 물었다. 글을 읽어도 기억할 수 없는데 어떻게 해야 합니까? 선생께서 말씀하셨다. 단지 이해하려고 해야지, 어찌 기억하려고 하는가? 이해하려고 하는 것도 이미 두 번째 단계로 떨어져 있는 것이다. 단지 자신의 본체를 밝히려고 해야 한다. 만약 단순히 기억하려고만 한다면 이해하지 못하게 되며, 단순히 이해하려고만 한다면 자신의 본체를 밝히지 못할 것이다.
一友問 讀書不記得如何? 先生曰 只要曉得 如何要記得? 要曉得已是 落第二義了. 只要明得自家本體. 若徒要記得 便不曉得 若徒要曉得 便 明不得自家的本體.

왕수인은 독서인의 수준을 세 가지로 나누고 있는데 책 내용을 기억하는 사람, 이해하는 사람, 그것으로 자신의 본체를 밝히는 사람이다. 본체는 우리들의 마음이다. 그것을 밝힌다明는 것은 이성과 감성을 활용하는 내 속의 나, 즉 마음을 강화하는 것을 의미한다. 그러니 왕수인의 기준으로 말하자면 천 권이든 만 권이든 읽는 것은 자유지만 머릿속에 정보를 주입하는 것으로 끝난다면 가장 낮은 단계의 독서를 하고 있는 셈이다.

한 권을 읽어도 그것이 자신의 마음공부(본체를 밝히는 것)에 도움을 주어야 한다. 여전히 마음이란 단어 때문에 이 설명이 마음에 와 닿지 않을 수도 있지만, 다음 세 번째 조언을 보면 마음에 대해 좀 더 알 수 있을 것이다.

셋째, 지엽적인 글귀에 얽매이지 말라.

당연하게도 남의 글은 남이 쓴 것이고 내가 쓴 것이 아니다. 따라서 주어진 자료에 대한 책임은 기본적으로 나에게 있지 않다. 이를테면 내가 글을 어렵고 논리적으로 말이 안 되는 내용을 썼다고 가정하면, 이 책을 펼친 분들은 그냥 저자 탓을 하고 넘어가면 된다.

물론 검증된 책을 검증된 번역자가 옮겼을 경우 이해되지 않음의 책임이 배경지식이 부족한 독자에게 있을 수 있다. 혹은 본래 다루는 내용 자체가 어려워서(유럽의 현대 철학을 누가 한 번 읽고 이해할 수 있겠는가) 저자의 탓도 독자의 탓도 아닐 수도 있다. 아무리 노력해도 이해가 되지 않는 대목이 나올 때는 집착을 버리고 이해가 된 것만 자기 것으로 소화하면 된다. 어려운 책을 잘 읽는다는 것은 실상 버릴 것을 잘 버리는 습관을 갖추었다는 것을 의미한다. 중요한 건 책이 아니라 우리 각자의 '본체'다.

> 책을 읽을 때는 자기의 몸과 마음으로 돌아가야 한다. 만약 글귀에 얽매여서 융통성 없이 해석하고 고정된 도리를 구하고자 한다면 통하지 않는 것이 많을 것이다. 고전은 단지 사람이 가야 할 방향을 제시했을 뿐이다. 만약 옛사람이 보여준 지향점을 아직 분명히 이해하지 못했다면, 단지 양지로 돌아가서 체득해야 한다.
>
> 學者讀書 只要歸在自己身心上. 若泥文著句 拘拘解釋 定要求個執定 道理 恐多不通. 蓋古人之言 惟示人以所向往而已. 若於所示之向往 尚有未明 只歸在良知上體會方得.

마음은 모든 것을 알고 있을까

————

위 인용문에서 양명학의 핵심어인 '양지良知'가 보인다. 왕수인은 마음을 양지라고 불렀는데, '지知' 자에서 엿볼 수 있듯이 마음은 뭔가를 알고 있다는 것이다. '양良' 자가 붙어서 '뛰어나게 (뭔가를) 안다'는 의미가 된다.

흔히 주자학과 양명학을 대비해서 말할 때 전자를 리학理學, 후자를 심학心學이라고 부른다. 하지만 주자가 마음을 중요하게 생각지 않은 게 아니고 왕수인이 이치를 중요하게 생각지 않은 게 아니다. 둘 다 마음과 이치를 중요하게 생각한다. 다만 왕수인은 '심즉리心即理(마음이 곧 이치)'라고 해서 세상 모든 이치가 마음에 들어 있으니, 마음을 밝히는 것이 우선이라고 한 것이다.

왕수인의 깨달음에는 에피소드가 하나 있다. 왕수인은 본래 주자의 격물치지格物致知(사물을 접하고 앎에 이른다)설을 공부하다가 그것을 실천하려고 대나무를 하루 종일 쳐다보았는데 대나무의 이치를 알게 되기는커녕 머리만 아팠다고 한다. 그 후에 세상 모든 이치는 바깥에 있는 것이 아니라 마음에 있다는 심즉리를 깨달았다. 하지만 여러분은 마음이 그런 능력이 있는지에 대한 의심이 들 것이다. 우리가 왕수인의 설을 받아들였다고 해도 대나무의 이치를 알 수 없는 것은 매한가지 아닌가. 깨달음으로 신이 된 것이 아닌 다음에야 배우지도 않은 대나무에 대한 자연과학의 내용을 줄줄이 읊을 수는 없다.

왕수인이 대나무의 이치가 내 마음에 있다고 한 건 이런 뜻이다. 생물 선생님이 대나무의 이치를 설명해서 그것을 우리가 이해하게 되는 것은, 마음속에 이미 갖추어져 있는 대나무의 이치를 밝혀주었기 때문이다. 만약 마음이 그 이치를 갖추고 있지 않다면 대나무에 대한 설명을 들어도 우리는 그 이치를 알 수 없을 것이다.

그러니 책을 읽다가 이해가 안 되는 대목을 만나면 '양지'로 돌아가라는 말은, "우리 마음에는 모든 이치가 들어 있으니 지금 이해가 되지 않아도 너무 신경 쓰지 말라"는 뜻을 담고 있다. 다음에 다시 책을 펼치면 놀랍게도 쉽게 이해가 될 때가 오기도 한다. 책은 그대로인데 무엇이 달라진 것일까? 우리 마음속에 본래 갖추어져 있었던 그 이치가 그제서야 밝혀졌기 때문이다.

왕수인에 따르면, 독서와 경험은 우리가 몰랐던 것을 알게 해주는 과정이 아니라, 이미 우리 마음속에 갖추어진 것을 밝혀서 일깨워주는 과정이다. 왕수인은 나아가 '마음을 빼면 세상에는 아무것도 없다'고까지 생각한다. 우리가 대나무를 보는 것은 눈을 통해서이지만 눈을 통해서 최종적으로 대나무를 인식하고 있는 곳은 역시 마음이다. 우리는 눈에 보이는 세상이 정말 있다고 생각하지만 마음이 그렇게 인식하는 것이어서, 왕수인은 내 마음이 없다면 세상은 실제로 존재하는 것이 아니라고 여긴다. 이것은 경험론을 극단까지 밀고 간 버클리의 유명한 명제 "존재란 지각되는 것이다Esse est Percipi"를 떠올리게 한다. 쉽게 말해 내 눈에 보이지 않는 것은 존재하지도 않는 것이란 말이다. 여기서 눈을 마음으로 바꾸면 왕수인의 생각과 같다. 그래서 버클리의 이론을 두고 양명학을 설명할 때처럼 유심론唯心論(오직 마음뿐이라는 이론)이라고도 한다.

내 삶에 각주 달기

───────

독서를 하는 이유와 목표는 여러 가지일 수 있지만 왕수인처럼 주체적인 자세를 갖춘다면 책을 읽어가는 과정은 곧 나를 찾아가는 과정, 나를 더 완전하게 만드는 과정이 된다. 요약할 것, 지엽적인 것에 얽매이지 말고 마음을 밝힐 것. 그리고 덧붙여 독서의 마지막 단계로, '스스로에 대해 쓰는 것'이 필요하다. 읽는 여러분에게 갑자기 쓰라고 하니 부담스럽겠지만, 독서의 목표가 무엇이든 읽는 것만으로는 그에 도달할 수 없다.

현상학으로 유명한 화이트헤드는 철학을 이렇게 규정했다.

유럽 철학 전통을 가장 무난하게 규정하자면 그것은 플라톤에 대한 일련의 각주들로 구성되어 있다는 것이다.

결국 철학사란 플라톤에 대해 맞네 틀리네 하며 이러쿵저러쿵 해온 역사라는 것이다. 우리의 전통을 보더라도 조선의 선비들은 모두 유학의 경전에 나름의 생각을 달면서 자신의 사상을 전개했다. 다산 정약용이 주자학을 비판한 방식도 《맹자》나 《중용》과 같은 고경에 대한 주석을 통해서였다. 아무것도 없는 백지에서 자신의 생각을 나열한 것이 아니다.

이처럼 우리는 무에서 이야기를 시작할 수가 없다. 여러분은 화이트헤드나 다산과 같은 철학자가 아니므로 어떤 사상에 대해 이론적인 각주를 달 필요는 없다. 대신 각주는 이론이 아니라 여러분 스스로의 삶을 향해야 한다.

다시 말해 철학자의 사상이 담긴 고전을 포함해서 어떤 책을 읽든, 우리가 해야 할 일은 그들의 생각을 활용하여 우리들 삶에 각주를 다는 것이다. 역사는 철학자들을 기억하지만 오늘 세상의 중심은 왕수인이 그토록 강조한 것처럼 바로 당신이다. 당신의 삶이란, 삶의 순간순간에 대해 당신 스스로가 이러쿵저러쿵 써 내려간 각주들이다. 그런데 쓴다는 건 그냥 쓰는 게 아니라 무언가를 가지고 쓰는 것이다. 결국 독서를 하는 것은 무언가를 써야 하는데 그냥 쓸 수 없기 때문에 그 쓸 거리를 얻기 위해서이다.

읽는 것만으로는 잠시 위로가 되고 잠시 마음이 편안해질 수는 있다. 하지만 주변에 휘둘리지 않고 삶의 주체가 된다는 것은 왕수인이 강조한 대로 주체에 걸맞은 '지행합일知行合一'의 활동을 필요로 한다. 삶의 문제를 만났을 때, 해야 할 일은 독서를 통해 당신의 삶이라는 원고 위에 스스로 펜을 대는 것이다. 그럴 수 있는 사람만이 문제에 대한 자신의 길을 찾을 수 있을 것이다. 또 그 길로 용감히 나아갈 수 있을 것이다.

20

공부에 소질이 없다고 느낄 때

- 공자 -

나를 위한 배움을 시작하라

공부의 자세: 나를 위한 공부 VS. 남을 위한 공부

수능 만점자들의 인터뷰를 보면 장래 희망에 대해 이런 대답들을 한
다. "판검사가 돼서 사회 부정의를 바로잡고 싶어요.""의사가 돼서
아픈 사람들에게 도움을 주고 싶어요."

한편 군 복무 중 수능 만점을 받은 한 수험생은 남다른 포부를 밝
혔다. 평소 프리미어리그를 즐겨 보면서 스포츠 기록에 관심을 갖게
되었다면서 "향후 통계학과에 진학해 스포츠 데이터 분석가로 활약
하고 싶습니다"라고 했다. 어떤 차이가 느껴지는가. 이 학생의 장래

희망은 타깃이 자기 자신을 향해 있다. 그러면 남을 의식하지 않고 자신이 좋아하는 것을 주체적으로 선택해서 행복에 더 직접적으로 다가갈 수 있다.

물론 남을 위한 삶은 훌륭하다. 하지만 자기 자신을 위한 삶 역시 참으로 훌륭하다. 위 학생은 남에 대해 이야기하지 않았지만, 훌륭한 분석가로 활동하면 스포츠를 시청하는 많은 사람에게 도움을 주게 된다. 공자는 공부하는 사람이 자신을 잃어버리는 것에 대해 지극히 경계했다.

옛날에는 자기를 위해서 배웠는데, 요즘은 남을 위해서 배운다.
古之學者爲己 今之學者爲人.

11세기 송나라의 정이천은 이렇게 주석을 달았다. "옛날에는 자신을 위해 공부爲己之學해서 끝내 남을 이루어주었고, 지금은 남을 위해 공부爲人之學해서 끝내 자신을 상실한다." 여기서 위인지학爲人之學은 '남에게 보이기 위한 공부'를 의미한다.

공부의 정의: 공부란 무엇인가
———

"제가 공부엔 소질이 없어서…"

얼마 전 거래처 사장도 이 말을 꺼냈다. 10년 전 인문학 답사를 시작하면서 인연을 맺은 그는 40인승 관광버스를 여러 대 소유한 업체를 운영하는, 그 업계에서 꽤 성공한 인물이다. 그런데 이 일을 하게 된 계기가 공부 체질이 아니어서란다. 하지만 예나 지금이나 나보다 여러 배는 많은 돈을 버는 이분이 배우는 것 없이 그냥저냥 살아왔을까. 다른 업도 마찬가지다. 살아남은 골목식당들 어느 하나 거저가 없다. 치열하게 배우고 익혀야 살아남을 수 있다.

따라서 "공부에 소질이 없다"라는 한국인의 독특한 명제는 한국식으로 풀어야 이해가 가능하다. 학창 시절 열심히 했든 게을렀든 괜찮은 성적을 얻지 못한 것을 두고 그리 말했으리라. 반면 '배우다'는 비슷한 의미지만 의미가 왜곡되어 있지 않다. 혹시 당신은 배움에 소질이 있는가, 없는가? 추가 설명 없이 그냥 "배움에 소질이 없다"는 말은 선천적 지능의 장애가 있지 않은 한 성립하지 않는다. 각자 어떤 분야에 상대적으로 배움의 소질이 있고 없을 뿐이다.

공부工夫는 공자 시절 썼던 말이 아니고 당나라 때부터 출처가 보인다. 본래 '기술이 있는 남자'를 의미했는데 점차 '배우다學'의 의미를 갖게 되었다. '배우다'가 과정을 보여준다면 '공부'는 시간과 노력을 쏟아서 배운 결과 뭔가 잘하는 사람이 되었다는 데 포인트가 있다. 그렇다. 어느 분야든 공부(뭔가를 잘하는 사람)가 되려면 '시간과 노력'을 들여야 한다.

공부의 즐거움: 정말 재미가 없을까

배우고 때때로 익히면 기쁘지 않은가.
學而時習之 不亦說乎.

동아시아를 대표하는 고전《논어》는 학學과 습習으로 시작한다. 이렇게 공자가 제시한 학습學習이라는 단어가 2500년 동안 얼마나 우리를 괴롭혀 왔던가. 그런데 즐겁다고?

대부분의 사람들은 공자님이니까 그렇겠지 논리로 공자와 우리를 구분해 버린다. 그리고 공부는 원래 재미없는 거야, 공부 좋아하는 사람이 어디 있어? 그냥 참고 인내하는 거야, 미래를 위해 하기 싫어도 해야 하는 거야, 이렇게 학생들을 설득하곤 한다. 과연 맞는 설명일까?

주자의 주석을 참조해 보자. 그는 학學을 효效(본받는다)라고 풀었다. 그리고 습習은 새가 나는 모습을 표시한 것으로 "배우기를 그치지 않는 것은 새끼 새가 자주 나는 것을 연습하는 것과 같다"고 했다. 물론 새끼 새가 엄마 새를 흉내 내고 하나씩 따라 하는 과정은 시간과 노력을 요한다. 그러다 어느 날 드디어 엄마처럼 날게 되었을 때 나름의 희열을 느낄 것이다.

그런데 넘어지기를 반복하는 동안 새끼 새는 어떤 심정이었을까. 그 학습의 과정은 그저 누워 있는 것에 비해 힘들었을 테다. 하지만 조금씩 늘어나는 자신의 실력을 보고 기쁘기도 했을 테다. 이렇듯 학습은 힘듦과 기쁨이 공존한다. 공자는 그 기쁨에 주안점을 두어서 저렇게 표현하지 않았을까. 기쁘다說는 학습에 대한 인간의 보편적인 심성에 대한 언급이지, 성인의 단순한 자랑질이 아니다.

그렇다면 두 감정이 공존하는 학습에서 공자와 달리 우리가 '힘듦'에 주안점을 두게 된 것은 무엇 때문일까? 그 답은 앞서 소개한 위인 爲人, 즉 남을 의식하는 것에서 찾을 수 있다. 열심히 엄마 새를 따라 하면서 성장하고 있는데, "너는 왜 다른 새끼들보다 속도가 느려?"라고 다그치면 새끼 새는 학습에서 힘듦이 더 크게 느껴질 것이다. 이렇게 불필요한 남과의 비교는 공부에 해롭다. 배우는 속도가 느려도 그 새가 나중에 남들보다 더 잘 날지 누가 아는가?

자신의 속도에 맞춰서 노력하며 스스로 성장하는 자신을 보면, 누구나 배움에서 즐거움을 느끼게 된다. 이것이 공자가 발견한 인간의 본성이다. 위기지학이 즐겁고 위인지학이 힘든 것은 자율과 타율의 차이라고도 할 수 있다.

공부의 방법: 융복합 시대, 어떻게 대비할 것인가

────

어느 날 공자가 자공에게 말했다. "너는 내가 많이 배워서 알고 있는 사람이라고 여기느냐?" 자공이 대답했다. "그게 아닙니까?" 공자가 말했다. "아니다. 나는 하나로써 세상의 이치를 꿰뚫었느니라."

子曰 賜也 女以予爲多學而識之者與. 對曰 然非與. 曰 非也. 予 一以
貫之.

송나라의 학자 사량좌는 일이관지一以貫之에 대해 이렇게 주석했
다. "하늘이 세상의 물건을 일일이 조각해서 만든 것이 아닌 것과 같
다." 하느님이 만약 세상을 만들 때 이것 따로 저것 따로 했다면 지금
의 물리物理라는 과목이 존재하지 않았을 것이다. 물物과 물物 사이
에는 그것을 꿰뚫는 하나一의 이치가 있다.

이 개념을 좀 확장해 보자. 질량보존의 법칙과 만유인력의 법칙
은 다른 이론이지만 그 사이를 꿰뚫는 공통의 이치가 있다. 물리物理
는 자연과학이고 심리心理는 인문, 사회과학이지만 공통의 이치가 있
다. 한식 요리를 하던 사람이 양식을 배웠는데 결국 같은 원리더라,
이런 식의 이야기다. 이것을 좀 더 깊이 생각해 보면 스피노자의 범
신론과 비슷한 인상을 받게 된다. 공자는 하나를 가지고, 스피노자는
하느님(신)을 가지고 세상을 포괄해서, 일원론으로 설명했다.

일이관지는 살아가면서 경험적으로 느끼는 것으로 오늘날의 학문
을 공부한 적이 없는 공자가 살면서 깨친 개념이다. 실상 어느 분야
의 고수일수록, 하수들이 보기에는 확연히 달라 보이는 것들에 대해
서도 "다 똑같다"는 식의 이야기를 한다.

현대인들이 일이관지를 삶에 적용하기 위해서는 근대의 특징을

이해할 필요가 있다. 근대는 모든 것을 대상화하고 쪼개서 관찰하기 시작한 시대로, 오늘날 학문의 구분도 이때 시작했다. 데카르트가 천장을 보다가 좌표축을 만들고 라이프니츠가 미적분을 만들었다는 데서 알 수 있듯이, 본래 문과의 철학과 이과의 수학은 생각만큼 멀지 않다. 만약 우리가 그들에게 왜 철학자가 오지랖 넓게 수학을 연구했느냐고 묻는다면, 우리를 매우 이상하게 쳐다볼 것이다. 근대는 좋게 말해서 학문의 전문화를 이루어갔지만, 나쁘게 말해서 학문 간 단절을 낳았다.

지금 대학에서는 온통 학제 간 '융합'과 '복합'을 외치고 있고 융합형 인재만이 미래를 선도할 수 있다고 이야기한다. 현실은 같은 과 내 교수들끼리도 서로의 전공 분야에 대해 굳건한 벽을 두르고 있음에도 말이다. 위 인용문에서 공자의 자문自問은 미래를 준비하는 이들에게 훌륭한 메시지를 전한다. 공자는 많이 공부해서多學가 아니라 일이관지, 즉 융합적 사유를 해서 성인이 된 것이다. 지금은 지식의 양보다 지식 간 융합을 통해 새로운 콘텐츠, 아이디어를 창출하는 것이 중요하다. 앞으로 얻게 되는 모든 지식들을 일이관지의 자세로 연결해서 사유하는 습관이 필요한 이유다.

공부의 범위: 인간관계의 철학

———

공자가 학이시습을 말했을 때 배우고 익히는 대상은 무엇이었을까? 《논어》 전체를 읽어보면 사람과의 관계에 집중된 것을 알 수 있다. 사람人과 어질다仁는 어원이 같다. 人은 두 사람이 있는 모양을 그린 것이고, 仁 역시 사람人이 둘二 있다는 것을 표시한 것이다. 그래서 인仁을 '어짊' 대신 '사람다움'로 번역하기도 한다. 공자의 사상은 기본적으로 인간관계의 철학이다.

그러나 공자의 공부는 우리 사회의 공부 담론에서 배제된 지 오래여서 이런 말들이 횡행한다. "쟤는 공부는 잘하는데 싸가지가 없어." "공부만 잘하면 뭐하냐. 성격이 그 모양인데." 부지불식간에 예禮에 대한 이야기는 공부의 부분집합이 아니라 여집합에 배속되었다.

19세기만 하더라도 그렇지 않았다. 다산 정약용은 사람다움仁의 공부와 실천을, 일이관지 개념을 가지고 인간관계에 적용했다.

사람이 세상을 살아감에 온갖 착함과 악함이 모두 사람과 사람이 만나는 데서 일어난다. 사람과 사람이 만나 그 본분을 다하는 것, 이것을 인仁이라고 한다. 인이란 두 사람이다. 부모를 효도로 섬기는 것을 인이라고 하는데 자식과 아버지는 두 사람이다. 형을 공손함으로 섬기는 것을 인이라고 하는데 아우와 형은 두 사람이다. 자식을 자애로써 기르는 것을 인이라고 하는데 부모와 자식도 두 사람이다. 임금과 신하도 두 사람이며 부부도 두 사람이며 어른과 아이도 두 사람이고 백성과 목민관도 두 사람이다. 어버이를 사랑하는 것부터 백성 사랑하는 것까지 인 아닌 것이 없다.

현대인들의 고민 일 순위는 인간관계다. 그 문제를 해결하기 위해서는 당연히 그에 대한 공부를 해야 옳다. 대학 입시, 취업, 이직과 무관하게 우리는 공부의 당연한 범위를 다시 그려야 할 것이다.

끝으로 이 글의 키워드를 정리하겠다.

위기지학爲己之學, 공부工夫, 학습學習, 일이관지一以貫之, 인仁.

21

비 오는 날 출근하기 싫을 때

-《바가바드 기타》-

"THE SHOW MUST GO ON"

싸우라고?

인도에서는 자신이 결혼한 여자임을 표시하기 위해 검은색, 자주색 산호 구슬이 달려 있는 목걸이나 은발찌를 걸친다고 한다. '망갈수트라Mangalsutra'라고 하는데 이에 얽힌 이야기가 있다. 대서사시 《마하바라타》에 나오는 전설 속 영웅 하리쉬 찬드라는 어느 날 한 정숙한 여자를 죽이라는 임무를 받았다. 그는 여인의 목걸이를 보고 그녀가 자신의 부인인 타라마티라는 것을 알게 되었고 결국 칼을 떨구고 몸을 돌리고 말았다. 그가 임무를 수행하지 않은 것은 그 대상이 사랑하는 가족이었기 때문이다.

　가족을 매개로 불편한 상황에 처한 이야기가 또 있다. 쿠루족의 왕 판다가 죽자 그의 형이자 앞을 못 보는 드리타라슈트라가 임시로 왕위를 이었다. 그 뒤를 이을 왕위와 권력을 놓고 사촌 간인 판다바 형제와 카우라바 형제가 전무후무한 대전쟁을 앞두고 있다. 판다바 형제의 일원이자 이야기의 주인공인 아르주나는 전쟁터의 맞은편에 자신의 피붙이들이 있다는 것을 알게 되었다. 《마하바라타》의 한 챕터 격으로 인도인들이 집마다 몇 권씩은 가지고 있다는 《바가바드 기타》(거룩한 이의 노래라는 뜻)는 바로 이 지점부터 이야기가 펼쳐진다. 아르주나는 어떻게 해야 할 것인가?

　역사에 기록된 다른 성인들의 태도가 그러하듯 그는 우리의 기대를 저버리지 않았다. 그는 힌두교 비슈누 신의 현신이자 마부로 등장하는 크리슈나에게, 모든 것을 포기하고 차라리 죽음을 택하겠다고 말하고 주저앉는다.

　아아, 왕국을 차지하려는 탐욕 때문에 우리는 지금 피붙이를 죽이고자 전쟁을 벌이는 커다란 죄악에 빠져 있나이다. 드리타라슈트라의 아들들이 손에 무기를 들고서 비무장에 저항도 하지 않는 나를 죽인다면 그것이 내게는 차라리 낫겠나이다.

　그러나 그다음 장면 크리슈나의 반응은 예상 밖이다. 인생의 무상

함을 설하며 집착과 탐욕을 버려라, 전쟁을 멈추라는 말이 따라올
줄 알았으나 크리슈나는 오히려 아르주나를 질책한다.

오, 프리타의 아들 아르주나여, 무기력에 굴복하지 말지어다…. 마음의
유약함을 벗어던지고 일어날지어다. 오, 원수를 쓸어버리는 자여… 피
할 수 없는 그대의 임무를 보아라. 크샤트리아(인도의 카스트 중 두 번째 계
급)에게는 정의로운 전쟁보다 더 높은 선은 없느니라…. 만일 이 의로운
전쟁에서 싸우지 않고 그리하여 그대의 임무와 명예를 포기한다면 그
대는 죄를 짓게 되느니라…. 쾌락과 고통, 얻음과 잃음, 승리와 패배를
똑같이 여기고 싸움에 임하여 허리띠를 단단히 매고 있을지어다. 그렇
게 하면 죄를 짓지 아니하리라.

나가서 싸우라고. 당신의 피붙이에게 칼을 겨누라고. 인간사 세속
의 권력 다툼에서 승리하기 위해 가족을 죽이라고.

순임금은 권력을 버렸을 것이다

———

같은 아시아라 해도 동아시아의 경전들(이를테면 《논어》, 《맹자》, 《노자》, 《장
자》, 인도에 뿌리를 둔 불교까지도)의 가르침은 그렇지 않다. 순임금과 아버
지 고수 사이에 얽힌 중국의 옛이야기를 들여다보자. 태평성대로 유

명한 요순시대의 주인공인 요임금은 왕위를 자식이 아닌 순에게 이양했다. 순은 일찍이 어머니를 여의고 계모 밑에서 자라면서 순탄치 않은 시절을 보냈으나 탁월한 재능과 인덕으로 가는 곳마다 칭송을 들었고, 결국 요임금의 눈에 들어 왕위의 후계자로 지목되었다. 그러자 계모는 자신이 낳은 아들 상을 왕위에 앉히기 위해 고수와 함께 순을 죽일 계략을 짠다. 순으로 하여금 지붕에 올라가 창고를 수리해 달라고 부탁한 후 불을 질러 태워 죽이려 했지만 실패했고, 또 한 번은 우물을 깊게 파게 한 후 우물을 막아 수장하려 했지만 순의 지혜로 실패했다. 그럼에도 순은 아버지와 이복형제들을 원망하지 않았고 왕이 된 후 아버지 고수를 궁궐에 불러들여 극진히 모셨다는 훈훈한 이야기다.

훗날 맹자에게 제자 도응이 물었다. 제자는 성인(순임금)이 '효도와 공정함' 두 덕목 사이에 어떤 선택을 했을지 궁금해서 이런 가정을 해보았다. 아버지 고수가 어떤 사람을 죽였다면 순임금은 아버지의 살인죄를 어떻게 처리했겠는가. 아버지에 대한 관리의 법 집행을 막았을까.

맹자의 추정은 이러하다. "순임금은 헌신짝 버리듯 천하를 버렸을 것이다. 몰래 아버지를 업고 바닷가로 도망하여 종신토록 즐거워하면서 천하를 잊었을 것이다舜視棄天下 猶棄敝蹝也. 竊負而逃 遵海濱而處 終身訢然 樂而忘天下." 순임금이라면 관리의 공정한 법 집행에 개입하지 않을 것이며 그렇다고 아버지가 형벌로 죽임을 당하는 상황을 보고만 있지도 않을 것이라는 얘기다. 자신을 두 번이나 죽이려 했던 아버지를 위해서.

만약 권력을 얻기 위해 가족과 싸우라는 《기타》의 메시지를 맹자가 접했다면 어떤 반응을 보였을까?

궁지에 몰렸을 때 비로소 치유받는다
———

다시 《기타》로 돌아오자. 어떤 이들은 《기타》가 폭력과 전쟁을 정당화한다고 비판하기도 한다. 하지만 《기타》 전체를 보면 첫 대목에서의 설정 이외에는 어느 곳에서도 폭력을 조장하지 않을 뿐 아니라 오히려 완전히 반대되는 평정심과 평화를 이야기한다. 그렇다면 초월의 깨달음을 위해 극한 상황을 설정한 게 아닐까.

인도 하면 가장 먼저 떠오르는 간디의 삶은 나의 《기타》 독해가 틀리지 않다는 것을 보여준다. 그는 《기타》를 평생 가지고 다니며 그 가르침을 실천하기 위해 제국주의 영국에 무저항 비폭력주의를 실천했고, 인도 내 힌두-이슬람교 분쟁에서도 이슬람교인들에 대해 사랑과 포용을 실천하다 암살당했다. 그는 싸우지 않았다.

그렇다면 가족과의 전쟁이라는 상황 설정을 통해서 《기타》의 저자가 의도하는 건 무엇일까. 우리는 여기서 '삶은 고통'이라는 인도식 접근을 보게 된다. 불교와 마찬가지로 깨달음의 출발은 삶의 고통을 인지하는 것이다. 아르주나가 인간이 경험할 수 있는 가장 슬프고 고통스러운 순간을 맞이한 것은 역설적으로 종교가 목표로 하는 깨달음으로 가는 첫 번째 관문인 것이다. 그런 상황에서는 누구나 낙담하게 되는데 힌두교에서는 이렇게 '의기소침을 통해 신과 합일'하는 과정을 '비샤다 요가'라고 한다. 간디는 《기타》 1장의 상황에 대해 이렇게 말한다.

우리도 그처럼 막다른 궁지에 몰렸을 때 비로소 치유받을 것이다. 위기를 느끼기 전까지는 치유받지 못한다. 그 경험은 산모의 진통과 같다. 아르주나의 경험은 사람이 거듭 태어날 때 그를 엄습하는 그런 경험이다. 우리 모두 그것을 경험해야 한다. 이것을 잊지 않고 있으면 우리는 언제고 구원받을 것이다.

집착과 탐욕을 버릴 수 있다면

————

신 크리슈나는 아르주나에게 싸우라고 한 후 그것이 죄가 되지 않기 위한 조건을 이야기하는데, 실상 《기타》의 핵심은 전쟁을 하는 데 있는 것이 아니라 바로 이 조건의 실천에 있다. "쾌락과 고통, 얻음과 잃음, 승리와 패배를 똑같이 여기고 싸움에 임하면" 죄를 짓지 않게 된다고 했다. 두 단어로 요약하자면 결국 집착과 탐욕을 버리라는 말이다. 하리쉬 찬드라와 아르주나는 상대방이 사랑하는 가족이기 때문에 평소와 달리 그에 집착한 것이다.

《기타》가 다른 경전과 사뭇 다른 것은 집착과 탐욕을 버리라는 가르침 때문은 아니다. 대체로 다른 종교도 마찬가지의 가르침이 있다. 그렇다면 인도의 경전이 주는 이 독특한 느낌은 무엇 때문일까? 깨달음과 실천 사이에 걸친 인과관계의 독특함이다.

많은 종교는 이런 식이다. '집착과 탐욕을 버려라, 그리고 전쟁을 멈추라.' 그런데 《기타》는 '집착과 탐욕을 버려라, 그리고 싸우라'고 했다. 품성을 기르는 핵심 가르침은 비슷하지만 《기타》는 이것에 더해 현실에서의 '싸움'을 이야기한 것이다. 힌두의 가르침은 참으로 부담스럽지 않을 수 없다.

간디는 《기타》의 전쟁터를 우리 내면의 상황으로 해석하여 이 부담을 덜어주었다. "전쟁터는 우리의 몸이다. 그 속의 문제를 알고 있는 한 시인(크리슈나)이 우리 안에서 영원히 계속되고 있는 투쟁을 충실히 서술하고 있다." 내면의 전쟁은 우리들의 일상생활 가운데 늘 펼쳐진다. 학생은 때로 학교에 가기 싫을 것이고, 직장인은 보기 싫은 상사 때문에 사무실에 가기 싫을 것이며, 수험생은 시험을 포기하고 싶을 것이다. 1월 1일마다 다짐한 몇 가지 약속들은 며칠 지나지 않아 포기하고 싶을 것이며, 깨끗하다는 자부심으로 살아온 사람은 한 가지 실수로 그 자괴감에 삶을 포기하고 싶을 것이다.

그런 절망감 속에서도 우리는 삶을 떠날 수 없고 도망쳐서는 안 된다. 그래서 간디는 전쟁터에서 비폭력의 스와라지 운동을 전개할 수 있었고 맨발로 타 종교에 대한 사랑을 실천할 수 있었던 것이 아니겠는가. 간디는 말했다. "욕망과 분노는 핏줄을 나눈 형제다." 그는 욕망에서 벗어나서 전쟁에 임했기에 분노하지 않을 수 있었고 그래서 폭력이 아니라 평화를 실천할 수 있었다. 이것이 간디가 20세기의 아르주나가 되어 전쟁을 펼치는 방법이었다.

요가란 무엇인가

요가는 '결합한다'는 뜻을 가진 산스크리트어 '유즈yuji'에서 나온 말인데 《기타》에서의 요가는 아트만(참된 나, 변하지 않는 초월적 자아, 신적 존재)과의 합일을 추구하는 것이라고 할 수 있다. 한편 인도로 이주한 아리안족이 말을 훈련하는 것을 요가라고 부르기도 했는데 말이나 소에게 씌우는 '멍에'에 해당하는 영단어 'yoke'가 요가에서 파생한 단어다. 그러니 요가란 절대자와 합일하기 위한 육체적·정신적 훈련, 실천을 의미한다.

앞서 《기타》의 1장에 '비샤다 요가'라는 이름을 붙였다고 했는데 인도인들은 《기타》의 열여덟 장 각각에 요가 명을 붙였다. 그 가운데 매일매일 일상의 의무를 실천하면서 살아가는 것을 '카르마 요가'라고 한다. 카르마는 '업業'이라는 뜻으로 몸으로 하는 동작과 소리, 호흡, 그리고 생각까지 모든 것이다. 우리나라에서 요가라 하면 주로 호흡과 몸을 유연하게 기르는 동작, 명상 등을 떠올리는데 수련장을 벗어나 삶 전반으로 확장했을 때 진정한 요가 수행자라 할 수 있다.

매일매일 자신에게 주어진 의무, 내가 해야 할 일을 '다르마'라고 한다. 이 다르마를 실천함으로써 아트만과의 합일을 추구하는 삶이 요가이고 이를 수행하는 사람을 요기라고 부른다. 경지에 이른 요기는 탐욕과 집착에서 벗어나고 또한 삶에서 주어진 의무를 버리고 도망치지 않는다.

덧붙여,《기타》가 실천을 요구하는 다르마는 남의 것이 아니라 우리들 자신의 것이다. 부지불식간에 남의 일을 하며 살아가는 이들이 많기 때문이리라.

공로가 없더라도 자신의 임무를 다하는 것이 남의 일을 해주는 것보다 나으니라. 자신의 임무를 다하다가 죽는 것이 나으니, 남의 임무는 위험으로 가득 차 있도다.

THE SHOW MUST GO ON

────

《기타》를 덮은 후, 대학 1학년 교양영어 첫 시간에 배웠던, 저널리스트 해리 골든이 쓴 에세이 〈The show must go on〉이 떠올랐다.

모든 사람은 저마다 가슴속에 슬픔을 간직한 채 무대에 올라간다. 쇼는 계속되어야 한다. 배우뿐만 아니라 우리 모두도 그래야 한다. 우리는 단 한 순간도 그 쇼를 멈추어서는 안 된다.

그는 인도의 시인 타고르의 작품에 나오는 이야기 하나를 들려준다. 어느 날 타고르의 하인이 정해진 시간에 출근하지 않았다. 한 시간이 지나면서 시인의 속이 타들어 갔고 두 시간이 지나면서 하인에게 어떤 벌을 줄지 온갖 궁리를 짜내기 시작했고 세 시간이 지나자 더는 그에 대한 생각을 하지 않았다. 바로 해고하리라 다짐했다. 점심때가 되어서야 하인은 나타나서 아무 일도 없었다는 듯이 밥을 짓고 청소를 하기 시작했다. 시인은 황당한 표정으로 그의 행동을 지켜보다가 당장 나가라고 고함을 쳤다. 계속 빗자루로 청소를 하던 하인은 잠시 후, 나지막한 목소리로 이렇게 말했다.
"제 어린 딸이 어젯밤에 죽었습니다."

삶에서 도망치고 싶지만 우리는 매일 무대에 올라서야 한다. 우리의 다르마와 그것을 지켜보는 아트만을 피해서는 안 된다. 그것이 2500년 전 《기타》의 저자가, 그리고 100년 전 《기타》의 삶을 실천했던 간디와 타고르가 오늘 우리에게 전하는 메시지이다.

22

불현듯 죽고 싶을 때
- 장 폴 사르트르 -

절망 속에서 열정을 택하라

벽

가끔, 아니 요즘은 자주 모든 것을 가진 것처럼 보이는 사람이 자살했다는 뉴스를 접한다. 부러움을 받는 만큼 행복한 줄 알았던 그는 실상 벽에 갇혀 어디로도 숨지 못한 채 안절부절못하다 스스로 죽음을 택한 것이다.

일전에 최고 재벌가의 3세가 타지에서 죽음을 선택했을 때 나도 모두들처럼 "왜?"라고 했다. 외신에 보도된 것을 보니 현장에서 주검이 된 그녀를 발견한 사람은 남자 친구였고 재벌가에서 둘 사이의 교제를 반대했다는 추측이 돌았다. 사실이든 아니든 그녀는 아마도 죽음의 순간, 빠져나올 수 없는 깜깜한 벽에 갇혀 가느다란 햇빛이라도 새어 나오는 쥐구멍을 찾고 있었을지 모른다. 살아 있는 사람은 죽어보지 못했기에 그 상황을 완전히 이해할 수는 없다. 다만 벽 속에서 바둥거리고 허우적댔던 때를 돌이켜보면 그 근처에라도 가볼 수 있을까.

지금도 그날의 정황이 떠오른다. 초여름 오후 서너 시경 내 방의 한가운데 놓여 있던 스프링 침대에 드러누워서 낮잠을 청했던 날이었다. 나는 밖에서 집으로 들어왔었고 정확히 기억나지는 않지만, 특별한 일이 있었던 것은 아니었다. 육체적인 문제가 아닌 내면 깊숙한 곳의 문제였다. 불안감, 좌절감 같은 좋지 않은 느낌이 온몸을 지배했고 갑자기 피곤해졌다. 심장의 고동 소리가 들렸고 맥박이 강렬하게 퍼지면서 몸 전체가 축 처져서 무기력하게 느껴졌던, 전에도 후에도 없던 그런 경험이었다.

나는 꿈결에서 어떤 벽에 갇혀 아무 곳으로도 도망갈 수 없음을 느끼면서 잠이 들었다. 극단적인 생각을 했던 건 아니었지만 그 후로 누군가의 갑작스러운 슬픈 소식을 접하면 그 순간을 떠올리곤 한다.

자유는 형벌이다?

———

사르트르의 알려진 소설로 《구토》가 있지만 내가 더 흥미 있게 읽었던 작품은 《벽》이라는 아주 짧은 글이다. 1936년 스페인 혁명운동을 하던 주인공 파블로가 다른 두 명(톰, 후안)과 함께 잡혀 와 다음 날 오전까지, 한 병원의 추운 지하실에 갇혀 있는 12시간을 다루었다. 이 작품은 등장인물이 몇 없고 펼쳐지는 공간도 한곳이어서 시간의 흐름과 주인공의 심리 변화가 세심하게 다루어진다.

좁은 방에 갇혀서 죽음을 기다리는 파블로. 피곤하지만 잠은 오지 않고, 상상인지 잠결에 꾼 꿈인지 모를 장면을, 함께 죽음을 기다리는 옆 사람에게 말한다.

우릴 뒷마당을 끌고 갈 거란 말이야. 놈들이 우리 앞으로 나란히 서겠지. 여덟 놈이 '겨누어' 하고 호령하면 날 향한 여덟 개의 총구가 보일 테지. 아마 벽 속으로라도 뚫고 들어가고 싶어 할지 몰라. 등으로 있는 힘을 다하여 담을 떠밀겠지만, 꿈속에서처럼 담은 꼼짝도 하지 않을 거란 말이야.

허덕이던 주인공은 시간이 지나면서 '죽음의 벽을 피할 수 없다'는, 누구나 알고 있는 진실을 떠올린 후 점차 두려움을 걷어내기 시작한다. '나에게 총구를 겨누는 저놈들 역시 그 벽을 피할 수 없겠지. 그러면 누가 먼저 죽느냐의 차이만 있을 뿐이지.' 이렇게 사르트르는 벽의 이미지를 죽음과 연결하여 인간의 실존을 그려내고 있다.

다음 날 톰과 후안이 먼저 사형에 처해졌다. 규칙적인 간격으로 들리는 총소리는 마지막으로 남아 있는 파블로를 더욱 힘들게 했다. 그런데 갑자기 장교가 파블로를 데리고 가더니 뜻밖의 말을 한다. 혁명운동의 주동자인 라몬 그라스가 어디 있는지 알려주면 살려준다는 제안이었다. 파블로는 그가 어디에 있는지 알고 있었지만 밤사이 얻은 깨달음 때문인지, 친구를 배신하기 싫은 마음 때문인지, 혁명의 성공을 바라는 대의 때문인지 거짓 진술을 한다. 이내 거짓은 밝혀질 것이고 파블로를 기다리는 건 그가 기대고 설 벽과 눈앞의 총구일 것이다.

사르트르는《존재와 무》에서 인간을 이렇게 묘사한다. 안이 텅 비어 있는 존재. 이것은 "인간이란 어떤 존재인가?"라는 질문에 대한 그의 답안에 해당한다. 인간은 그 자체로 완전하지 않고 결핍되어 있어서 스스로 만족할 수 없고, 비어 있는 자신을 채우기 위해서 끊임없이 바깥의 대상을 욕망한다는 것이다.

그는 인간의 이런 모습을 '실이 끊어진 연'에 비유한다. 끊어졌기에 연은 하늘을 자유롭게 날아다니는 운명에 처한다. 하지만 갈기갈기 찢겨 죽음을 맞이하기 전까지 다시는 땅에 내려오지 못한다. 여기서 끊어진 연의 자유가 주는 느낌은 음울하다. 이처럼 사르트르가 조망하는 인간의 자유는 통상 자유라는 말이 주는 후련함과는 거리가 있다. 그래서일까. 그는 인간의 운명에 대해 이렇게 적었다.

우리는 자유롭도록 선고받았다.

선고? 자유는 왜 형벌이 되는 것일까? 그것은 인간의 자유가 끊임없는 욕망과 뗄 수 없기 때문이다. 자유로운 연은 그저 떠돌아다니는 것이 아니라 온갖 욕심을 따라 이리저리 부유하고 그러다 끝내 만족에 이르지 못하고 찢어진다. 이것이 바로 인간 실존의 한계이자 벽이다.

시시포스가 운명에 맞서는 법

———

사르트르의 연은 시시포스를 떠오르게 한다. 신화에서 코린토스의 왕 시시포스는 속임수와 약은 짓을 일삼다 나중에 저승에서 참담한 벌을 받게 된다. 그에게 주어진 일은 무거운 바위를 산 위로 밀어 올리는 것인데 힘겹게 정상까지 올리면 바위는 다시 아래로 굴러 내려간다. 잠깐의 시련은 인내하면 되지만 문제는 영원히 똑같은 일을 반복해야 한다는 것이다.

알베르 카뮈의 《시시포스 신화》는 자살에 대한 에세이인데 이런 문장으로 시작한다.

참으로 진지한 철학적 문제는 오직 하나뿐이다. 그것은 바로 자살이다.

여기서 카뮈가 말하는 철학은 여러 사조들 가운데 실존주의에 해당한다. 사르트르는 "실존은 본질에 앞선다"라는 유명한 말을 남겼는데, 어렵게 생각할 것 없이 그냥 지금 우리가 '자살은 무엇인가'를 생각하고 있다면 그것이 곧 실존에 대한 고민이다.

카뮈의 결론은 무엇일까? 좌절감 속에서 생을 포기하는 것도, 그렇다고 알 수 없는 미래를 향한 희망에 기대는 것도 아니다. 그저 자신이 처한 현재를 직시하는 것이다. 카뮈는 벽에 갇힌 오늘날의 시시포스들에게 이러한 메시지를 전하고 있다.

시시포스는 돌이 순식간에 저 아래 세계로 굴러떨어지는 것을 바라본다. 그 아래로부터 정상을 향해 이제 다시 돌을 밀어 올려야 하는 것이다. 시시포스가 나의 관심을 끄는 것은 바로 저 산꼭대기에서 되돌아 내려올 때, 그 잠시의 휴식의 순간이다. 마치 호흡과도 같은 이 시간, 또한 불행처럼 어김없이 되찾아 오는 이 시간은 바로 의식의 시간이다. 그가 산꼭대기를 떠나 제신의 소굴을 향해 조금씩 더 깊숙이 내려가는 그 순간 시시포스는 자신의 운명보다 우월하다. 그는 그의 바위보다 강하다.

시시포스에게 잠깐의 휴식이 주어지는 시간은 산꼭대기에서 굴러 떨어진 돌을 향해 내려갈 때다. 힘겹게 돌을 밀 때는 아무 생각이 없었지만 하산 길에는 땀을 닦아내고 자신의 운명을 객관적으로 '의식'할 수 있다. 그리고 그는 그런 운명에서 죽음이 아니라 그것을 감내해 내는 열정을 택하기로 한다. 부조리한 세상 속에서 부조리한 삶을 살아가는 운명에 처한 존재가 할 수 있는 최선의 반항은 열정이다.

시시포스가 산에서 내려올 때 생각하는 것은 바로 이 조건(부조리한 현실)이다. 아마도 그에게 고뇌를 안겨주는 통찰이 동시에 그의 승리를 완성시킬 것이다. 멸시로 응수하여 극복되지 않는 운명이란 존재하지 않는다.

벽을 느끼고 발견했을 때, 한 발짝 거리를 두고 떨어져 응시하고 직시하는 것, 그리고 그 벽을 이루는 바위보다 단단해지고 그 바위를 비웃고 멸시하는 것, 그리고 열정을 되찾는 것. 이것들이 벽에 갇혀 있는 우리가 운명을 극복할 수 있는 유일한 방법이다.

운명은 우리에게 반전의 기회를 준다

우리는 복권에라도 당첨되면 좁은 방을 벗어나서 세계여행을 다니며 자유롭게 지낼 수 있을 거라고 생각한다. 시험에 합격해서 원하는 대학에 들어가면, 혹은 원하는 직업을 얻으면 더 자유로울 것이라고 생각한다. 원하는 것을 얻으면 잠시 그런 느낌이 들 수 있다. 그러나 인간은 결코 채워지지 않는 존재다. 하나를 얻으면 또 다른 무언가를 욕망하기 때문이다.

사르트르나 카뮈를 통해 얻게 되는 솔루션은 구체적이지 않다. 그보다 "인생은 이런 거야!"와 같은 일종의 깨달음이다. 바라는 것을 얻었다고 행복하고 무언가를 잃었다고 불행하다고 규정하지 말자. 정말 행복해지고 싶다면 욕망에 끌려다니지 말고 찢어진 연보다 좀 더 높은 곳에 올라가서 연을 내려다보자. 그렇게 실존을 내려다보고 죽음이 아닌 열정을 택하자. 우리는 막연하게 찬란한 행복을 이야기하지만, 행복이란 절망의 벼랑에서 간신히 피어나는 꽃과 같다는 것을 이해해야 한다.

한편 피할 수 없는 운명의 벽이 꼭 나쁜 것만은 아니다. 인간에게는 때로 예측할 수 없는, 상상하지도 못했던 또 다른 운명이 주어질 수 있다. 소설《벽》의 주인공 파블로는 어떻게 되었을까? 사르트르의 작품에는 멋진 반전이 있다. 그 반전이 무엇인지 궁금하다면《벽》을 읽어보기 바란다.

23

그 사람이 운명처럼 다가올 때

- 쇠렌 키르케고르 -

긴가민가하면 사랑하라

딜레마에 빠지다

누가 처음인지는 분명하지 않지만 키르케고르도 이 말을 했다.

그대가 결혼한다면 그것을 후회하리라. 그대가 결혼하지 않는다면 역시 그것을 후회하리라. 그러니 결혼을 하든 안 하든 아무튼 후회하리라.

그는 이어서 말한다.

한 여인을 믿어보라. 그대는 그것을 후회하리라. 한 여인을 믿지 말아 보라. 역시 그대는 후회하리라. 그러니 한 여인을 믿든 안 믿든 아무튼 후회하리라.

해도 후회 안 해도 후회라는 이 경구는 이성을 사귀는 사람들이 많이들 공감하기 때문인지 자주 회자된다. 논리학에서 이것은 딜레마 논법에 해당하는데 이런 꼴이다.

전제 1: A or B (결혼을 하거나 안 한다)

전제 2: A → C (결혼을 하면 → 후회)

전제 3: B → C (안 하면 → 후회)

결론: 따라서 무조건 C (후회)

전제 세 가지를 모두 받아들일 경우 결론이 100퍼센트 도출되는 연역논증에 해당한다. 위 논리식에 따르면 결혼이라는 갈림길, 혹은 한 여인에 대한 믿음이라는 갈림길에서 어떤 길을 선택하더라도 후회라는 감정은 필연적으로 도달한다. 그래서 항간에 "차라리 결혼을 하고 후회하라" 혹은 "차라리 사랑을 하고 후회하라"는 이야기가 나온 것이다.

키르케고르가 "신 앞에 선 단독자"라는 표현으로 유명한 만큼 그의 철학은 신과의 관계에서 펼쳐진다. 그의 철학에는 후회뿐 아니라 절망, 불안과 같은 유쾌하지 않은 키워드들이 줄곧 등장한다.

모든 인간은 두려움과 떨림 속에 살고 있으며, 두려움과 떨림에서 벗어나 있는 어떠한 질서도 없다. 두려움과 떨림은 우리가 우리 자신이 되는 과정 속에 있음을 의미한다. 그리고 두려움과 떨림은 그곳에 하느님이 있다는 것을 의미한다.

그는 '두려움'의 감정과 그로 인한 '떨림'에서 자신이 살아 있음을, 또 자신 안에 하느님이 있음을 발견했다. 다시 말해 유쾌하지 않은 감정을 통해서 자신이 존재하고 성장하고 있음을 파악하고 있다.

물론 불안 그 자체는 좋은 것이 아니다. 하지만 불안을 느끼는 순간 그것을 극복하는 힘이 엿보일 때 그 감정은 아름다운 것이 된다.

여기서도 키르케고르는 불안의 감정에서 아름다움을 발견하고 있다. 이렇듯 그의 미학은 우리가 통상 피하고 싶은 감정에서 나오는데, 이렇게 상반되는 감정을 동시에 겪는 것을 두고 '키르케고르의 변증법, 또는 역설'이라고 한다.

아무튼 키르케고르를 만날 때는 편안한 마음을 가져도 좋다. 그는 헤겔과 같이 거창한 철학의 체계를, 마르크스와 같이 역사 발전의 원리를, 플라톤이나 데카르트 같은 이원론을, 스피노자와 같은 일원론을 말하지 않았고 세상을 설명하기 위한 자신만의 개념어를 만들어내지도 않았다. 그저 겉으로 멀쩡해 보이지만 안으로는 후회, 두려움, 불안으로 가득한 우리들 자신 그대로의 모습이면 그를 만나기에 부족함이 없다.

한 길 사람 속은 모두 다르다

그는 실존주의자다. 개인의 실존은 기본적으로 남과의 관계를 고려하기 전에 개인으로부터 출발한다. 그리고 당연히 개인의 내면은 오직 그 개인만의 것이다. 그러니 실존주의를 표방하면 남들이 떠들어대는 행복의 조건이나 스펙이라는 것들은 좀 더 부차적으로 규정된다. '어떤 철학 체계를 적용해도 규정할 수 없는 그 사람만의 것'이 바로 실존인 것이다. 그래서 실존주의의 대명사인 사르트르는 이런 말을 남겼다.

실존은 본질에 앞선다.

플라톤 이래 무수한 철학자들은 세상의 본질을 이해하기 위해 나름의 체계를 만들어왔지만, 개개인의 실존은 한 가지 체계에 종속되지 않고 그것만으로 설명될 수 없다는 것이다. 위에 인용한 키르케고르의 글에서 확인했듯이 (그는 두려움과 불안에서 살아 있음과 아름다움을 발견했다) 우리의 실존은 역설적이어서 어떤 정합적인 이론으로 설명될 수 없다. 그래서 실존은 자기 자신만의 개별성이 강조된다.

그리고 실존의 논의에서 햄릿의 '죽느냐 사느냐' 혹은 키르케고르의 '결혼하느냐 마느냐'의 갈림길에서 어느 것을 선택하는지는, 당사자에게 절실한 문제겠지만 중요하게 다루어지지 않는다. 실존주의에서 정답은 없기에 어느 길을 간다고 틀렸다고 할 수 없다. 대신 그것을 선택하는 사람 그 자체의 모습과 내적 갈등, 그리고 결단에 관심을 둔다.

세속의 성공과 달리 실존주의자가 되는 것은 그리 어려운 일이 아니다. 그저 벤치에 앉아 떨어지는 나뭇잎을 바라볼 수 있는 사람이라면, 일기장이든 블로그에 자신의 내면을 기록할 수 있는 사람이라면 그 사람은 실존주의자다. 그는 아마도 키르케고르처럼 불안과 두려움에서 아름다움을 발견할 수 있는 생활 속의 미학자가 되어 있을 테니까.

심미적인 사랑은 청춘의 특권이다

―――

실존이 객관적인 것이 아니다 보니 때로 불안정해 보이거나 이해되지 않는 행동을 하는 이들이 눈에 띌 것이다. 무언가를 바라고 전략적으로 한 행동이라면 설명이 되지만 그렇지 않다면 지극히 개인적인 이유에 기인한다.

키르케고르는 그 이유를 설명하는 실존의 세 가지 단계를 제시하고 이 순서로 차원이 높다고 했다. 심미적 단계, 윤리적 단계, 종교적 단계. 윤리적, 종교적이란 말은 좀 느낌이 오는데 심미적이란 어떤 의미일까?

그의 자전적 소설《유혹자의 일기》를 보면 실마리를 얻을 수 있다. 주인공 요하네스는 코델리아라는 여인을 짝사랑하다가 그녀의 사랑을 얻기 위해 온갖 전략을 짜내고 치밀하게 실천한 결과 그녀와의 약혼에 성공하고 사랑을 성취한다. 하지만 그는 그녀의 사랑을 획득한 직후 그녀를 버린다. 도대체 요하네스는 왜 그랬을까? 그는 일기장에 이렇게 썼다.

내가 코델리아를 사랑하는 것일까? 그렇다. 진심으로? 그렇다. 성실하게? 그렇다. 심미적인 의미에서 그렇다.

여기서 심미적이라는 말이 정확히 무엇을 의미하는지 파악하기는 어렵지만 적어도 윤리적 측면의 아름다움은 아닐 것이다. 윤리적으로는 한마디로 자신이 나쁜 놈이란 걸 요하네스도 알고 있고 대부분, 특히 코델리아를 동정하는 여성이라면 더더욱 이런 인간을 경멸

할 수밖에 없다.

요하네스가 애당초 정복 욕구를 달성하자마자 그녀를 버릴 심산이었는지, 혹은 그럴 의도는 아니었는데 성취하자마자 일종의 허무감을 느끼면서 그것으로부터 도망가고 싶은 열망을 느꼈는지 알 수 없는 일이다. 여하튼 그는 스스로 그녀를 '심미적인 의미'로 사랑했다고 확신한다. 그런데 짝사랑하던 여인에게 다가가는 건 아름다움의 추구와 연결 지을 수 있지만, 조금의 여지도 주지 않고 애인을 버리는 것에서 아름다움을 느낀다는 건, 그 일기장을 혹시나 남들이 보게 될까 걱정해야 할 만큼 설명력이 떨어진다.

나 역시 요하네스의 심미적 사랑을 이해할 수 없다. 하지만 내가 실존주의를 좋아하는 이유 또한 역설적으로 바로 그 이해할 수 없음에 있다. "한 길 사람 속을 모른다"는 우리네 속담에 담겨 있는 인간의 개별성에 대한 경험적 체득 때문이다.

남에게 나를 이해시킬 의무는 없다

———

이처럼 키르케고르의 실존에 대한 이야기는 주관성이 강해 알쏭달쏭하다. 하지만 우리는 그의 철학을 통해 좋지 않은 상황에 처했을 때, 또는 절망, 후회와 같은 감정이 들었을 때 이겨낼 정신적인 힘을 얻을 수 있다. 또한 다른 사람 눈치 보지 않고 또 휘둘리지 않고 나의 길을 걸어갈 힘을 얻을 수도 있다.

실존이 약한 사람들 중에 남에게 자신의 처지를 어떻게든 설명하고 이해를 구하려는 이들이 있다. 그러나 내밀한 깊은 곳의 이야기는 요하네스가 등장하는 《유혹자의 일기》처럼, 자신만의 공간에 기록하면서 스스로 대화를 나누는 편이 낫다. 가까운 친구 사이라면 각자의 심미적 이야기를 할 수는 있는데, 그것은 친구에게 자신을 내보이는 것이지 이해시키기 위해서는 아니다. 요하네스가 남들에게 자신의 행위에 대한 이해를 구하면 구할수록 그것이 구해질 리 없다. 신을 믿든 안 믿든 키르케고르의 말대로 우리는 단독자이고 실존주의자는 남의 눈치를 보지 않고 남에게 휘둘리지 않고 자신의 길을 걸어갈 수 있는 사람이다.

그래서 실존주의는 남에게 어떤 솔루션을 제공하지 않는다. 키르케고르도 생각이든 행동이든 우리에게 이래라저래라 하는 것이 없다. 그가 관심을 기울이는 건 '불안을 느끼는 나', '절망을 느끼는 나', '떨림을 느끼는 나'에 대한 것이다. 하지만 그런 키르케고르도 청춘을 향해서 일종의 솔루션을 제공하는 대목이 있다.

지금 나는 나의 청춘과 첫사랑을 생각한다. 그 시절에는 나에게도 동경이 있었다. 지금은 다만 그 시절의 동경을 동경하고 있을 뿐이다. 청춘이란 무엇인가? 하나의 꿈이다. 사랑이란 무엇인가? 꿈의 내용이다.

그의 말대로라면 청춘은 사랑으로 채워져야 한다. 사랑을 하든 안 하든 후회가 남지만 말이다. 긴가민가할 때, 같은 값이라면 키르케고르는 사랑을 권하고 있다. 비록 그 사랑을 성취한 후 심미적 단계에서 상대를 버리는 결과를 낳더라도. 혹시나 해서 또 한 가지, 그는 '청춘'의 사랑에 대해 이야기했다. 청춘이 아니라면 좀 더 생각해 볼 일이다.

24

남과 다른 진로를 택하고 싶을 때

- 르네 데카르트 -

'의심하는 나'의 정신을 믿어라

90퍼센트의 실패가 정해진 게임

우리 집 아이에게 조금씩 시키는 게 몇 가지 있다. 기타 연습, 시 따라 쓰기 같은 것들이다. 악기가 외로운 삶의 친구가 되기를 바라고 꼭 시인이 아니라도 자신의 감정을 언어로 표현할 줄 아는 사람이 되기를, 그리하여 음악과 문학을 감상하는 수준에서 조금 더 나아가기를 바라서다. 물론 아이가 "왜 해야 해?"라고 칭얼거릴 때가 있다. 궁금할 것이다. 이걸 왜 해야 하는지.

내가 아이보다 몇 살 더 먹었던 때인 것 같은데 공부를 왜 해야 하는지 궁금했던 적이 있다. 같은 반 친구와 그에 대한 이야기를 나눴는데, 친구가 아버지께 들은 이야기라면서 "지금 공부하는 건 대학을 가기 위해서래"라고 말해주었다. 그리 멋진 답이라고 느껴지진 않았었지만 결과적으로 나는 친구 아버지의 뜻을 따른 많은 무리 중 하나가 되었다.

공부의 이유에 대해 더 멋진 답을 찾다 보면 꿈을 떠올리게 된다. 예전에 입시 학원으로부터 모의 면접의 면접관 역할을 해달라는 요청이 온 적 있다. 학생들은 비슷한 패턴의 장래희망을 이야기했는데 이런 식이었다. 의사가 되기 위해 의대에 가겠다. 그리고 어려운 사람을 돕겠다. 그리고 국경 없는 의사회에 가입해서 아프리카에 가겠다. 명망 있는 직업과 봉사, 글로벌 3박자가 조합된 형태였다.

그러나 대부분은 남들이 좋다고 하는 대학을 가지 못하고 입학 몇 년 후 설문조사에서 절반 가까이는 전공을 잘못 택했다고 응답한다. 결국 10대 때 자소서에 기입한 직업으로 먹고사는 사람들은 드물다. 어려운 사람을 돕겠다는 말 또한 입시 면접장에서가 마지막이다. 어릴 때부터 사교육을 전전하며 경쟁한 것이, 돌아보면 거짓말이 될 봉사의 정신을 자소서에 쓴 것이, 스무 살에 입시의 '실패감', 서른 살에 취업의 '좌절감'을 느끼기 위해서는 아닐 것이다.

대한민국 청년들의 실패와 좌절의 감정은 무엇 때문일까? 더 좋은 대학과 더 좋은 직업을 위한 경쟁에서 뒤처졌기 때문일까? 나는 그렇게 생각하지 않는다. 애당초 불필요한 경쟁의 게임에 참여했기 때문이다. 스스로 90퍼센트의 실패가 정해진 길을 택했기 때문이다.

100미터 달리기를 보자. 10명이 결승선을 향해 뛰어간다. 1등부터 3등까지는 메달을 목에 걸고 나머지는 경쟁에서 뒤처진다. 참가한 선수들은 결승선을 먼저 통과하는 것이 성공이란 데 동의하고 달린다. 하지만 아이들은 다르다. 명문대에 가는 것, 대기업에 취업하는 것, 마흔쯤 됐을 때 아파트 한 채 정도 소유하는 것이 인생의 성공이라는 데 동의하고 출발선에 선 것이 아니다.

자아가 형성되지도 않은 아이들에게 남이 세운 기준으로 실패의 비율이 정해진 달리기 경기에 참가하라는 것은 매우 가혹한 일이다. 올림픽이나 세계선수권대회에 출전하는 국가대표가 아닌 이상 굳이 그 게임에 참가할 필요는 없다. 또한 본선에 나가기 위한 대표선발전에 참가할 필요조차도 없다. 물론 이런 견해에는 이런 우려가 따라올 텐데, 경쟁에서 밀려서 걱정인 판에 아예 경기에 나가지 말라는 건 낙오자가 되라는 것인가?

게임에 참여하지 않는다고 낙오자라고 착각할 필요는 없다. 게임의 룰을 스스로 정하고 나만의 게임에 참여하면 된다. 내가 재미있다고 생각하는 것, 내가 의미 있다고 생각하는 것을 가지고 자신과의 경쟁을 하는 것이 옳다. 다시 말해 성공의 기준이 자기 자신에게서 나온다면 모든 사람은 각자의 게임에서 승리할 수 있으며 좌절감과 실패감을 느끼지 않을 수 있다. 부모가 자녀에게 해야 할 가장 중요한 의무는 그런 게임의 길로 이끄는 것이다.

존재의 이유는 남이 아니라 자신이다

———

데카르트를 이야기하려는데 교육이라는 거창한 주제를 갖고 와서 송구하다. 다만 아래의 유명한 문장을 활용해 '의심하는 나'로서 교육 현실을 의심해 본 결과다.

나는 생각한다. 따라서 나는 존재한다.

존재의 이유에는 여러 가지가 있을 수 있다. 누구를 사랑하기 때문일 수도, 돈과 명예 때문일 수도, 수험생과 취준생에게는 대학과 직장 때문일 수도 있다. 또 어떤 이는 엄마의 기대에 부응하는 것이 존재의 이유일 수도 있겠다. 이런 이유들은 당사자에게는 절실한 것이겠지만 존재의 이유가 바깥에 있다는 특징이 보인다.

이와 달리 데카르트는 존재의 이유를 내 안의 생각, 좀 더 정확히 말하자면 의심에서 찾은 것이다. 그는 누구도 부인할 수 없는 명확한 진리를 찾고 싶었다. 그런데 살다 보니 참이라고 믿었던 게 그 반대로 바뀌는 경우가 많더라는 것이다. 모든 것은 변해간다. 외모나 세상의 트렌드도, 친구와의 우정과 애인과의 사랑, 그리고 입맛도.

옛날 맥도날드가 처음 국내에 상륙했을 때 압구정동에서 동호대교 남단까지 이어지는 긴 행렬 가운데 내가 있었다. 오랜 기다림 끝에 빅맥버거를 먹었을 때 세상에 이보다 맛있는 햄버거는 존재하지 않으리라 확신했었다. 그땐 그랬다.

이처럼 우리의 감각과 경험은 아무것도 확신할 수 없다고 가르쳐준다. 심지어 데카르트는 지금 이 순간이 혹시 꿈이 아닐까 하고 의심했다. 깨어나서야 꿈이었다는 것을 알아차리는 것처럼 말이다. 이렇게 의심의 극단까지 밀고 간 결과 데카르트는 그럼에도 의심할 수 없는 유일한 팩트를 발견했다. 어찌 됐든, 지금이 꿈이든 아니든, 지금 모든 것을 '의심하고 있는 나'라는 존재가 '있다'는 것이다. 그건 분명하다. 그래서 "의심하기 때문에 존재한다"는 명제를 세웠다.

내가 다른 것의 진리성을 의심하려고 생각하고 있다는 사실 자체에서 내가 존재한다는 것이 아주 명백하고 확실하게 귀결되고 있음을 알게 되었다.

나아가 눈에 보이지 않는 '의심하는 나의 정신'이 눈에 보이는 그 어떤 것보다, 이를테면 내 앞에 놓인 빅맥버거보다 더 분명한 것이라고 말했다.

나를 나이게끔 해주는 정신은 물체와는 전적으로 다른 것이며, 심지어 물체보다 더 쉽게 인식되고, 설령 물체가 존재하지 않는다고 하더라도 정신은 스스로 중단 없이 존재하는 것이다.

내 앞에 아무것도 없어도 나의 정신은 있다는 그의 발견에서 무엇이 느껴지는가? 내 정신, 혹은 정신력에 대한 당당한 확신이다. 그런데 왜 철학의 역사에서 데카르트의 코기토Cogito, ergo sum(나는 생각한다, 따라서 존재한다)를 근대라는 새로운 시대의 상징적인 명제로 평가할까? 인류가 그 전에는 생각, 혹은 의심이란 걸 하지 않았다는 것인가? 물론 그 전에도 인간은 생각하는 동물이었다. 그러나 신 중심의 세상이었던 중세 때까지 각 인간의 이성에 대해 이런 확신을 가진 적은 없었다. 데카르트는 인간의 이성이 명석한 것은, 완전무결한 신이 스스로의 속성을 인간의 정신에 부여했기 때문이라고 설명했다.

또한 코기토 이전까지는 세상 모든 것을 내 정신과 구분하여 대상화하지 않았었다. 그 대상을 놓고 사유하는 인간 정신에 대한 확신이 분명하지 않았기 때문이다. 그러다 빛나는 정신으로 대상을 분석하며 근대의 출발선을 만든 것이다. 근대 이후 사람이 생각하면서 산다는 건, 데카르트가 말한 명석한 이성의 활용을 의미한다. 다시 말해 모든 것을 대상화하여 의심하는 것이다.

의심하라

──────

애초부터 아무 생각 없이 대충 인생을 살아가려 하는 사람은 없을 것이다. 하지만 남들이 다 한다는 이유로 나도 하고 있으면 열심히 살아도 결국 대충 사는 것과 같아진다. 군대가 그렇다. 군대가 아니라면 혼자서 그런 훈련을 할 수 없다. 힘들어도 왜 해낼 수 있는가? 남들도 다 하기 때문이다. 그곳에서의 미덕은 아무 생각 없이 하라는 대로, 남들이 하는 대로 그냥 하다가 때가 되면 나오는 것이다. 그러나 세상은 군대가 아니다.

다시 우리의 교육 현실을 보자. 영문도 모르는 아이들에게 '좋은 대학'이라는 결승점을 찍어준 후 90퍼센트가 실패하는 게임의 출발선에 올려놓는다. 그리고 시키는 대로 따라오라고 한다. 이런 부조리한 경기에 참여해서 열심히 뛰는 건 왜일까? 남들이 하기 때문이다.

교육뿐 아니라 우리가 처한 모든 문제 상황에 대한 데카르트의 솔루션은 의심하라는 것이다. 그렇다고 의심의 능력에 대해 의심할 필요는 없다. 데카르트에 따르면 이성은 신 앞에 평등하여 인간 모두 동일한 정도의 이성을 갖고 있다. 다만 누가 더 이성을 잘 활용하느냐에서 차이가 빚어진다.

우리가 각각 다른 견해를 갖고 있는 것은 어떤 사람이 다른 사람보다 더 이성적이어서라기보다는, 서로 다른 길을 따라 생각을 이끌고 동일한 사물을 고찰하지 않는 것에서 비롯된다. 왜냐하면 좋은 정신을 지니는 것만으로는 충분하지 않으며 그것을 잘 사용하는 것이 더 중요하기 때문이다.

그의 말대로 서로 다른 방향으로 이성을 적용할 수 있기 때문에 애초에 어떤 방향을 선택하는지부터 이성의 활용이 중요하다. 물론 사람에 따라 입시 경쟁 게임에서 자녀가 상위 1퍼센트에 속하기 위한 교육 전략을 세우는 사람이 있을 것이다. 그는 그 게임에서 승리하기 위해 온갖 이성을 활용할 것이다. 그러나 나의 이성은 다른 길을 향하고 있어서 내 아이가 그 경쟁의 게임에서 벗어날 것을 지시하고 있다. 그러면 나는 그 경쟁에 참여할 필요가 없으며 내 이성을 그 전략을 짜는 데 사용하지 않아도 된다.

나도 남들처럼 아이에게 악기를, 수학을, 문학을 교육하며 사교육을 활용할 것이다. 그러나 이런 이야기만큼은 하지 않으려 한다. "지금 공부를 열심히 해야 하는 이유는 좋은 대학을 가기 위해서란다." "네가 악기를 배우는 이유는 악기를 잘 다루어야 좋은 고등학교에 갈 수 있기 위해서란다." "고등학교에 가면 문학이 어렵단다. 지금부터 문학 공부를 해야 한다고 하더라." "수능에는 우리나라 작품만 나오니 세계문학은 대학 가서 읽는 게 어떻겠니?"

타율적인 모든 것은 재미가 없기 때문이다. 재미있을 수 있는 것을 재미없게 만들면서까지 공부할 필요는 없기 때문이다. 무엇보다 평생 공부의 길 가운데 초등학교와 대학교도 거치는 것이지, 그 장소를 위해서 공부하는 것은 아니라고, '의심하는 나의 정신'이 가르쳐 주고 있기 때문이다.

25

손도 까딱하고 싶지 않을 때

- 앙리 베르그송 -

당신은 창조적 진화의 선두에 있다

끝까지 무기력한 주인공은 없다

대학에서 일하면서 학생들을 위한 특강을 기획할 때였다. 스토리텔링 역량 강화를 위해 인기 웹툰 작가를 강사로 섭외했는데 그는 습작 시절의 이야기를 들려주었다. 만화를 업으로 삼았음에도 문득 자신을 포함한 많은 사람들이 만화를 찾는 이유가 무엇일까 궁금했다고 한다. 그는 마음먹고 몇 달 동안 고전의 반열에 오른 작품들을 다시 탐독하면서 스토리의 특징을 살펴보았고 의외로 단순한 구조를 발견했다. 대개 주인공은 처음에 무기력하게 등장했다가 운명적인 계기에 의해 어떤 것을 향한 강렬한 바람을 갖게 된다는 것이다. 그리고 예외 없이 그 열망을 가로막는 장애물이 나타나면서 본격적인 스토리가 전개되더라는 것이다.

특별하다 할 것 없는 이 특강을 들으면서 나는 끝까지 무기력한 주인공은 없다는 것을 새삼 느꼈다. 결국 사람들은 웹툰, 소설, 영화에서 주인공의 바람과 그것을 가로막는 무엇 사이의 갈등 구조에 흥미를 느끼고 그 지점에서 주인공의 '생명력'을 간접적으로나마 체험한다. 아마도 그것을 느끼기 위해 우리는 픽션에 빠지는지도 모른다.

이 생명력을 철학의 소재로 삼은 이들이 있다. 우리가 무기력에 빠졌을 때 잠시 떠난 여행지의 카페에서 폼으로라도 니체나 베르그송을 펼쳐 들 여유가 있다면 생명의 기가 좀 더 충전될지도 모른다. 다음은《차라투스트라는 이렇게 말했다》에 나오는 니체의 명언이다.

나는 너희들에게 위버멘쉬(초인)에 대해 가르치노라. 인간은 극복되어야 할 그 무엇이다.

"인간은 극복되어야 할 그 무엇이다." 이 문장은 니체를 이해하기 위해 꼭 거쳐야 하는 관문이다. 초인이 되기 위해 무엇을 극복하라는 것인가? 니체의 철학에서 답을 찾아보면 그는 우리에게 '힘을 향한 의지Der Wille zur Macht'를 가지라고 한다. 이것을 예전에는 '권력에의 의지'로 번역하기도 했는데 권력이란 말이 오해의 소지가 있어서 요즘 잘 쓰지 않는다. 어떤 연구자가 사용한 '(각자가 갖고 있는) 에너지를 발휘하려는 의지'라는 번역이 쉽게 와 닿을지 모르겠다.

니체는 위버멘쉬로 슈퍼맨을 지목한 것이 아니라 아기를 예로 들었다. 약할지언정 무기력한 아기는 없다. 그래서 아이 키우는 게 힘든 거 아니겠나. 또한 모든 생명체를 잘 들여다보면 겨울을 이겨내고 봄에 돋는 새싹 한 포기에도 힘을 발휘하려는 순수한 의지를 읽을 수 있다. 아마도 니체가 극복하라고 한 것은 생명체임에도 불구하고 생명스럽지 않은 인간의 '무기력함'이 아닐까.

니체 이후 앙리 베르그송은 당시 유행하던 진화에 대한 연구 성과를 철학의 영역으로 가지고 와서는, 우주의 역사를 아우르는 큰 스케일로 이 힘(생명력)에 대해 이야기를 풀었다. 시간, 생성, 변화. 이른바 '생의 철학'이 갖는 주요 키워드들이다.

이성은 오히려 생명력을 갉아먹는다
————

그가 쓴 책의 제목에 대해 잠시 생각해 보자. 진화는 시간이 흘러가면서 변하는 것을 의미하는데 베르그송은 그 앞에 수식어를 붙여 '창조적 진화'라고 했다. 이 책은 여태껏 변해왔던 패턴과 무관하게 앞으로 예측할 수 없는 또 다른 변화가 펼쳐짐을 이야기한다. 인류는 우주의 모든 종 가운데 그 변화의 제일 앞 열에서 진군하고 있고 우리 개개인은 그 열의 어디엔가 놓여 있다는 것이다. 그러니 무기력에 빠져 있는 모습은 진화의 선봉에 있는 인간과는 어울리지 않는다.

학창 시절 교과서에서 베르그송의 철학에 대해 '반이성주의'라고 읽고 외웠던 기억이 있다. 하지만 아무도 감성만으로 철학을 하는 사람은 없으므로 이 규정은 좀 더 설명이 필요하다. 이전과 달리 새로운 소재를 이성의 재료로 삼아야 한다는 것을 의미한다. 베르그송도 이성에 대한 반대가 아니라 선배 철학자들이 놓쳤던 새로운 관점을 제시한 것이다.

지성은 생명과 다르다. 생명은 지속하는데 지성은 잠시 멈추고 관찰해야 한다. 이것은 마치 높이뛰기 선수가 장애물을 뛰어넘기 위해 장애물로부터 눈을 돌리고 자신을 바라보아야 하는 것과 같다.

올림픽에 출전한 높이뛰기 선수가 목표점을 넘기 위해 온몸과 정신을 쏟아내는 것이 우리의 삶이라고 가정해 보자. 움직임과 역동성이 상상으로 느껴진다. 그런데 그것에 대해 '분석'을 시도하려면 갑자기 생명의 활동을 멈추고 가야 할 방향과 반대 방향으로 시선을 돌려야 한다. 실제로 선수는 매트 위로 떨어지면서 자신이 목표로 한 장대를 건드렸는지 아닌지 확인하기 위해 시선의 방향을 돌려서 올려다본다. 이 순간은 선수가 시간의 흐름과 스스로의 움직임에서 이탈해서 특정 대상에 시선을 고정한 것이다.

이 시선은 생명의 전체를 보지 못하고 부분적인 분석만 시도한다. 시험장에서 수학 문제를 풀고 있는 우리들의 모습처럼 말이다. 베르그송은 이러한 지성의 시선은 생명의 방향과 반대 방향이고 창조력과 아무 상관이 없다면서 인간의 이성은 오히려 우리의 생명력을 훼손한다고 말한다.

이성을 활용하지 않는 생명체와 비교하면 강아지, 고양이, 호랑이 같은 동물과 곤충, 식물들 모두 무기력증이란 게 없다. 인간들보다 낫든 안 낫든 나름대로 주인공의 삶을 살아간다. 굳이 인간만이 무기력증을 앓는 이유가 무엇이겠는가? 생각이 너무 많기 때문이다.

무기력에서 벗어나기 위한 세 가지 지침

————

이제 무기력의 원인을 분석했으니 솔루션을 검토할 차례다. 베르그송의 책이 읽기 쉽지는 않지만, 친절하게도 무기력에 빠진 인간을 위해 다음 세 가지를 조언한다.

첫째, 본능과 직관으로 생명을 이해하라.

정신에는 지성과 본능이 있는데 생명의 힘은 본능에서 나온다. 요즘 '직관적'이란 말이 유행인데 직관은 골똘히 머리를 써서 이해하는 게 아니라 보자마자, 본능적으로 핵심을 캐치하는 것을 말한다.

우리가 말하는 동물적인 감각이라는 게 바로 이성을 활용하지 않는 직관적인 반응이라고 할 수 있다. 지성은 우리를 아주 좁고 세밀한 시선으로 물질을 분석하게 할 뿐 공감의 능력을 주지 않는 반면, 본능과 직관으로 생명을 바라볼 때는 시야가 확장되고 공감의 능력이 배가될 수 있다.

둘째, 먼저 행동하라.

베르그송은 수영을 예로 들었다. 이를테면 물에 들어가기 전에 PPT로 아무리 이론 수업을 이수했다고 해도 결코 헤엄칠 수는 없다. 백 마디 말보다 다소의 두려움과 리스크를 안고 물장구를 치면서 수영이 시작된다. 마찬가지로 무언가를 원한다면 즉각 행동해야 그 길에 들어설 수 있다.

셋째, 시간의 흐름을 의식하라.

우리는 진화하는 생명체이므로 시간에 대한 감각이 있어야 한다. 물론 우리 개개인이 무기력에 빠졌다고 해서, 부지런히 행동하지 않는다고 해서, 시간의 흐름을 의식하지 않는다고 해서 인류라는 종이 생명 진화의 대열에서 이탈하는 것은 아니다. 그러나 의미 있는 삶과 행복을 위해서는 개개인의 진화가 필요하다. 그래서 베르그송의 글을 보면 인류라는 종에 대한 설명과 개개의 생명에 대한 설명이 자주 중첩된다. 다음의 비유도 그렇다.

우리는 화가와 같다. 모델과 물감이 결정되었다 해도 화가는 초상화가 어떻게 될지 스스로도 알지 못한다. 작품이 어떻게 나올지는 그려보아야 안다. 삶도 마찬가지다. 삶의 순간순간이 창조물이다.

진화는 불꽃놀이의 불길과 같다

————

창조적 진화의 결과를 예측할 수 없는 것처럼, 그림이 어떻게 그려질지 화가 스스로 알지 못하는 것처럼 우리의 삶도 어떻게 될지 예측할 수 없다. 나 역시 한 편의 글이 어떻게 완성될지는 써봐야 안다. 글을 쓰면서 만들어지는 생각을 쓰기 전에는 알지 못하기 때문이다. 마찬가지로 삶도 살아봐야 아는 것 아니겠는가.

결국 예술이든 삶이든 모든 것은 미완성이고 그것이 펼쳐지는 과정은 연역적인 것이 아니라 귀납적인 것이다. 그러니 우리의 삶에 생명력을 불어넣기 위해서, 짜인 틀에 어떻게든 자기를 끼워 맞추려는 생각을 버리고 직관과 행동의 예측 불가능성을 삶의 여지로 남겨두는 것이 어떨까.

다른 철학자들에 비해 베르그송은 어떤 느낌으로 다가오는가? 감이 빠른 독자라면 높이뛰기 선수나 화가의 예에서 느꼈겠지만 베르그송의 비유는 정말 탁월하다. 독일 철학자와 프랑스 철학자들의 문장 스타일이 좀 다르다. 전자는 대체로 이런 식이다. "내 눈앞에 원기둥이 있다고 하자. 이쪽에서 바라볼 때와 저쪽에 바라볼 때…" 이렇게 한없이 건조한 설명 때문에 철학에 관심을 가지려다 책을 덮은 이들도 적지 않다. 그러나 베르그송을 읽으면 왜 이 사람이 노벨 문학상(알다시피 노벨 철학상은 없다)을 수상했는지 이해할 수 있다. 그만큼 문장에 스타일이 있다.

끝으로 《창조적 진화》에서 베르그송이 시각적인 비유를 들어 생명의 진화를 설명한 몇 대목을 소개한다. 창조적인 생명력이 느껴지길 기대한다.

- 우주는 한 번도 완성체였던 적이 없다. 영원히 만들어져 가는 현재진행형이다.
- 생명은 대포에서 쏘아서 조각난 유탄들로 파열되는 포탄과 같다.
- 생명은 하나의 중심에서부터 퍼져가는 거대한 파도다.
- 생명의 진화는 예측할 수 없다. 불꽃놀이의 마지막 불꽃이 만들어내는 길과 같은 것이다.
- 다른 종들은 생명 도약의 점프대에서 너무 높다고 내려왔지만 인간이란 종만이 용감하게도 점프대에서 뛰어 장애를 넘었다.
- 인류는 자신이 지배하는 자연 속에서 더 이상 고립되어 있지 않다. 시간과 공간 속의 인류 전체는 모든 저항을 넘어뜨릴 수 있고 많은 장애물 심지어 죽음까지도 극복할 수 있는 열광적인 돌격 속에서 전후좌우로 질주하는 거대한 군대다.

26

이력서와 자소서를 쓸 때

- 에드워드 핼릿 카 -

사실은 스스로 말하지 않는다

과거와 대화할 줄 아는가

일찍이는 중학교 입학 때부터 '이력서 + 자소서' 패키지가 우리를 압박한다. 늘 고역인 까닭은 특별히 적을 것이 없어서다. 나이를 먹는다고 사정은 나아지지 않는다. 뭔가를 더 적기 위해 열심히 스펙을 만들어가는 사람들 때문에 상대적으로 적을 것이 없어지고 이력서는 더욱 초라해진다. 이 글은 초라함을 느끼는 당신을 위해 준비했다.

이력履歷에서 이履는 '밟다'라는 뜻이니 이력은 내가 밟아온 길을 의미한다. 부담스럽게 한자를 풀어 쓴 것은, 이력서와 자소서를 쓰기 전에 '역사歷'에 대해 한번 생각해 보자는 뜻에서다. 세계나 한국의 역사가 아닌 바로 당신의 역사를 말이다. E.H. 카는《역사란 무엇인가》에서 이렇게 말했다.

> 역사란, 역사가와 사실 사이의 부단한 상호작용이고 현재와 과거 사이의 끊임없는 대화다.

이 유명한 문장을 읽고 과거와의 대화는 역사학자만 하는 것이라고 생각했을지도 모른다. 혹은 이를테면 1789년 프랑스혁명, 1884년 갑신정변과 이야기를 나누려고 잠시 머리를 가다듬었는지도 모른다. 하지만 과거와의 대화는 당신의 것부터 시작하는 것이 낫다.

늘 중심에서 '나'를 멀어지게 하는 역사 교육에 문제가 있다고 생각해 왔다. 인류의 역사, 한민족의 역사에서만 현재와 과거 사이의 대화가 필요한 것이 아니라 바로 지금 이 순간, 우리는 우리의 지난 과거와 대화를 할 수 있다. 아니 대화를 해야 한다. 그것이 바로 우리의 삶에 의미를 부여하는 스토리텔링의 과정이기 때문이고 그것 없이 우리는 맞춤식 미래를 설계할 수 없기 때문이다.

그리고 또 한 가지, 21세기는 지식사회가 아니라 지식정보사회여서 주어진 사실보다 그것으로 어떻게 스토리텔링을 할 수 있느냐가 더 중요한 시대다. 이는 우리의 과거에도 그대로 적용된다. 당신의 삶을 빛나게 만드는 사람은 어느 누구도 아닌 바로 당신이다. 카의 조언을 따라 과거와 대화하는 역량을 키우기 위해 먼저 대화의 파트너가 되는 과거의 사실이 무엇을 의미하는지부터 알아보겠다.

진실은 고정된 것이 아니다

위 소제목이 불편하게 느껴지는 분들이 있을 것이다. "언젠가 진실은 밝혀지는 거잖아? 진실은 변하지 않는 거야!" 격앙된 목소리가 들리는 듯하다. 그럼에도 진실은 가려져 있을 뿐 구름만 걷히면 밤하늘에 반짝이는 별과 같이 나타날 거라는 우리의 고정관념을 조금 건드리고 싶다.

논의를 위해 먼저 '사실事實'과 '진실眞實'을 구별해 보겠다. 사전적 의미로는 별 차이 없이 둘 다 실제 있었던 과거의 구체적인 사건을 언급한다. 그런데 진실은 '참된 실체'라는 의미도 있는 만큼, 사실들을 근거로 어떤 가치 판단이 들어가는 명제로 표현될 때가 많다.

예를 들어 1980년 광주에 대해 이야기해 보면 그해 5월 18일 민중의 저항운동이 펼쳐진 것은 사실, 즉 팩트다. 이에 대해 대부분의 사람들은 "광주에서 민주화운동이 일어났다"고 말한다. 그런데 어떤 사람들은 당시 시민들의 무기 탈취, 도청 점거 그리고 공산주의자들의 개입 사례들을 나열하면서 "공산주의자들이 사주한 민중의 폭동"

이 진실이라고 주장한다. 군부 독재정권의 출현에 저항하던 민중이 피를 흘린 사건에 대해 폭동이라고 주장하는 이들의 자신감은 어디서 나왔을까? 그들은 자신들의 주장이 사실에 근거한다고 생각하기 때문이다.

그러나 우리가 분명히 알아야 할 것은, 사실은 객관적이지만 사실을 다루는 사람은 주관적이라는 사실이다. 여러 사실들 중에 어떤 사실을 버리고 어떤 사실을 선택할 것인지의 단계에서 이미 개인의 주관적 가치관이 개입된다. 따라서 사실을 어떤 주장의 논거로 삼는 순간, 그 사실은 순수하게 객관적일 수 없다.

사실은 결코 생선가게의 생선이 아니라 넓은 바닷속을 헤엄치는 물고기 같은 것이다. 역사가가 무엇을 낚을지는 우연도 작용하지만, 그가 바다의 어디에서 낚시질을 하느냐, 또 어떤 도구를 쓰느냐에 달려 있다.

넓은 바닷속의 물고기는 한두 마리가 아니며, '팩트'라는 물고기를 포착하는 것은 어부의 의도와 사용하는 도구, 그리고 낚는 위치 등에 따라 달라진다. 그러니 1980년 5월 광주에서의 진실도 물고기를 낚는 사람의 의도가 무엇인지에 따라 달라진다.

사실은 스스로 말하지 않는다. 오직 역사가가 선택해서 해석할 때만 말한다.

사실의 착각에서 벗어나라

카는 선택받는 '역사적 사실'이 무엇인지 설명하면서 기원전 49년 카이사르가 이탈리아에 있는 루비콘강을 건넌 것을 예로 들었다. 카이사르가 갈리아(지금의 프랑스 구역) 정복전쟁을 벌이고 있는 동안 동맹자인 폼페이우스는 혼자 로마를 지배할 야심을 보였다. 이에 카이사르는 돌아와서 루비콘강을 건너며 "주사위는 던져졌다"라고 했고 폼페이우스 군대를 물리치고 정권을 장악했다. 로마사에서 가장 중요한 사건 중 하나로 당연히 역사의 재료로 선택된다. 한편 그 이전에도 이후에도 셀 수 없이 많은 사람들이 루비콘강을 건넜지만 그들의 행위는 선택되지 않는다. 사실이지만 역사적 사실은 아니기 때문이다.

이러한 선택의 문제는 오늘날 진실 논쟁에서도 그대로 적용된다. 검찰이 세상의 모든 범죄를 기소할 수 없듯이, 기자가 방방곡곡 모든 이모저모를 기사화할 수 없듯이, 에디터가 세상의 모든 글을 편집할 수 없듯이, 우리는 과거의 모든 사실을 다룰 수 없다. 선택해야 한다. 물고기는 잡혀 나와서 파다닥거려야 요리의 재료가 되지, 잡히지 않고 물속에만 있으면 우리에게 아무것도 아니다.

광주의 5월 18일을 폭동으로 규정하는 이들은 많은 사람이 주목하지 않은 물고기를 낚아서 요리한 후 통념과 반대되는 주장을 한다. 우리는 물을 수 있다. "당신이 낚은 물고기가 진짜인가? 혹 진짜라 하더라도 왜 더 파다닥거리는 다른 물고기를 함께 재료로 삼지 않는가?" 결국 어느 쪽이 더 진실로 믿어지는가는 간단하다. 사람들이 어느 물고기를 재료로 만든 요리를 더 먹고 싶어 하는지에 달려 있다. 요즘 어떤 사실만 열심히 들이대면 주장이 진실이 된다고 착각하는 사람들이 많다. 카는 이런 사람들이 '사실의 착각'에 빠져 있다면서 이렇게 말했다.

어떤 문서도 그 문서를 작성한 사람이 생각하고 있는 것 이상의 사실을 우리에게 말해줄 수 없다. 필자는 자신이 일어났다고 생각한 것, 그가 다른 사람들이 일어났다고 생각해 주었으면 하고 바란 것, 아마 그 자신이 일어났다고 생각하고 싶었던 것을 서술했을 뿐이다.

결국 보고서든, 역사 서술이든 사실만 나열했다고 하더라도 적는 사람의 주관이 강하게 개입된다는 것이다. 이것은 무엇을 의미하는가? 역사의 진실이란 실은 사람이 주관적으로 구성한다는 뜻이다. 적는 순간은 '현재'이므로 과거의 진실은 현재의 주관에 달려 있다는 말이다. 이러한 배경을 두고 카의 명언 "역사는 과거와 현재 사이의 끊임없는 대화다"가 탄생했다.

나의 역사도 현재의 관점에서 구성된다

———

이것은 우리의 과거에도 그대로 적용된다. "A의 삶은 별 볼 일 없었다"라는 명제는 변하지 않는 진실일 수 없다. 어떤 사실을 선택하느냐에 따라 A의 삶은 그럴싸한 것이 될 수도 있다. 회사도 어떤 사실들로 구성하느냐에 따라 빨리 정리해야 할 미래가 없는 회사가 될수도, 지금까지의 실패를 기반으로 새롭게 도약할 일만 남은 회사가될 수도 있다. 1980년대 한동안 광주가 '폭력 사태'로 불리다가 1990년대 들어 '민주화운동'으로 불리는 재평가가 이루어졌듯이, 당신의삶도 재평가를 받을 수 있다.

모든 것에는 빛과 그림자가 있다. 어느 일방으로 과거를 규정할 필요는 없으며 중요한 것은 내가 지금 현재, 어떤 것을 원하고 필요로하는가다. 인문학이란 걸 잘 생각해 보면, 자연과학의 법칙과 달리스토리가 개입된다. 그 스토리를 구성하는 여러 사실들을 선택하고연결하는 과정에서 우리의 역사는 부지불식의 의도에 의해 각색되고 진실로 믿어진다.

많은 사람은 지나간 것은 잊고 지금을, 나아가 미래를 보자고 말한다. 하지만 지나간 것은 눈을 감는다고 해서 사라지지 않고 잊고 싶다고 해서 잊히지 않는다. 현재와 미래를 위해서라도 과거를 대하는 태도는 대단히 중요하다. 역사를 공부해야 하는 것은 인물이나 연도를암기하기 위해서가 아니라 과거를 대하는 태도를 배우기 위해서다.

현재와 미래를 염두에 놓고 자신의 이력서와 자소서를 다시 적어보자. 혹은 위키피디아에 당신의 이름이 검색된다고 가정하고 스스로 그 내용을 업데이트해 보자. 그렇게 과거와 발전적으로 대화할 줄 아는 사람만이 지금을 위해, 또 미래를 위해 살아갈 수 있다.

시대 구분 트레이닝

카의 관점을 우리들 삶에 적용하는 연습을 해보려고 한다. 각자의 삶을 대상으로 몇 가지 형태의 '시대 구분'을 해보는 것을 추천한다. 그것은 과거에 말을 거는 효과적인 방법이다.

유치원 – 초등학교 – 중학교 – 고등학교 – 재수 –

대학교 – 군대 – 직장 – 실업 – 새 직장

이런 구분은 내 삶에 있었던 일들 중 굵직하면서도 매우 객관적인 사건을 기준으로 삼은 것이다. '고조선-삼국-통일신라-고려-조선-일제강점기-대한민국' 이런 구분에 해당한다. 가장 대표적인 구분법이라 할 수 있지만 이것은 내 삶의 표면만을 보여줄 뿐이다.

반포동 – 흑석동 – 대방동 – 역삼동 – 서래마을 시기 내가 살았던 동네들을 순서대로 나열한 것이다. 이렇게 구분하면 또 다른 나를 만날 수 있다. 동네의 몇몇 장소들과 그에 얽힌 추억이 떠오를 것이다. 좀 더 진지하게 과거와 대화를 나누어보면 이런 구분도 가능하다.

그녀를 만나기 전 – 그녀를 만난 후

이것은 개인이 주관적으로 중요하다고 생각할 수 있는 사건을 중심으로 나누어본 것이다. 앞선 두 구분과 다른 것은 선택 때문이다. 굳이 설명하지 않으면 다른 사람은 그 사건이 그렇게 중요한 일이었는지를 알 수 없다.

자신에게 강한 영감을 준 책이나 인물을 중심으로 구분할 수도 있는데 이것은 내적 성장의 기록과 같은 것이다. 다음은 헤르만 헤세의 연대기를 보면서 그의 내적 성숙의 계기가 되었을 것으로 추정되는 사건들로 나누어보았다.

데미안을 만난 이후(10대) – 니체의 책을 읽은 이후(20대) –

카를 융과 조우한 이후(40대)

시대 구분을 할 때는 구분한 조각들을 모았을 때 전체 삶이 완성되게끔 해야 한다. 전체 삶의 연속성을 확인하기 위해서 하는 작업이어서 그렇다. 이를테면 해외여행을 다녀온 나라들을 나열하는 것은 여러 사건들을 모은 것이어서 자신의 역사를 구성하고 서술하는 데 활용할 수 있지만 시대 구분이 되는 것은 아니다. 이제 여러분도 한번 해보기 바란다. 역사란, 과거의 일에 대해 '지금'의 내가 기록하는 것이라는 것을 되새기며.

27

부자가 되고 싶을 때

- 플라톤 -

당신에게 하나의 길이 더 필요하다

무엇을 위해 살아가는가

예전에 정책 싱크탱크를 표방하는 곳의 미래가치팀에서 연구를 수행한 적이 있었다. 부여된 임무는 이랬다. '근대 이후 인간은 자유와 평등이라는 가치를 추구했는데 그 가치들은 현재 위기를 맞았다. 앞으로 펼쳐질 4차 산업혁명 시대에 인류가 추구하게 될, 혹은 추구해야 할 새로운 가치는 무엇인가?' 물론 주변 누구도 답하지 못할 문제를 나라고 풀어낼 힘이 있을 리 없었다. 그러니 국내외의 누구라도 좋으니 접촉해서 답을 구해보라는 미션이었다. 돌이켜 보면 그 연구

과제는 선문답의 질문과 같았고, 나로서는 답을 떠나 이러저런 분들을 만나면서 얻게 되는 것이 많았다.

늘 머릿속에 가치를 넣고 다니던 시기여서인지 무심결에 적었다. "무엇을 위해 살았는가, 무엇을 위해 사는가, 무엇을 위해 살 것인가." 가치란 이 무엇에 해당한다. 이를테면 우리는 먹기 위해 살아간다. 그런데 되도록 잘 먹기 위해 정말이지 너무나 힘들게 산다. 달리 말해 우리가 통상 추구하는 가치는 돈이다.

예전에 읽었던 《부자 아빠 가난한 아빠》의 저자는 "난 돈에 관심이 없어"라고 말하는 사람이 누구이든, 자신과 30분만 이야기하면 얼마나 스스로가 돈을 갈망하는 사람인지 알게 해줄 수 있다고 했다. 건방지게도 나는 이 대목에서 이런 생각을 했다. 나와 30분만 이야기하면 실상 당신에게 그렇게 많은 돈이 필요한 것이 아니라는 것을 알게 해줄 수 있다고.

내게 인간의 욕망을 잠재울 특별한 능력이 있을 리가. 다만 한 가지 물을 수 있을 것이다. 혹시 당신은 돈보다 종이 한 장이라도 더 重하게 생각하는 가치가 있느냐고. 이 질문 역시 답을 요하지 않는 선문답의 선문에 해당한다. 누구도 쉽게 대답할 수 없고 머리를 굴리며 답을 찾는 과정에서 돈에 대한 열망이 조금이라도 잦아지는 효과를 준다.

돈에 환장한 사람도 "나는 그런 것은 없다"라고 대답하기는 쉽지 않다. 왜냐하면 그런 무가치해 보이는 대답은, 인간의 또 다른 욕망인 명예를 훼손하기 때문이다. 그러니 남들에게 자신을 그럴듯하게 포장하기 위해서라도 굳이 어떤 가치 하나를 갖는다고 손해 볼 일은 없다. 이에 대한 모티브를 얻기 위해 2400년 전 플라톤이 쓴《국가》에 나오는 동굴의 비유를 살펴보자.

플라톤적 가치의 두 가지 특징

어떤 이가 동굴 안에서 태어난 후 평생 빛이 들어오는 쪽을 보지 못하고, 컴컴한 벽면 쪽 방향으로 시선을 고정하고 살아왔다고 가정하자. 그는 동굴의 입구 쪽에서 들어오는 빛에 의해 벽면에 보이는 그림자만을 보면서 살았다. 그리고 눈에 보이는 그림자가 세상의 진짜라고 여겼다. 하지만 그것은 그림자, 즉 가짜에 불과하며 진짜 참된 세상은 반대 방향으로 나가야 볼 수 있다. 간단한 비유에서 숨어 있는 개념 두 개를 추출해 보았다.

첫째, 회심.

이 비유가 이야기하는 건 보이는 게 다가 아니라는 것, 진짜라고 굳게 믿고 있는 무언가도 가짜일 수 있다는 것이다. 동굴의 실상을 알게 된 그는 어떻게 해야 할 것인가. 물론 이미 익숙하게 살아온 대로 동굴 속에서 계속 살다 죽을 수도 있다. 어차피 살다 죽는 것, 그렇게 죽으나 저렇게 죽으나 무슨 큰 차이가 있겠는가. 하지만 참 세상을 경험하려면, 다시 말해 동굴 바깥 사람이 되려면 과감히 방향을 바꾸어서 걷기 시작해야 한다.

둘째, 믿음.

동굴 속 사람은 고민이 있을 수밖에 없다. 그 바깥세상이 정말 있는지 아니면 떠도는 풍문인지가 확실하지 않기 때문이다. 동굴이 길고 그 안이 여러 돌기둥이나 박쥐 등 난관을 뚫고 가야 하는 길이라면 쉬운 선택이 아닐 것이다. 열심히 갔는데 끝내 바깥세상이 나타나지 않으면 가진 기대와 쏟은 노력이 억울하지 않겠는가?

철학에 관심이 없어도 '이데아'라는 말을 들어보았을 것이다. 이데아의 세계는 동굴 바깥세상에 해당한다. 플라톤은 그것이 실제로 존재한다고 여기고 동굴 속 사람들에게 회심하고 나오라고 했다. 그러나 요즘 얘기로 과학이 증명해 주지 못한다. 따라서 플라톤의 이데아는 증명의 영역이 아니라 믿음의 영역이다.

다만 완전에 가까워질 뿐이다

———

이데아가 과학적으로 증명되지 않는다는 것 때문에 플라톤의 철학은 관념론이 된다. 동굴의 비유에서도 플라톤은 바깥세상을 향해 최대한 가까이 가라고 했지, 결국 바깥세상을 보게 될 거라고 확언하지 않았다. 우리는 동굴 속 현실에서 결코 완전한 존재가 될 수 없고 다만 완전에 가까운 사람이 될 수 있을 뿐이다. 플라톤이 예시로 든 삼각형에서 한 번 더 확인해 보자.

위 삼각형은 눈에 보인다. 우리의 머릿속에 있는 '세 변과 세 각을 갖고 있는 도형'이라는 관념을 눈에 보이게끔 그린 것이다. 즉, 삼각형의 이데아는 머릿속에 있지, 눈에 보이는 삼각형은 그것을 모방한 불완전한 결과물이다.

위 삼각형은 PC에서 그린 거니까 완전해 보이는가? 삼각형의 정의에서 '선분(변)'은 길이를 나타내지 폭을 가지고 있는 것이 아니다. 하지만 눈에 보이는 현실의 삼각형은 연필로 그렸든 PC에서 그렸든 폭을 갖고 있다. 아무리 얇게 그려도 폭이 있다. 따라서 우리는 현실에서 결코 삼각형 본래의 모습을 볼 수는 없다. 다만 완전을 추구할 뿐이다.

이 이데아론이 후대 사람들에게 크게 먹힌 것을 보면 인간은 확실히 '보이지 않는, 완전한 것을 향한 동경'의 성향이 있다. 과학적으로 검증되는 것이 아님에도 그런 것이 실제로 존재한다고 믿는 성향이 있다는 것이다. 이것이 인간의 종교와 윤리에 지대한 영향을 끼쳐왔다는 것은 어렵지 않게 이해할 수 있다. 한편 이데아론이 갖는 문제점이 있는데 이 책의 니체, 포퍼 편을 보면 그들이 왜 플라톤에 반발했는지 알 수 있다.

그런 한계에도 불구하고 이데아론이 오늘의 우리에게 주는 대단한 힘이 있다. 그것은 삶의 방향, 즉 길을 제시한다는 점이다. 아무리 유물론의 시대라도 어디로 가야 할지, 어떻게 살아야 할지 '길道'을 고민하는 사람들은 많다. 돈 이외의 가치를 추구하는 사람들 말이다. 철학이라는 장르를 찾아 이 책을 읽고 있는 독자분들도 아마 이 부류에 속할 것이다.

하나의 길이 더 필요하다

———

플라톤적 가치에 대해 확인했으니 이제 돈이라는 가치와의 차이점을 생각해 보자. 돈도 부지런해야 쓰고 다닐 수 있다. 사람을 늘 만난다든지, 외톨이라도 틈날 때 비행기를 타고 떠난다든지, 트렌디하게 한 박자 앞서 옷을 구매한다든지, 3년마다 신형 차로 바꾼다든지, 유튜브에서 본 맛집을 찾아간다든지, 남들보다 한 끼 더 먹는다든지, 신형 폰이 나오면 줄까지 서 있지는 않더라도 그 줄이 없어질 때쯤에는 대리점에 가 있는다든지, 기왕 사색할 거 와인 바 같은 데 앉아서 분위기 있게 한다든지…. 부지런하지 못한 나는 실상 어디에도 해당되지 않는다. 하지만 돈이 많았으면 하는 생각을 은연중에 늘 하면서 산다. 굳이 물어보면 왜 그런지 이유를 대기 어렵지만 나도 분명히 부자 아빠가 되고 싶다.

다만 철학으로 삶을 바라보면서 알게 된 게 있다. 유물론의 물物은 바라면 바랄수록 불만이 쌓인다는 것이다. 그 물은 손에 잡히는 구체적인 것 같지만 꼭 그렇지도 않다. 돈 500원은 구체적이지만 막연한 '돈'이나 '부자'라는 말은 오컴의 이론을 빌리자면 보편자에 해당한다. 다시 말해 실체가 없는 말이다. 실체가 없으니 도달할 지점이 없으며 어떤 상황에서도 욕망으로 인한 불만은 중단되지 않는다.

이에 비해 이데아의 추구는 물의 추구에서 빚어지는 부작용이 나타나지 않는다. 어떤 사람이 ^(부자가 아니어도) 멋과 여유가 있는 사람'의 완전체, 즉 이데아를 설정하고 그것을 추구한다고 가정해 보자. 비록 돈이 없어도 결코 인색하지 않기 위해 노력하고 생활 속에서 나름의 멋을 구현하는 사람이 되기 위해 애쓴다. 이데아론에 따르면 결코 그는 멋과 여유가 있는 사람의 완전체에 도달할 수 없지만 그에 가까운 사람이 될 것이다. 뜻대로 잘 안될 때가 있겠지만 그가 그런 사람이 되기 위해 노력하는 과정에서 특별히 불만을 느낄 일은 없다. 그 차이는 어디서 빚어지는 것일까? 멋과 여유는 물이 아니기 때문이다.

어떤 가치는 추구하면 할수록 만족감이 따라오는데, 어떤 가치는 반대로 불만이 지속된다. 여기서 우리는 느끼는 바가 있을 것이다. 물을 추구하는 삶만으로는 부족하다. 플라톤적 가치를 추구한다는 것은, 돈과 명예처럼 우리의 본능이 가리키는 것 말고 눈에 보이지 않는 다른 그 무엇을 이데아로 설정하는 것을 의미한다.

우리 모두는 돈을 추구한다. 그것은 나쁘지 않고 당연해 보인다. 삶을 진지하게 열심히 살아가는 것을 증명하는 길이기도 하다. 하지만 모두가 추구하는 것, 모두가 가는 길은 길道이 아니다. 그것 말고 당신이 걸어갈 하나의 길이 더 필요하다.

28

어설픈 위로라도 하고 싶을 때

- 카를 구스타프 융 -

상처 입은 자만이 상처를 치유할 수 있다

일방향 조언의 효과는 일시적이다

치유, 힐링. 언젠가부터 간절해진 키워드들이다. 옛날 사람들이라고 덜 상처받았다고 여기는 건 현대인들의 교만한 판단이겠지만 최소한 지금 우리들이 마음의 상처를 더 크게 느끼는 것만큼은 분명한 듯하다. 자살률이 증가하고 우울증 약을 복용하는 사람들이 늘고 있으니까.

예전에 지자체 예산으로 '치유를 위한 인문학트레이닝' 행사를 주관한 적이 있다. 경험이 적지 않다 보니 이런 행사들을 기획할 때 갖게 된 두 가지 원칙이 있다. 청중이 듣고 싶은 주제를 택하는 것, 그리고 청중도 이야기하게 하는 것. 당연한 말 같지만 이것을 구현하기 위해서는 두 배 이상의 노력이 든다.

기획 과정에서 온라인 설문을 통해 스스로를 아프게 하는 것이 무엇인지 물었는데, 돌아온 답들은 대략 이러했다. 질병과 죽음에 대한 두려움, 외모에 대한 불만, 나이 듦에 대한 우울, 지나간 것에 대한 후회, 자신의 스펙에 대한 자괴감 등. 무엇보다 가장 압도적인 비중을 차지한 것은 돈과 인간관계였다. 이것들을 그대로 강좌의 주제로 밀어 넣었고 돈, 관계, 스펙, 시간, 죽음 이렇게 우리를 아프게 하는 다섯 가지 주제를 정하고 강사를 섭외했다.

청중이 선호하는 강사는, 그래서 내가 선호하는 강사는 소통형 강연을 할 줄 아는 사람이다. 강사라는 직업을 갖고 있거나 가지려는 수많은 이들이 있지만 이런 강사는 매우 드물다. 준비해 온 강의의 진도를 어떻게든 빼려고 하는 대부분의 강사들은, 수험생이 아닌 청중이 진도에 아무런 관심이 없다는 걸 잘 알지 못한다. 반면 소통형 강사는 청중과 눈을 맞추고 청중의 이야기를 끌어내면서 강의를 만들어간다. 강의장에 활기가 돈다.

강연이 끝난 후 조별로 나뉘어 토론하는 시간을 가지면 만족도가 배가된다. 직접 운영했던(한 번 참여에 무려 2만 원을 내는) '고독클럽'이 7년 동안 롱런할 수 있었던 건 조별 토론의 활성화 때문이었다. 강연보다 오히려 토론이 길게 이어지곤 했는데 언젠가부터 사람들이 강연을 들으러 나오는 게 아니라 토론하러 나온다는 사실을 알게 되었다. 내성적이고 소심한 듯 보이는 사람도 하고 싶은 이야기가 그리 많다는 것 또한 그때 알게 됐다. 그렇게 우리는 소통에 목말라 있다.

나는 누군가 고민이 많다거나 우울증 약을 먹고 있다는 이야기를 들으면 고독클럽에 한번 나오라고 말하곤 했다. 죽이 맞는 친구와 늘 만나는 것과는 다르다. 처음 보는 사람과 인문학의 주제를 놓고 소통하는 것에는 치유의 힘이 있다. 치유의 메커니즘을 이해하기 위해 정신분석학자 카를 융의 이야기를 전하려고 한다.

치유가 이루어지는 메커니즘

융과 같은 정신분석가들은 환자를 치유하기 위해 우선 재료를 모은다. 그러니 환자는 재료가 될 만한 것을 최대한 많이 고백해야 한다. 하지만 마음먹은 대로 모든 것을 이야기하는 것 자체가 쉽지 않은데, 융이 그 까닭으로 지적한 것이 환자들이 갑옷처럼 단단하게 두른 체면이다.

많은 환자는 말하지 않은 사연이 있다. 그 사연을 조사한 후 비로소 진정한 치유가 시작된다. 그 비밀이 치료의 열쇠다. 의사는 그 사연을 알아내는 방법을 터득해야 한다. 외식적인 재료만으로는 부족하다.

환자 입장에서는 숨기고 싶은 것을 고백하는 게 자존심이 허락하지 않을 수 있고, 의사를 통해 자신의 비밀이 밖으로 소문이 새어나갈 것을 두려워할 수도 있다. 어쨌든 이것은 의식적으로 고백하지 않는 것이다. 더 중요하고도 어려운 과정은 무의식의 재료를 모으는 것이다. 융은 상담 시에 환자가 이야기하는 것만으로는 치료할 수 없다고 말한다. 치료는 환자 스스로도 인지하지 못하는, 무의식의 사연까지 수집된 후에야 비로소 시작된다.

꿈, 최면요법, 연상 실험 등의 기법을 활용해서 수집된 재료들이 무엇을 상징하고 있는지 해석해 낸다. 그런데 스스로의 상태가 분석가에 의해 해석되는 것만으로도 환자는 치유가 될까? 물론 원인이 파악된 후 별도의 상담, 트레이닝, 약물 치료가 따라올 것이다. 하지만 자신의 상처를 내어놓고, 객관화하고, 분석되는 과정만으로도 1차적인 치유가 이루어질 수 있다고 한다.

이러한 치유의 과정은 아이가 장난감을 사달라고 울 때 손에 쥐여주는 방법과는 다르다. 치유가 된다고 해서 객관적으로 변할 건 없다. 장난감은 없고 앞으로 얻어질 가능성이 없어도 치유가 이루어질 수 있는 것은, 치유는 외부가 아니라 내면의 사정이기 때문이다.

신경증 환자들의 표면적 증상은 자아와 무의식 사이에 벌어져 있는 틈이 메워지는 순간 사라진다.

그 틈을 메우려면 무의식의 세계를 의식할 수 있어야 하는데, 융과 같은 의사가 환자 대신 그런 역할을 수행한다. 그런데 의식, 무의식은 인간 내면에 있으니 스스로를 더 잘 알게 되면 그만큼 증상은 사라진다. 사실 인문학의 치유는 어떤 것을 생각하게 함으로써 스스로에 대해 더 잘 알 수 있도록 돕는 것을 의미한다. 따라서 정신분석가의 상담만큼 전문적인 경로는 아니지만 비슷한 효과를 제공할 수 있다. 다만 적절한 방법을 취할 필요는 있다.

이를테면 유명한 힐링 강사의 강연을 들었다고 하자. 물론 그것을 듣는 것만으로 도움이 될 수 있다. 하지만 만약 청중 중 다섯 명이 남아서 공통의 주제를 가지고 30분 동안 토론을 했다고 가정하면, 내면의 세계를 자극하는 사람은 한 명에서 여섯 명으로 늘어난다. 그리고 언어는 그 자체 형성의 힘, 치유의 힘이 있어서 자신의 생각을 이야기하는 과정에서 몰랐던 나를 발견하게 된다. 이렇게 새로운 내면의 세계를 발견하는 것이 곧 융이 말한 "자아와 무의식 사이의 틈이 메워지는 순간"이다.

남에게 의존하는 것으로 치유받을 수 없다

———

융의 조언과 달리 많은 이들은 외부의 무언가에 의존해서 치유받으려고 한다. 대표적인 것이 어떤 집단에 소속되는 것이다. 혹시 소속감을 통해 자신을 더 알아갈 수 있다면 의미가 있다. 그러니까 그 중심과 목표가 자기 자신일 때 그렇다. 그렇지 않으면 결국 휘둘리는 삶을 살게 된다.

사람들은 자기 자신의 발로 서지 못하고 온갖 집단적인 동일성을 추구한다. 예를 들어 어느 조직체의 일원이 되거나 무슨 주의를 신봉하고 그것이 자신의 최종 목표인 줄 알고 있다. 홀로 걸어가야 하며, 동반자는 자기 자신밖에 없다. 아무리 중간 단계의 사회 체제의 보호를 받는다고 해도 그것으로 자신을 보호할 수는 없다.

어떤 브랜드의 아파트, 어떤 동네, 어떤 대학, 어떤 대기업, 어떤 공공기관, 어떤 정규직…. 이런 집단의 일원으로 살아가는 것은 '많은 사람들이 소속되고 싶어 한다'는 그 사실 때문에 우월감을 준다. 우월하면 기분은 좋아진다. 하지만 치유는? 우월감과 치유는 방향성만 놓고 본다면 완벽하게 다르다. 우월감은 남을 향해 있고 치유는 내면을 향하고 있기 때문이다. 그리고 융은 아무리 좋은 것이라도 그것에 집착하는 것에 대해 이렇게 경고한다.

우리는 악에 빠지면 안 되지만 선에 빠져들어서도 안 된다. 빠져버린 선은 도덕적 성질을 잃게 된다. 선이 나쁜 것이 아니라 빠져버리면 그것이 나쁜 결과로 나아가기 때문이다. 알코올이든 마약이든 이상주의든 그 어떤 형태의 중독이든 그것은 악에서 나온다.

선의 추구와 알코올 중독 사이에 유사성이 있다는 융의 말은 받아들이기 어려울지도 모른다. 하지만 어떤 깨달음의 경지에 이른 사람들은 대체로 선과 악의 이분법에서 벗어나는 경향이 있다. 우리가 상처받는 까닭을 잘 살펴보면, 많은 것이 '절대 그래야 한다'는 집착과 '어떤 일이 있어도 그래서는 안 된다'는 집착에 기인한다. 노력과 집착은 정도의 차이지만 노력은 열매를 낳고 집착은 상처를 낳는다.

의사와 환자는 동등한 두 인격체다

———

융은 정신분석학, 분석심리학의 개척자로 지금도 그 분야의 연구자들이 반드시 거쳐야 하는 인물이다. 내면의 상처를 대하는 융의 자세는 참으로 진지하고 겸손하고 감동적이기까지 한데, 다음 융의 두 고백을 소개한다.

첫째, 환자를 통해 자신을 포함한 인간 존재의 바탕을 발견하게 된다.

초기에 융은 그들의 비참한 모습에서 학술대회에 보고할 자료를 찾으려 했다. 하지만 연구하면 할수록 환자가 보이는 독특한 특징보다는 오히려 그들 배후에 있는 정상적인 인격을 발견했다. 다시 말해 환자를 비정상이 아니라 정도의 차이가 있을 뿐 자신과 다르지 않은 한 인간으로 보게 되었다. 그 결과 융은 환자와의 대면을 통해 스스로의 상처도 치유할 수 있었다고 고백한다.

여기서 우리는 융이 집단무의식과 신화에 관심을 갖게 된 배경을 이해할 수 있다. 그는 환자들의 무의식 세계에서 발견되는 상징적인 표현을 이해하지 못하면 그들의 병을 치료할 수 없다는 것을 알게 되었다고, 그래서 그때부터 상징을 이해하기 위해 신화를 공부하게 되었다고 회고한다. 그렇다고 융이 환자의 개별적인 요소에 관심이 부족했다고 생각한다면 완전한 오해다. 신화와 집단무의식은 개별 환자의 정신을 분석하기 위한 도구일 뿐, 융은 철저한 개별 상담자였다. 그에게 정신분석의 과정은 의사와 환자 사이의 일대일 대화였다.

둘째, 스스로 상처를 겪지 않고는 다른 사람을 치유할 수 없다.

자신의 상처를 다룰 수 있는 의사가 환자의 상처도 다룰 수 있다. 치료는 일방적인 작업이 아니라 상처받은 두 인격 사이의 대화다. 그렇게 소통할 때 비로소 환자는 의사에게 의식적으로, 무의식으로 마음의 문을 열 수 있다.

의사는 자신이 고통당할 때만 치료의 효과를 얻게 된다. 상처 입은 자만이 치유할 수 있다. 분석가가 되기 위해서는 스스로를 알아야 한다는 것, 또 스스로가 치료의 도구가 되어야 한다는 것을 의미한다. 체면을 갑옷같이 두르고 있다면 아무런 효과를 낼 수 없다. 정신분석가들은 스스로를 고백할 아버지나 어머니 같은 사람을 가져야 한다.

스스로를 치유하고 싶은가? 상처를 자신만의 것으로 여기지 말고 그 상처를 통해 인간의 본질과 바탕부터 마주해 보자. 그 과정에서 상처를 고백할 대상이 필요하다면 믿을 수 있는 친구나 가족, 혹은 의사에게 도움을 청할 수도 있다. 그렇게 내면의 깊은 곳, 무의식의 세계로 들어가는 문을 여닫을 수 있는 사람이라면 스스로의 상처를 치유할 수 있을 것이다.

그리고 그런 다음에야 진정으로 다른 사람의 상처를 치유하는 사람이 될 수 있을 것이다.

29

나를 버린 그 사람이 미울 때

- 헤르만 헤세 -

사랑은 자신을 발견하는 과정이다

《수레바퀴 아래서》와 《데미안》의 간격

고등학교 1학년 때 일이다. 당시 이러저런 고민이 많았던 친구는 《데미안》을 읽고 감명을 받았다면서 "새는 알에서 나오려고 투쟁한다. 알은 세계다. 태어나려는 자는 하나의 세계를 깨뜨려야 한다"라는 문구를 읽어주었다. 문장 자체는 어려울 것도 없고 맞는 말이면서 또 잠시 생각하게 만드는 것이었다. 세월이 지나 친구의 명함을 받았고 이메일로 뭔가를 보내려다 보니 아이디가 'drdemian'이었다. 성장소설의 고전이 친구의 성장기에 평생의 좌표가 되었던 것이다.

독서인들 중《데미안》을 모르는 사람은 없겠지만 그 책을 제대로 읽어본 사람이 많지 않다는 건 의외의 일이다. 사실 내 이야기다.《데미안》은 꾸준히 콤플렉스로 작용했다. 10대 때 읽었어야 마땅한 이 책을 시험에 출제되지 않는다는 이유만으로 (수능에는 세계문학이 없다) 학교와 학원에서 특별히 권장하지 않았고 나 또한 그를 핑계로 미루고 미루었다.

세월이 훌쩍 지나 문체부에서 주최하는 청소년을 위한 독서캠프 기획에 참여하게 되었는데, 나는 2019년 출간 100주년을 맞은《데미안》을 교재로 택할 것을 건의했다. 가을쯤 데미안 캠프가 개최되었을 때 비로소 완독했고 그제야 알게 되었다.《데미안》은 내게 어려운 책이었다.

헤르만 헤세의 작품을 접할 기회가 없었던 건 아니었다. 이를테면《수레바퀴 아래서》는 책을 펼치고는 한달음에 읽어버렸다. 한스가 어른들의 바람대로 쳇바퀴 돌아가는 하루하루를 보내는 모습은 우리네 청소년들의 모습과 다를 바 없었기에 쉽게 공감했던 것이다. 비슷한 성장 시기에 대한 두 버전인 소설들 간 난이도 차이는 어디에서 기인할까. 주인공이자 헤세가 스스로를 투영한 한스와 싱클레어, 두 영혼의 성장에서 느껴지는 차이는 왜일까.

헤세의 연보를 보면서 추론해 보았다. 헤세는 1906년 서른 즈음에《수레바퀴 아래서》를 썼는데《데미안》은 그로부터 13년 후에 썼다. 30대와 40대를 지나면서 헤세는 어떤 내적 변화를 겪었을까. 그가

1919년 니체 철학을 소재로《차라투스트라의 귀환》, 1922년 불교를 소재로《싯다르타》를 출간한 것을 보면 짐작할 수 있다. 점차 깊어 가는 작가의 내면이 시기별로 작품에 반영되었던 것이 아닐까.

《데미안》을 보면 싱클레어가 대학 시절 니체에 심취한 장면이 나온다. 또 읽다 보면 심리학자 카를 융의 글을 읽고 있다는 느낌을 받게 된다. 헤세와 융 모두 내면의 깊은 곳을 극한까지 파고 들어가 그곳에서 자신을 만나고, 그 자신의 모습에서 타자를 발견한다는 공통점이 있다.《데미안》을 쓸 무렵 헤세는 이미 구도자가 되어 있었고 치열한 내적 경험과 그로 인해 성숙한 정신세계가 작품에 투영되었으리라.

그는 사랑했고 자신을 발견했다

———

그래서 책 속에는 요즘 말로 영혼을 움직이는 주옥같은 '인생의 문장'들이 곳곳에 박혀 있다. 주인공 싱클레어의 독백, 혹은 그의 멘토들인 데미안, 피스토리우스, 에바 부인의 조언들. 내게 그중 하나를 고르라면 이것이다.

그는 사랑했고 그러면서 자신을 발견한 것이다. 그러나 대부분의 사람들은 사랑하면서 자신을 잃어버린다.

사랑하면서 나를 잃는다는 건 무슨 말인가? 누군가를 사랑하는 것에는 대상이 있다. 그 대상을 좋아하고 미워하고 그리워하고 증오하곤 한다. 그런데 그 감정은 사랑할수록 깊어지게 마련이어서 그러다자신을 잊는 때가 생긴다. 때로 이성을 상실할 때도 있을 것이다. 좋아함이든 미워함이든, 그렇게 자신을 잃어버린다.

그런데 사랑하면서 나를 발견한다는 건 대체 무엇일까? 사랑을 하면 소소한 일상생활의 변화와 함께 자신의 새로운 면모를 알게 된다. 그 사람이 좋아하는 음식을 나도 좋아하게 된다든지, 평소 요리를 해본 적이 없는 내가 다른 이를 위해 음식을 만들면서 행복을 발견한다든지 하는 경험 말이다. 하지만 위 싱클레어의 독백은 그런 정도의 이야기가 아니다. 지금부터 싱클레어가 자신을 발견하게 된 세 단계의 추이를 따라가 보겠다.

모범생이었던 싱클레어는 고등학교에 들어가 기숙사 생활을 하면서 방탕한 생활에 빠져들었다. 그런데 그 생활에서 구해준 사람은 단테의 《신곡》에 등장하는 여주인공과 이름이 같은 베아트리체였다. 누구를 '짝'사랑한다는 것만으로 사람은 변할 수 있을까? 어떤 목표가 생기면 삶이 변하기 때문일까? 여하튼 싱클레어는 한마디 말도 나누지 않은 그 여인을 사랑한다는 이유만으로 생활이 정결해졌다. 그리고 집에서 그녀를 그리기 시작했다.

그림을 그리기 시작했다. 나는 나 자신을 위하여 그녀를 그리고 싶었다.

그러던 어느 날 반전이 일어난다. 사랑의 대상이 혼미해진 것이다. 그림을 그린 후 붙여놓고 늘 그녀의 얼굴을 감상하던 싱클레어는 점차 그림 속 얼굴이 그녀가 아닌 누군가와 닮았다고 생각하게 된다. 비가 내리고 그림이 빗물에 젖어서 색감과 모습이 변하자, 더더욱 그 모습이 누구를 닮았을까 궁금해졌다. 고민을 거듭하다 드디어 알게 되었다.

어떻게 내가 그걸 이렇게 늦게야 비로소 찾아낼 수 있었단 말인가! 그것은 데미안의 얼굴이었다. 비슷하기는 해도 똑같은 건 아니었다. 하지만 그래도 데미안이었다.

짝사랑하던 그녀의 그림을 그렸던 싱클레어는, 그림 속 주인공이 청소년기 자신에게 강한 영감을 주었던, 당시에는 그의 곁에 없는 데미안의 얼굴과 닮았다는 것을 알게 된 것이다. 이 대목이 생경하게 다가오는 것은 베아트리체와 데미안의 성性이 다르기 때문일 것이다. 하지만 싱클레어가 강렬히 바라고 의지했다는 점에서 둘은 같은 대상이었고, 그의 영혼에 두 사람이 공존하고 있었던 것이다. 사랑의 대상과 그리움의 대상이 겹쳐지는 순간이다. 한 번 더 반전이 있다. 이 반전은 앞의 것보다 상상을 초월한다.

그런데 차츰차츰 이것은 베아트리체도 데미안도 아니며 나라는 느낌이 왔다. 그 그림은 나를 닮지 않았으며 그럴 리도 없다고 느꼈다. 그러나 그것은, 나의 삶을 결정한 것이었다. 그것은 나의 내면, 나의 운명 혹은 내 속에 내재하는 수호신이었다.

결국 그림 속의 베아트리체는 데미안을 거쳐 싱클레어 스스로에 게 왔다. 내면의 간절한 그리움은 타자를 향한 것이지만 그것은 결국 자기 자신에 대한 그리움이었던 것이다. 싱클레어는 데미안과의 만남과 그리움, 베아트리체와의 만남과 사랑의 감정에서 자기 자신을 향해 가는 길을 발견했다. '수호신'이라는 표현도 나왔지만 수능 시험의 선택지에 등장할 만한 표현으로는 '인간 구원의 길'을 발견한 것이다. 먼 데서가 아니라 주변 인간관계에서 말이다.

나는 이 대목을 읽으며 나를 찾아 떠나는 여행을 떠올렸다. 여행자들이 자주 쓰는 말이기도 하지만 인생이라는 여행길에서도 그대로 적용하면 좋을 말이다. 여행길이든 인생길이든 우리는 홀로 어디론가 떠나 누군가를 만나기도 하고 또 헤어지기도 한다. 그 사이 울고 웃고 사랑하고 미워하면서 결국에는 홀로 있는 자신을 만난다. 누구를 만나든 무엇을 보든 그 타자들은 결국 나를 찾아가는 길을 안내하고 있다.

아픈 만큼 성숙해지는 까닭

사랑한 만큼 행복하고 사랑한 만큼 상처받고 사랑한 만큼 미워하게 된다. 사랑과 증오는 완전히 다른 감정이지만 그 거리는 멀지 않음을 우리는 경험으로 알고 있다. 헤어진 상대를 용서하지 못하는 것도 사실 그 사람을 사랑했었기 때문이다. 싱클레어에게 전하는 피스토리우스의 조언이 이 미움의 감정을 처리하는 데 도움이 될는지 모르겠다.

> 우리가 어떤 사람을 미워한다면, 우리는 그의 모습 속에, 바로 우리들 자신 속에 들어앉아 있는 그 무엇인가를 보고 미워하는 것이지. 우리들 자신 속에 있지 않은 것, 그건 우리를 자극하지 않아.

내가 그 사람의 무엇을 미워한다면, 사실 나 자신도 정도의 차이가 있을 뿐 그것을 갖고 있다는 뜻이다. 혹시 "결코 용서할 수 없는 그 사람을 용서하라고?"라는 반발감이 느껴질 것이다. 맞다. 용서할 수 없는 인간을 용서하지 못하는 것은 매우 자연스러운 감정이다.

다만 헤세는 그 사람을 향한 미움과 증오의 감정도 결국 자신의 내면을 향하는 길을 보여주고 있다는 것을 이야기한다. 그리고 그것을 이해할 때 우리는 사랑하면서 자신을 잃어버리지 않을 수 있다. 사랑해서 행복할수록, 사랑해서 상처받을수록 우리는 스스로를 발견하고 만날 수 있다. 결국 뼈저린 사랑의 상처를 받은 이에게 헤르만 헤세가 전하는 목소리는, 그 사람과의 만남과 이별을 통해서 스스로 알을 깨고 더 큰 세상으로 나오라는 것이다. 그건 바로 세월의 흐름만으로 얻어질 수는 없는 이 단어의 의미일 것이다.

성숙.

덧붙여, 헤세는 소설가인데 이 책에서 다루는 것이 적합한지 의문을 품을 수도 있다. 누군가 그어놓았을 '철학'의 경계선을 뚫어지게 보고 있자면 융과 같은 정신분석가, 장자와 한비자와 같은 동양사상가, 《바가바드 기타》와 같은 종교의 경전도 그 적합함에 의문을 달 수 있다. 융복합의 시대에서 소설가 역시 당연히 철학하기를 한다는 점을 감안했다. 그래도 왜 하필 헤세냐고 묻는다면 나는 그가 소설가 이전에 구도자였기 때문이라고 답하겠다. 어느 소설가에게 헤세에 대해 물어본 적이 있는데, 그는 노벨상 수상자들이 대체로 현대문학 사조의 어느 위치를 점하는 데 비해 헤세는 어떤 쪽으로 분류되지 않으면서 상을 받은 독특한 작가라고 말했다. 그만의 독특함은 홀로 내면의 영혼을 응시하는 구도자의 시선에 기인할 것이다.

30

가진 게 너무 없다고 느낄 때

- 장자 -

그 '없음'을 활용하라

책장은 '공간'을 위한 것이다

얼마 전 위아래로 10칸의 책장이 딸린 책상을 구매했다. 책들을 꽂아 넣는데 책 사이즈에 비해 칸의 위아래 폭이 커서 폭을 줄이고 칸 개수를 늘렸으면 더 좋았을 거라는 생각이 들었다. 세로로 꽂은 책들 위로 공간이 남아서 다른 책들을 가로로 뉘어 더 욱여넣으면서 이런 생각이 들었다. 책장을 구성하는 틀은 보조적인 수단일 뿐, 정작 우리가 필요로 하는 부분은 책을 넣는 공간이라는 것.

아주 오랜만에 3박 4일간의 나 홀로 여행을 떠났다. 휴가는 써야 하는데 같이 갈 사람은 없고 마침 쓸 돈도 적어 이참에 국내에서 아직 안 가본 곳, 그 가운데 최대한 한적한 곳을 가보기로 했다. 서울 사람들은 비행기 타고 제주도는 가도 남해 방면은 쉬이 가지 않는다. 예전에 거제도에서 출발해서 통영, 남해, 순천까지 가다 멈춘 적이 있는데 그 연장선에서 고민하다 여수에 비해 사람이 붐비지 않는 장흥의 바닷가를 택했다.

비수기의 해변에 홀로 있었다. 아침에는 카페에서 커피를 마시며 책을 읽고 제주도 방향의 망망대해를 한없이 보다가 출출하면 몇 개 없는 식당을 찾아 요기한 후 바닷가를 거닐었다. 그렇게 며칠을 보내며 일찍이 경험해 보지 못한 편안함을 느꼈다. 그 여행에서 있는 것은 여벌의 옷이 든 배낭, 휴대폰, 책 한 권, 신용카드 한 장, 그리고 내가 전부였다. 없이 갔더니 바다와 나만 있었고 그래서 나를 더 비우고 돌아올 수 있었다. 없는 것이 더 좋을 때도 있구나. 그래서 일찍이 노자가 말했나 보다.

있음이 이롭게 되는 것은 없음이 쓸모가 있기 때문이다.
有之以爲利 無之以爲用.

젊은 여자로도 할머니로도 보이는 착시 그림에서처럼, 책장에서 있는 것뿐 아니라 없음의 공간을 볼 수 있다면, 또 어디론가 떠날 때 비어 있음을 여행의 구성 요소로 넣을 수 있다면, 생활 속에서 노자의 관점을 조금은 갖춘 셈이다.

공간, '비어 있음'에 대한 감각

———

노자를 이은 장자는 일찍이 이런 없음의 쓰임, 혹은 쓸모없는 것처럼 보이는 것의 활용에 대한 인사이트가 있었다. 이른바 '무용지용無用之用'에 대해 장자가 이야기하는 것을 들어보자.

> 쓸모없음에 대해 알아야 쓸모에 대해 비로소 이야기할 수 있다. 세상이 넓어도 사람이 서 있는 데 필요한 것은 발을 딛는 넓이일 뿐이다. 하지만 그 부분을 뺀 나머지를 없애버려도 그 부분이 쓸모가 있을까? 없다. 그러니 쓸모없음이 쓸모가 있다는 것은 분명히 옳다.
>
> 知無用而始可與言用矣. 天地非不廣且大也 人之所用容足耳. 然則厠足而墊之致黃泉 人尙有用乎? 惠子曰 無用. 莊子曰 然則無用之爲用也亦明矣.

내가 밟고 있는 것은 두 발의 면적뿐인데 그것 빼고 나머지를 없애다면 딛고 있는 그 땅도 소용이 없어진다. 다시 말해 내가 소유하고 있는 면적이 내 것이 아닌 땅으로 인해 의미가 생긴다는 말이다.

두 발을 보던 시야가 갑자기 세상 전체로 넓어졌다. 그런데 무용지용을 따르면 단순히 사유의 스케일이 커질 뿐 아니라 삶을 어떤 방향으로 이끄는 역동적인 힘을 얻을 수도 있다.

> 발이 땅에 닿는 부분은 좁다. 비록 좁지만 밟지 않은 곳이 많다는 것을 안 후에야 잘 걸어갈 수 있다. 사람이 아는 것은 적다. 비록 적지만 알지 못하는 것이 많다는 것을 안 후에야 하늘의 목소리를 들을 수 있다.
> 足之於地也踐. 雖踐 恃其所不蹍而後善博也. 人之於知也少. 雖少 恃其所不知而後 知天之所謂也.

이를테면 등산을 할 때 내가 밟고 있는 부분은 작지만 밟지 않은 부분이 무한하기에 나는 길을 따라 어디론가 계속 갈 수 있다. 차를 타고 남해의 해안 길을 따라 달릴 때 내가 이동한 경로는 보잘것없지만, 내 차가 닿지 않은 넓은 세상이 있기에 나는 어디론가 계속 떠날 수 있는 것이다.

앎도 마찬가지여서 아무리 책을 많이 읽어도 그것은 한 줌의 지식도 안 된다. 알지 못하는 게 무한하다는 것을 알기에 우리는 오늘도 독서란 걸 해나가는 것이 아닌가. 사람들이 더 이상 책을 읽지 않는 시대라는 말이 맞다면 그것은 아마도 사람들이 앎의 무한히 비어 있는 그 공간을 보지 못하기 때문일 것이다. 그래서 장자는 이런 조언도 남겼다.

이해해도 아직은 이해하지 못한 것과 같고, 알아도 아직은 모르는 것과 같다. 알지 못해야 나중에 알게 되는 것이다.

其解之也 似不解之者 其知之也 似不知之也. 不知而後知之.

맞다. 섣불리 안다고 생각하면 나중에 알 수 있는 기회도 날리게 된다.

포정과 노인의 '없음' 활용하기

———

'없음'을 활용하는 감각이 우리가 하는 일에 어떤 도움을 줄 수 있을까.《장자》에 '포정해우庖丁解牛'라는 유명한 고사가 있다. 춘추전국시대의 문혜왕이 어느 날 포정이라는 백정이 소를 해체하는 것을 보고 어떻게 그렇게 칼질을 잘하는지 물었다. 다음은 포정의 대답 중 일부다.

> 신은 단순한 기술보다 도를 추구합니다. 처음 소를 잡을 때는 온통 눈 앞에 소만 보였었는데 3년이 지나면서부터 소는 보이지 않게 되었습니다. 지금은 정신으로 작업을 하지, 눈으로 하지 않습니다.
>
> 臣之所好者道也 進乎技矣. 始臣之解牛之時 所見無非全牛者 三年之後 未嘗見全牛也. 方今之時 臣以神遇而不以目視.

포정은 이어서 설명한다. 평범한 백정이 달마다 칼을 가는 것은 무리하게 뼈를 가르기 때문이고 솜씨 좋은 백정이 1년마다 칼을 바꾸는 것은 살을 가르기 때문이라는 것을. 그리고 자신이 19년 동안 칼을 바꾸지 않은 것은 뼈마디의 빈곳間을 따라 가르기 때문이라고. 문혜왕은 "내 포정의 말을 듣고 양생養生하는 법을 배웠다!"라며 감탄했다.

임금이 알게 되었다는 양생, 즉 삶을 해치지 않고 보존하고 기르는 법은 무엇일까. 보통 노장 철학의 핵심을 '무위자연無爲自然(하지 않고 저절로 그러하다)'이라고 하는데 고수가 되면 힘을 안 들이고도 신기神技를 발휘한다는 말이다. 물론 무위자연은 그냥 따라오는 것이 아니다. 포정은 3년 동안 무수히 많은 칼을 바꾸면서 시간과 노력을 쏟았다. 그런 후 포정이 발견한 것은 바로 없음의 틈새間, 그리고 그 공간으로 이어진 길道이었다.

또 《장자》에는 갈고리를 만드는 여든 살 된 노인 이야기가 나온다. 조금의 실수도 없는 노인을 보고 관리가 무슨 비결이 있는지 묻자 이렇게 말했다.

제가 지켜온 것이 있습니다. 스무 살 때부터 갈고리 만드는 것을 좋아해서 갈고리가 아니면 다른 것은 보지도 살피지도 않았습니다. 유용하게 쓰이는 것은 쓰이지 않는 것을 빌려서 유용함을 얻는 것입니다.
臣有守也. 臣之年二十而好捶鉤 於物無視也 非鉤無察也. 是用之者

假不用者也以長得其用.

　이 노인의 비결은 그저 스무 살 때부터 갈고리 만드는 일 하나에만 집중했다는 것이다. 실천하기 어려워서 그렇지 특별한 이야기는 아니다. 그런데 《장자》에 등장하는 기술자들은 포정도 그렇고 노인도 그렇고 '없음'에 대한 철학을 갖고 있다. 이 노인의 세계관은 갈고리를 만드는 것뿐 아니라 그것을 제외한, 나머지 모든 것들을 포괄하고 있다. 그것을 보여주는 문장이 "유용하게 쓰이는 것(갈고리 만드는 기술)은 쓰이지 않는 것(다른 것은 보지도 살피지도 않음)을 빌려서 유용함을 얻는 것입니다"이다. 무슨 뜻일까. 오직 갈고리 만드는 일 이외에는 '다른 것에 신경 쓰지 않음'을 활용했기에 한 가지 일에 집중할 수 있었고 그 결과 자신의 역량을 최대한 발휘하는 달인이 될 수 있었다는 말이다.

　포정과 노인은 당시 추앙받던 현자일 수도 있고, 혹은 단순한 기술자인데 장자가 그들을 소재로 삼아 자신의 철학을 전개하는 것일 수도 있다. 어떻든 장자는 '하는 것爲'뿐 아니라 '하지 않음無爲'을 포괄해서 사유하고 있다. 이런 패턴은 전통의 서양철학에서 발견하기 어려운 세계관이자 사유 방식이라고 하겠다.

내 것을 뺀 여집합 그려보기

─────

오늘날 우리는 "당신은 가진 것이 없다"라고 외치는 수많은 광고와 잡담 속에서 열등감과 자괴감에 내몰리고 있다. 매일 주식과 부동산 가격이 이렇고 저렇다 하면서 소유에 대한 이야기로 세월을 보내고 있다. 이런 와중에 만약 '없음'이 나와 세상을 구성하는 또 다른 요소라는 장자의 메시지를 받아들인다면, 더 많은 것을 소유한 사람보다 더 나은 삶을 살 수도 있을 것이다. 버리고 또 버리라는 노자의 다음 문구를 장자도 다시 말했다.

> 도를 실천한다는 건 매일 버리는 것이다. 버리고 또 버려서 무위에 이르면 하지 않아도 되지 않음이 없다.
>
> 爲道者日損. 損之又損之 以至於無爲 無爲而無不爲也.

이제 우리 집이 몇 평인지, 내가 가진 것이 얼마인지만 이야기하지 말자. 포정처럼 갈고리 만드는 노인처럼, 내가 가지고 있지 않은 그 나머지 공간과 여백에 대한 것을 우리 삶에 가지고 오자. 없는 걸 가지고 이야기하다 보면 조금 더 가진 누군가가 보고 '정신 승리'라고 비웃을 수도 있다. 그럼 아주 잘 지적하는 것인데 인간은 어차피 정신적인 존재고 역사 속의 철학자들은 모두 정신 승리를 위해서 싸웠다.

정신 승리를 계속해 보자. 누구에게나 하루는 24시간이고, 맛집을 아무리 검색해 봐야 하루 네 끼 이상 먹을 수는 없고, 부자든 아니든 비슷한 비행기에서 좌석만 나눠 가질 뿐이다. 그러니 가진 것에 너무 집착하지 말고 가끔은 그것을 뺀 나머지에 대해 생각해 보자. 이상하게도, 가진 것은 그대로인데 당신의 삶은 분명히 더 자유롭고 넉넉해질 것이다.

넘치지 않고 모자라지 않게

그 밖의 상황에 처했을 때

———

소크라테스에서 하라리까지 빛나는 사상가들로부터 지금 우리의 문제를 해결하기 위한 솔루션들을 추출해 보았다. 개개인이 처한 삶의 문제, 고민은 매우 다양할 것이므로 이 책은 그 일부에 대한 조언이라 할 수 있다. 이제 모든 상황에서 도구로 삼을 만한 철학의 한 개념을 이야기하면서 마무리하려 한다. 아리스토텔레스 편에서 언급한 '중용中庸'인데 이번에는 동아시아 고전의 목소리다.

유학이 추구하는 목표는 인성이 훌륭한 사람, 즉 군자가 되는 것이다. 그런데 그 사람이 군자인지 아닌지 판단할 수 있는 기준은 무엇일까? 생활에서 중용을 실천하는지, 요즘 말로 균형 감각이 있는지, 삶의 밸런스를 유지하는지의 여부다. 다음은 《논어》와 《중용》에서 확인할 수 있는 중용의 몇 가지 특징들이다.

첫째, 지나침過과 모자람不及을 피한다.

단순히 남을 배려하는 자세만으로 군자가 되는 게 아니다. 우리가 처하는 상황은 그리 간단하지 않기 때문이다. 이를테면 정말 신뢰하는, 세상에 둘도 없는 친구가 돈을 빌려달라고 하면 어떻게 할 것인가? 공자는 자신이 갖고 있지 않은 걸 남에게 빌려서까지 도와주는 행위를 비판한 바 있다.(孰謂微生高直? 或乞醯焉 乞諸其隣而與之. - 《논어》) 그는 오늘날 주변의 부탁에 연대보증을 서는 행위에 대해서도 마찬가지의 반응을 보일 것이다. 그렇다고 친구를 거리의 남 보듯 할 수는 없지 않은가. 과유불급過猶不及이란 말도 있듯이 지나침과 모자람은 같은 레벨이다. 둘 사이 어디엔가 친구의 요청에 답하는 가장 적절한 지점을 포착하는 것, 이것이 중용의 감각이다.

둘째, 반드시 그래야 하는 것도, 반드시 그래서는 안 되는 것도 없다.(無適也 無莫也. - 《논어》)

우리들이 갖고 있는 많은 고민은 이와 관련되어 있다. 동양의 경전들이 집착을 버리라고 가르치는 데는 이유가 있다. '절대로', '어떤 일이 있어도'와 같은 자세는 결과적으로 장점보다 단점이 많다. 유연함을 강조하다 보니 중용에 대해 기회주의라는 오해가 따라붙지만, 공자는 위 문구에 뒤이어 이렇게 말한다. "다만 의로움을 따를 뿐이다義之與比." 이처럼 중용은 적당히 타협하면서 살아가는 자세가 아니다. 정말 열심히 적절함을 찾는 노력을 기울여야 의로운 사람이 될 수 있다.

셋째, 썰렁하지 않아야 한다.

가끔 이런 유형을 볼 것이다. '나는 할 말은 하는 사람이야'. 직언은 필요하다. 하지만 문제는 때와 장소다. 아무 때나 하고 싶은 말을 하는 사람들 때문에 분위기 싸해짐을 느낀 게 어디 한두 번이던가. 상황에 맞는 말과 행동을 두고 '시중時中(때에 맞는다)'이라고 하는데, 중용을 실천할 때 타이밍이 그만큼 중요하다.

이 썰렁함은 타이밍이 맞지 않을 때와 지나침, 모자람이 발생할 때 나타난다. '썰렁하지 않기'는 매일의 생활에서, 또 중요한 선택과 결단의 기로에서 고려해야 할 가장 중요한 자세다.

야구에서 팀의 에이스 투수가 어느 날 밸런스가 무너지면 난타를 당하게 된다. 야구뿐만 아니다. 일이 풀리지 않을 때는 글러브나 날씨 같은 외부의 문제를 점검하기보다는 잠시 눈을 감고 평온함을 찾을 필요가 있다. 밸런스를 유지하는 감각은 그 사람이 가지고 있는 본래의 실력과 별개다.

혹시 지금 어떤 위기 상황에 처했다면, 어떤 고민에 휩싸여 있다면 먼저 중심中心을 잡기 바란다. 그렇게 밸런스를 찾아가면서, 지나치지도 모자라지도 않는 그 상황에서 가장 적절한 생각, 말, 행동을 떠올리기 바란다. 문제에 대한 솔루션은 그 안에 있을 것이다.

철학자 및 인용 도서

아리스토텔레스(BC 384~BC 322), 《니코마코스 윤리학》

천병희 역 | 숲 | 2013

그리스 마케도니아 지방에서 태어나 17살 때 플라톤의 아카데메이아로 보내진 후 20년을 머물렀다. 마케도니아의 왕 필리포스 2세의 초청으로 후일 알렉산드로스 대왕이 된 왕세자의 가정교사가 되었다. 이후 아테네로 돌아와서 독자적인 교육기관 리케이온을 세웠고 교육과 저술에 몰두했다. 저서로는《형이상학》,《자연학》,《정치학》,《시학》등이 있다.

니콜로 마키아벨리(1469~1527), 《군주론》

신재일 역 | 서해문집 | 2005

르네상스 시기 이탈리아 피렌체에서 태어났다. 메디치가가 몰락할 무렵 1494년에 공직에 입신하여 피렌체 공화국 10인 위원회의 서기장이 되었으며, 외교 사절로서 신성로마제국 등 여러 외국 군주에게 사절로 파견되면서 독자적인 정치적 견해를 구축했다. 외교와 군사 방면에서 활약했으나, 1512년 스페인의 침공으로 메디치가가 피렌체의 지배권을 회복하면서 공직에서 추방되었다. 이 시기 군주에게 바치는 《군주론》을 저술하여 1513년 발표했다.

한비자(BC 280?~BC 233), 《한비자》
김예호 역 | 삼양미디어 | 2018

전국시대의 사상가로 순자의 제자다. 한나라에서 일찍이 형명과 법술을 익혀 중앙집권 제국의 체제를 적극 주장하여 법가사상의 집대성자로 평가받는다. 군주의 치술에 관해 십여만 자에 달하는 글을 써서 남겼다. 진나라에 사신으로 갔다가 후에 시황제가 되는 정 임금의 관심을 받았으나 그를 시기했던 이사의 모함을 받고 죽임을 당했다.

소크라테스(BC 469~BC 399)

유년기와 청년기에 대해서 알려진 것이 거의 없지만 자연철학을 탐구했고, 아낙사고라스의 책을 읽었으며 펠로폰네소스 전쟁에 참전했다고 전해진다. 평생 교육자로서 청년들을 교화했고 상대적 진리관을 주장하는 소피스트들의 태도를 배격하며 변하지 않는 진리에 대해 이야기했다. 불경죄와 청년들에게 궤변을 가르쳤다는 죄목으로 사형을 당했다. 그의 사상은 제자인 플라톤의 저술을 통해서 전해진다.

유발 하라리(1976~), 《21세기를 위한 21가지 제언》

전병근 역 | 김영사 | 2018

이스라엘에서 태어나 영국 옥스퍼드대학에서 중세 전쟁사로 박사 학위를 받았고 현재 히브리대학 역사학과 교수로 있다. 역사와 생물학의 관계, 인류와 다른 동물의 본질적 차이, AI 시대의 미래 등 광범위한 질문을 주제로 연구하고 있다. '인류 3부작 시리즈' 《사피엔스》, 《호모 데우스》, 《21세기를 위한 21가지 제언》이 글로벌 베스트셀러가 되면서 21세기 사상계의 '신데렐라'로 떠올랐다.

윌리엄 오컴(1285~1349), 《논리학 대전》

박우석, 이재경 공역 | 나남 | 2017

영국의 오컴이란 마을에서 태어나서 자신의 이름으로 삼았다. 프란치스코회 소속으로 옥스퍼드에서 공부한 후 파리에서 교편을 잡았다. 당시 세상을 시끄럽게 하던 교황권과 세속권의 싸움에서 세속권을 지지했고 이단 선고를 받았다. 기호학자 움베르토 에코가 썼고 영화로도 만들어졌던 추리소설 〈장미의 이름〉의 주인공인 수도사 윌리엄(숀 코너리 연기)의 모델이다.

카를로 긴츠부르그(1939~), 《치즈와 구더기》

유제분 역 | 문학과지성사 | 2001

이탈리아 토리노 출신으로 어머니는 저명한 소설가 겸 전기 작가 나탈리아 긴츠부르그다. 그는 1961년 피사대학에서 박사 학위를 받았으며 현재 UCLA에 재직 중이다. 일상의 소재를 포착해서 스토리텔링 기법으로 역사학을 풀어간 미시사 연구의 창시자로 평가받는다. 저서로 《마녀와 베난단티의 밤의 전투》가 있다.

프랜시스 베이컨(1561~1626), 《신기관》
진석용 역 | 한길사 | 2016

엘리자베스 여왕 치세에 태어나 케임브리지대학 트리니티 칼리지에서 공부한 후, 스물세 살의 나이에 하원의원이 되었다. 제임스 1세가 즉위한 후 승승장구하며 대법관이 되었다. 그러나 왕실과 의회의 대립이 격화되면서 왕실의 편에 섰던 베이컨은 의회의 공격을 받았고 소송인들로부터 뇌물을 받은 죄로 유죄판결을 받고 공직을 떠났다. 이후 연구와 저술 활동에 몰두했다.

프리드리히 니체(1844~1900), 《차라투스트라는 이렇게 말했다》
정동호 역 | 책세상 | 2000

독일의 목사 집안에서 출생했고 어릴 적부터 음악과 언어에서 탁월한 재능을 보였다. 집안의 영향으로 신학을 공부하다가 포기하고 이후 언어학과 문예학을 전공했다. 스위스 바젤대학에서 고전문헌학 교수로 일하던 그는 1879년 건강이 악화해 교수직을 그만두고 10년간 호텔을 전전하며 저술 활동에 매진했다. 1889년부터 정신이상 증세에 시달리다 생을 마감했다. 《비극의 탄생》, 《반시대적 고찰》《인간적인, 너무나 인간적인》, 《선악의 피안》, 《도덕의 계보학》, 《권력에의 의지》등을 남겼다.

질 들뢰즈(1925~1995), 《감각의 논리》

* 미출간된 박정태 선생님의 번역본에서 인용했습니다.

프랑스 파리에서 태어나 소르본대학에서 공부했다. 1969년 미셸 푸코의 뒤를 이어 파리8대학 철학과의 주임교수가 되었고 이후 차이와 내재성의 사유를 통해 기존 철학사를 독창적으로 재해석했다. 저서로 《프루스트와 기호들》, 《베르그송주의》, 《차이와 반복》을 남겼고, 가타리와 함께 《천 개의 고원》을 썼다.

미셸 푸코(1926~1984), 《성의 역사》

이규현 역 | 나남 | 2004

프랑스 쁘와띠에 출신으로 고등사범학교에서 철학, 심리학을 공부한 후 정신병리학 학위를 받았다. 26세의 나이에 교수 자격시험에 합격했고 알튀세르의 추천으로 고등사범학교 강의를 시작했다. 1970년 이후 콜레주 드 프랑스의 사상사 교수를 지냈다. 1984년 파리에서 AIDS 합병증으로 사망했다.

마르쿠스 아우렐리우스(121~180), 《명상록》

박문재 역 | 현대지성 | 2018

로마제국의 전성기를 구가했던 5현제의 마지막 황제(재위 161~180). 어려서부터 총명한 마르쿠스를 보고 하드리아누스 황제는 자신의 후계자이자 마르쿠스의 삼촌인 안토니누스 피우스에게 마르쿠스를 양자로 삼을 것을 권했다. 그의 양자가 된 마르쿠스는 최고의 학자들로부터 수사학, 철학, 법학 등 지식을 쌓았다. 138년 황제가 죽자 안토니누스가 즉위했고 마르쿠스는 19세의 나이에 집정관의 자리에 올랐으며, 161년 로마 황제로 즉위하였다. 그의 사상은 스토아학파 특히 에픽테토스의 영향을 받았다.

이마누엘 칸트(1724~1804), 《실천이성비판》

백종현 역 | 아카넷 | 2019

프로이센에서 수공업자의 아들로 태어났다. 쾨니히스베르크대학에 입학해 주로 철학, 수학, 자연과학을 공부했다. 졸업 후 10년 가까이 가정교사 생활을 하다 강의를 시작했으며 1770년 논리학, 형이상학을 담당하는 정교수가 된 후 《순수이성비판》, 《도덕형이상학 정초》, 《판단력비판》, 《이성의 한계 안에서의 종교》 등을 저술했다.

존 롤스(1921~2002), 《정의론》

황경식 역 | 이학사 | 2003

제2차 세계대전 때 태평양에서 복무했으며 프린스턴대학에서 철학박사 학위를 받은 후 코넬대학, MIT를 거쳐 하버드대학 교수를 지냈다. 40년 동안 '정의'라는 한 주제에 대한 깊은 탐구를 한 학자로 정평이 나 있다. 《정의론》은 1971년 출간과 동시에 20세기를 대표하는 고전의 반열에 올랐다.

칼 포퍼(1902~1994), 《열린사회와 그 적들》

이한구 역 | 민음사 | 2006

오스트리아에서 태어난 영국의 과학철학자로 사회 및 정치철학 분야에서도 많은 저술을 남겼다.《열린사회와 그 적들》에서 플라톤의 정치철학에는 끔찍한 전체주의자의 악몽이 내재되어 있다고 주장했고 플라톤이 민주정치를 반대하고 철인정치를 주장한 것도 그 때문으로 보았다. 또한 포퍼는 헤겔과 마르크스가 20세기 전체주의의 뿌리라고 강하게 비판했다.

로버트 노직(1938~2002),《아나키에서 유토피아로》

남경희 역 | 문학과지성사 | 2000

러시아 출신 이민자의 아들로 미국에서 태어나 25세 때 프린스턴대학에서 철학 박사 학위를 받았고 30세의 나이에 하버드대학 정교수가 되었다. 학창 시절 사회주의자 청년단체에서 활동했으나 학자로서는 사상적 전환이 이루어져 자유지상주의자로 불린다. 롤스와 정의 논쟁을 벌였다.

바뤼흐 스피노자(1632~1677),《에티카》

강영계 역 | 서광사 | 2007

포르투갈계 유대인으로 네덜란드 암스테르담에서 출생했다. 유대인 학교에서 라틴어를 습득하면서 과학, 스콜라 철학, 데카르트 철학을 접했고 1656년 파문을 당한 후 여러 도시를 옮겨 다니며 하숙 생활을 했다. 오히려 학계에 명성이 퍼져 하이델베르크대학 교수직을 제안받았으나 자유로운 연구를 위해 거절했다.

윌리엄 제임스(1842~1910), 《종교적 경험의 다양성》

김재영 역 | 한길사 | 2000

뉴욕 출신으로 처음에는 풍경화가인 헌트와 함께 그림을 공부했으나 진로를 바꾸어 하버드대학에 들어가 의학박사 학위를 받았다. 이후 유럽과 미국을 오가면서 심리학, 종교학, 철학을 공부하여 미국 대학 최초로 1875년 심리학 강의를 시작했고, 이후 생리학 및 철학 교수 등을 지냈다. 당대 유명 소설가인 헨리 제임스의 형이기도 하다. 저서로 《심리학의 원리》가 있다.

존 스튜어트 밀(1806~1873), 《공리주의》

서병훈 역 | 책세상 | 2018

스코틀랜드 출신의 경제학자 제임스 밀의 아들로 어릴 때부터 그리스어와 라틴어를 배워서 고전을 섭렵했고 애덤 스미스와 데이비드 리카도의 저작을 통해 정치경제학을 공부했다. 17세인 1823년 영국 동인도회사에 입사해 아버지의 조수로 1858년까지 재직하며 연구와 저술 활동을 병행했다. 이후 하원의원이 되어 헌정사상 최초로 여성 참정권을 주장했고, 보통 선거권의 도입 등 선거제도의 개혁을 촉구했다. 저서로는 《자유론》을 남겼다.

왕수인(1472~1528), 《전습록》

정인재, 한정길 공역 | 청계 | 2007

중국 명나라의 사상가이자 정치가로 호는 양명이다. 일찍이 주자학을 배웠으나 의혹을 품었고 도교, 불교 등에 탐닉하다가 후에 유학으로 복귀했다. 관료가 된

후 35세 때 환관 유근의 미움을 사 오지인 용장으로 유배되었다가 유근이 보낸
자객에게 죽을 뻔했다. 그곳에서 성인의 도는 본성만으로 충분하며 이전에 바
깥의 사물에서 이치를 구한 것은 잘못이라는 것을 깨달은 후 지행합일, 심즉리,
치양지설을 핵심으로 하는 양명학을 정립하였다. 광서성에서 일어난 반란을 성
공적으로 진압한 후 귀환하던 중 병으로 사망했다.

마하트마 간디 해설, 《바가바드 기타》
이현주 역 | 당대 | 2001

힌두교의 3대 경전이자 인도인 최고의 애독서다. 왕권을 되찾기 위해 형제들과
전쟁을 하게 된 아르주나와 그의 스승이자 마부이며 신의 화신인 크리슈나 사
이의 대화로 이루어져 있다. 크리슈나는 인도인이 가장 사랑하는 신이기도 하
다. 사촌을 상대로 싸워야 한다는 사실로 괴로워하는 아르주나에게, 크리슈나는
욕망을 버리고 전투에 임하라고 조언한다.

장 폴 사르트르(1905~1980), 《벽》
김희영 역 | 문학과지성사 | 2005

파리 출생으로 두 살 때 아버지를 잃고 외조부 슬하에서 자랐다. 메를로 퐁티와
함께 에콜 노르말 슈페리어에 다녔으며 병역을 마친 후 고등학교 철학 교사로
일하다가 베를린으로 유학, 후설과 하이데거를 연구했다. 제2차 세계대전 후 시
대를 대표하는 사상가로 명성을 크게 얻었고 페미니스트였던 시몬 드 보부아르
와 평생의 연인으로 지냈다. 《구토》, 《존재와 무》, 《실존주의는 휴머니즘이다》를

남겼고 1964년 노벨 문학상 수상자로 선정되었으나 수상을 거부했다.

쇠렌 키르케고르(1813~1855) 《키르케고르 선집》

최혁순 역 | 집문당 | 2014

19세기 신학자이자 실존주의의 선구자. 덴마크 코펜하겐의 기독교 가정에서 막내로 태어났다. 아버지의 강권으로 신학을 하는 데 반감이 있어 방황했다. 1841년 철학박사 학위 논문 〈소크라테스와의 지속적 관계를 통해 본 아이러니의 개념〉을 발표하고 연인 레기네 올젠과 파혼한 후 그 영향으로 《이것이냐 저것이냐》를 썼다. 《두려움과 떨림》, 《공포와 전율》, 《불안의 개념》, 《죽음에 이르는 병》 등을 발표했고 마흔둘의 나이로 세상을 등졌다.

르네 데카르트(1596~1650), 《방법서설》

이현복 역 | 문예출판사 | 2019

생후 일 년 만에 어머니를 여의고 예수회가 운영하는 학교에서 고전어, 수사학, 철학, 물리 등을 공부하며 어린 시절을 보냈다. 대학에서 법학을 공부했고 장기간의 여행을 다녀온 후 보편학문 정립을 삶의 목표로 삼았다. 《방법서설》, 《성찰》, 《철학의 원리》 등을 차례로 내놓았다. 또한 엘리자베스 공주의 요청으로 《정념론》을 집필했다.

앙리 베르그송(1859~1941), 《창조적 진화》

황수영 역 | 아카넷 | 2005

피아니스트인 폴란드계 유대인 아버지와 영국인 어머니 사이에 파리에서 태어났다. 모든 과목에 뛰어난 성적을 보이며 각종 상을 휩쓸었고 1등을 한 고교 수학경시대회의 답안지는 이듬해 수학 잡지에 실리기도 했다. 30세에 소르본대학에서 철학박사 학위를 받았고 62세 때는 아인슈타인과 시간 개념에 대한 유명한 논쟁을 벌였다. 1928년 노벨문학상을 받았고 국제협력위원회(유네스코 전신) 의장을 지냈다.

에드워드 핼릿 카(1892~1982), 《역사란 무엇인가》
이화승 역 | 베이직북스 | 2012
런던 출생으로 케임브리지대학 졸업 후 외무부에서 종사하다가 웨일스유니버시티대학의 국제정치학 교수를 지냈다. 〈더 타임스The Times〉의 부편집인을 역임했으며, 1948년 국제연합의 세계인권선언 기초위원회 위원장을 맡기도 했다. 4부작 《소비에트 러시아의 역사》는 그의 대표작으로 꼽힌다.

플라톤(BC 424~BC 348), 《국가》
박종현 역 | 서광사 | 2005
아테네와 스파르타 간 펠로폰네소스전쟁 발발에 즈음하여 태어났다. 스승 소크라테스의 죽음 후 이집트, 시칠리아 등지로 떠났고 이후 아테네로 돌아와 아카데메이아 학원을 열고 연구, 교육, 강의를 시작했다. 주로 스승 소크라테스가 등장해 대화를 나누는 내용을 집필했다.

카를 구스타프 융(1875~1961),《기억 꿈 사상》

조성기 역 | 김영사 | 2007

목사의 아들로 태어나 바젤대학과 취리히대학에서 의학을 공부하여 정신과 의사가 되었다. 자극어에 대한 단어연상을 연구했고, 지금은 일반화된 '콤플렉스'라는 단어를 사용했다. 지그문트 프로이트와 함께 정신분석 분야의 확장에 힘쓰다가 서로 견해가 맞지 않아 결별하고 분석심리학을 개척했다. 저서로《원형과 무의식》,《무의식의 심리학》등이 있다.

헤르만 헤세(1877~1962),《데미안》

전영애 역 | 민음사 | 2000

목사였던 아버지와 인도에서 생활한 어머니가 작품세계에 영향을 끼쳤다. 수도원 학교에 입학했지만 기숙사 생활을 견디지 못하고 탈주, 자살을 시도했다. 이후 고등학교에서도 퇴학당한 후 서점의 점원이 되어 문학 공부를 시작했다. 제1차 세계대전에 입대를 지원했지만 부적격 판정을 받고 독일 포로구호기구에서 일하였다. 등단 이후 카를 융과 교류하였고 인도 여행을 다녀왔다. 화가로도 다수의 수채화를 남겼다.《수레바퀴 아래서》,《차라투스트라의 귀환》,《싯다르타》등을 썼고 1946년《유리알 유희》로 노벨문학상을 수상했다.

장자(BC 369?~BC 286),《장자》

김갑수 역 | 글항아리 | 2019

중국 전국시대 송나라 출신으로 활동 시기는 양나라 혜왕이나 제나라 선왕 등

과 같은 시대라고 추정된다. 노자와 함께 노장 철학, 도가사상의 원류로 추앙받

는다.

• 독자의 이해를 위해 일부 인용문을 수정했습니다.

이제라도 삶을 고쳐 쓸 수 있다면

초판 1쇄 발행 2020년 9월 18일
초판 2쇄 발행 2020년 10월 14일

지은이 이관호
펴낸이 권미경
기획편집 박주연
마케팅 심지훈, 강소연, 김재영
디자인 김종민
펴낸곳 (주)웨일북
등록 2015년 10월 12일 제2015-000316호
주소 서울시 마포구 월드컵로32길 22, 비에스빌딩 5층
전화 02-322-7187 **팩스** 02-337-8187
메일 sea@whalebook.co.kr **페이스북** facebook.com/whalebooks

ⓒ 이관호, 2020
ISBN 979-11-90313-51-3 03100

소중한 원고를 보내주세요.
좋은 저자에게서 좋은 책이 나온다는 믿음으로, 항상 진심을 다해 구하겠습니다.

이 도서의 국립중앙도서관 출판예정도서목록(CIP)은
서지정보유통지원시스템 홈페이지(http://seoji.nl.go.kr)와
국가자료공동목록시스템(http://www.nl.go.kr/kolisnet)에서 이용하실 수 있습니다.
(CIP제어번호: CIP2020035950)